国家自然科学基金青年科学基金项目（41701181）
教育部人文社会科学重点研究基地重大项目（17JJD790007）
中央高校基本科研业务费项目（41300-20101-222088）

The Structure and Evolution of China's
Urban Network from the Perspective of Air Transportation

航空联系视角下的
中国城市网络
结构特征与演化规律

张 凡◎著

科学出版社

北 京

图书在版编目（CIP）数据

航空联系视角下的中国城市网络：结构特征与演化规律 / 张凡著. —
北京：科学出版社，2019.6
（中国城市研究丛书）
ISBN 978-7-03-061146-8

Ⅰ．①航…　Ⅱ．①张…　Ⅲ．①城市网络-研究-中国
Ⅳ．①F299.21

中国版本图书馆 CIP 数据核字（2019）第 084519 号

责任编辑：杨婵娟　吴春花/责任校对：贾伟娟
责任印制：徐晓晨/封面设计：有道文化
编辑部电话：010-64035853
E-mail：houjunlin@mail.sciencep.com

科 学 出 版 社 出版
北京东黄城根北街 16 号
邮政编码：100717
http://www. sciencep. com

北京虎彩文化传播有限公司 印刷
科学出版社发行　各地新华书店经销

*

2019 年 6 月第 一 版　开本：720×1000　B5
2019 年 6 月第一次印刷　印张：12 3/4
字数：245 000
定价：78.00 元

（如有印装质量问题，我社负责调换）

城市是人类创造的一种具有高度文明的聚居形式，她很早就在人类活动的历史长河中占有一定的地位。但因生产力发展长期处于落后的水平，农村一直是人类的主要聚居形式。直至进入工业化时代，城市化进程始开始加速。20世纪后半叶起，发展中国家城市化进程开始加速，促使世界城市化水平逐步提高。根据联合国经济和社会理事会（Economic and Social Council，ECOSOC）人口与发展委员会《世界城市化展望》（2005年版）的报告，2008年世界城市化水平首次达到50%，这意味着城市开始成为人类的主要聚居形式，人类从此进入城市时代。

中国有着数千年的城市发展历史。1978年实施改革开放政策后，融入全球化时代的中国进入城市快速发展时期。2014年，国家统计局公布的我国城市化率已达54.77%，城市人口超过了全国人口的半数，较2000年的36.09%城市化率提升了18.68个百分点，年均增加1.33个百分点。快速城市化推动了大量剩余农业劳动力向城市中的非农业部门转移，加快了我国经济、社会转型和空间重组。与此同时，城市居民的居住条件、城市各项服务设施和基础设施水平也有显著提升，人居环境得到改善。因此，城市化已和工业化、信息化、市场化、全球化一起成为当前我国经济社会发展的重要特征，并和其他"四化"彼此间相互作用、相互影响。但过快的城市化也使各种城市问题伴之而生。其中，既有和其他国家共同面临的城市问题，如中低收入阶层居民的居住问题、交通堵塞、环境污染、城市蔓延等，也有具有中国特色的城市问题，如大规模的农村人口流动及由户籍制度限制导致的进城农民的"半城市化"、城中村等现象，以及城市化进程中的区域差异扩大等问题。

面对快速发展的中国城市化进程，2003年，华东师范大学成立了中国现代城市研究中心，主要由来自于校内地理、社会、经济、历史、城市规划等学科的研究人员组成，还聘请了数位国外教授担任中心的兼职研究员。2004年11月，中心被教育部批准为普通高等学校人文社会科学重点研究基地。自中国现代城市研究中心成立以来，中心科研人员承担了大量的国家级和省部级研究项目，在城市研究领域取得了丰硕的成果，并主办多次较大规模的国际学术会议，在国内外产生了积极的影响。

为繁荣城市科学的学术研究，从 2007 年起，中国现代城市研究中心在科学出版社的大力支持下组织出版"中国城市研究丛书"。这套丛书汇集了中心研究人员在中国城市研究领域的代表性成果，迄今已有 8 部专著问世。这些专著聚焦于城市网络、城市与区域经济、全球生产网络、大都市区空间组织等城市研究前沿，从信息化、全球化、网络化等角度探讨了中国城市发展的新动态、新特点。这些著作的出版在国内外学术界产生了积极的反响，其中有些还获得了省部级奖。"中国城市研究丛书"将进一步拓展研究领域，逐步出版中心研究人员在城市化、城市群、城市社会融合等方面的最新研究成果，以促进中国城市科学研究的进步。

18 世纪的工业革命开启了人类社会现代化的进程，也带来了城市化的进程。在城市化推动经济和社会进步的同时，各种城市问题与城市化进程如影相随，甚至产生严重的病症。正如 19 世纪伟大的英国作家狄更斯在《双城记》中所言："这是最好的时代，这是最坏的时代。这是智慧的年代，这是愚昧的年代。"2010 年，上海举办了以"城市，让生活更美好"为主题的世博会，这在世博会历史上是第一次，表明应对快速城市化带来的问题已成为人类社会面临的挑战。我国未来的城市化进程仍然任重而道远，中国现代城市研究中心同仁将继续积极投身中国城市的研究，为中国城市化的持续健康发展做出自己的贡献。

宁越敏

华东师范大学中国现代城市研究中心主任

2015 年 10 月于华东师范大学丽娃河畔

　　城市地理学是人文地理学的一门分支学科。近半个多世纪以来，伴随全球城市化的进程，城市地理学得到快速发展。城市空间相互作用一直是城市地理学的主要研究领域，先后产生了城市体系、城市等级体系和城市网络等方面的研究。其中，城市体系可以看成在一定空间范围内由多个存在相互联系的城市所组成的系统，而城市等级体系和城市网络是城市体系的两种组织方式。城市等级体系强调城市间按规模或按职能的等级排序，并强调城市间垂直化的联系格局。城市网络反映了城市间的相互联系和合作互补，既涵盖了垂直化的联系也包含了水平化的联系。近年来，城市体系研究范式从等级开始向网络转移。在城市网络研究中，城市被视作网络中的节点，城市在网络中的地位将不再简单地由城市形态或功能所决定，而是被穿行在城市之间的各种流所主导。但也有学者认为网络分析也存在局限性，全球化过程中的地方"黏附性"无法通过网络分析得以体现。从根本上来说，城市网络中的"网"和"络"是相辅相成的关系，"网"由各种要素的流动所编织，"络"是要素被地方黏附后所形成的节点。"网"的组织特点决定了"络"的功能和地位，但没有节点，要素流动无法实现在地化。因此，城市网络研究的着力点应当兼顾"网"和"络"两方面，即流动性和节点性。

　　改革开放以来，经济全球化和快速城市化促进了中国城市对外和对内的联系，改变了中国城市体系的空间格局。日益复杂化的城市空间分布和组织规律需要从流动性和节点性的视角进行综合考察。本书选取航空流作为反映城市网络的载体是出于以下两点考虑：第一，航空运输作为一种交通方式，正深刻地影响着城市间相互联系的空间格局。航空运输是一种长距离的交通运输方式，承担了城市之间的人流和物流，体现了城市间的直接关系，是反映城市网络的重要媒介。同时，本书以全球视角研究中国的城市网络，既包含了中国城市网络的空间结构和组织，也包含了中国城市对外联系网络的格局。因此，航空流相对其他形式的交通方式能更好地反映在世界/国家尺度下城市之间的互动关系，有利于刻画"流"视角下城市网络的结构特征与演化规律。第二，航空流与城市经济发展有着密切关系。随着航空运输的高速发展，大型机场的集聚效应使得经济空间的资源要素逐渐向机场周边地区集中，机场在区域经济中所起的作用越来越大。继海运、河运、铁路运输和公路运输后，航空运输成为第五波对城市发展起重大影响的交通方式。作为城市间流的一种重要类型，航空流在被地方吸附之后，成为地方发展的重要优势资源，使得依托航空流的临空经济成为推动地方发展的重要力量。为此，我国自 2013 年 3 月至 2018 年 12 月，先后批复了 12 个国家临空经济示范区以促进地方的发展，示范区所在城市包括郑州、青岛、重庆、北京、上海和广州等。因此，航空流能够反映城市网络中要素的在地化过程，体现网络的节点性特征。

基于上述研究背景，本书将城市间航空联系作为衡量城市关系的指标，构建起中国城市网络研究的总体框架，并对三个核心议题进行研究。第一，在全球化、城市化和市场化三重动力驱动下中国城市网络的形成机理是什么？第二，航空联系视角下中国城市网络的结构特征与演化规律是什么？第三，中国城市网络节点性与地方发展的互动关系如何？为了回答上述三个问题，本书立足于理论推导和实证分析相结合，从航空联系的视角对中国城市网络结构特征与演化规律进行研究。在理论层面上，探讨航空联系与城市网络的逻辑关系，分析全球化、城市化和市场化影响下的中国城市体系空间格局的变动，推导出中国城市间网络化联系的形成机理。在实证层面上，从网络的流动性和节点性两个方面入手，对世界、中国城市对外和中国三个尺度下城市网络的空间结构特征进行了分析，归纳了中国城市网络的结构特征与演化规律。同时，还关注到网络节点性与地方发展的互动关系，以郑州航空港经济综合实验区（简称郑州航空港区）的发展为具体案例，构建从全球生产网络到航空大都市（aerotropolis）的理论模型。

本书共分为八章。其中，前三章为文献回顾和理论框架搭建，第四章至第六章从世界、中国城市对外和中国三个尺度对中国城市网络的结构特征和演化规律进行了分析。第七章以郑州航空港区为案例，分析了城市网络的节点性对地方发展的促进作用。第八章为总结和展望。

需要说明的是，受数据来源的限制，本书中城市网络实证研究所用的数据只截止 2012 年。但最新数据的缺失并不会影响本书的主要结论。1997～2012年，中国城市网络基本上经历了从起步到成熟的发展演化阶段，网络整体结构已经清晰，核心城市也已识别。随着数据可获得性的提升，未来笔者将针对性地对近五年来中国城市网络演化的最新动态进行研究。

本书得到国家自然科学基金青年科学基金项目"航空流视角下的中国城市

网络的空间演化与机制"（项目编号：41701181）、教育部人文社会科学重点研究基地重大项目"中国城市群和城市网络协调发展研究"（项目编号：17JJD790007）和中央高校基本科研业务费项目"航空流视角下的中国城市网络：形成、演化与地方发展"（项目编号：41300-20101-222088）的资助。教育部人文社会科学重点研究基地华东师范大学中国现代城市研究中心为本书的出版提供了必要的支持，在此表示感谢。

　　值本书出版之际，我要特别感谢我的导师宁越敏教授在本书成稿过程中给予的指导和关心。本书是在我的硕士学位论文和博士学位论文基础上修改而成的。在攻读硕士学位期间，宁越敏教授在指导我们学习和研究国际大都市时，曾经提到了可以从航空网络的角度探讨一个城市的国际地位。因此，我在硕士学位论文写作时，特地学习了社会网络分析方法，并以世界城市之间的航班联系为数据样本，研究了世界城市网络的结构特点。这一尝试让我对城市网络这一研究命题产生了持续的浓厚兴趣。开始攻读博士学位以后，我仍然延续硕士学位论文的思维方式，侧重利用网络数据反映中国城市网络的格局。然而，数据分析只能够解释研究对象的表面特征，如何进一步揭示隐藏在表象之下深层次的城市网络结构，从而实现理论上的提升，这才是博士学位论文研究的关键。此时，宁越敏教授支持我申请国家留学基金管理委员会的公派联合培养博士生项目，去国外拓宽研究视野。通过大量阅读外文研究资料，我对于国外城市网络研究的来龙去脉、理论基础和研究进展有了清晰的认识，同时也学习到了国外比较规范的研究方法。在此期间，宁越敏教授也不忘提醒我研究国内问题不能忽视中国的现实国情，要尽可能地构建有中国特色的理论框架，而不是一味地借用国外的理论解释。在宁越敏教授的不断匡正和指导之下，我最终完成了博士学位论文，并于2016年顺利通过答辩，进而有了本书的最终成稿。宁越敏教授的开放性思维总能在我最需要灵感时给我雪中送炭，其学术严谨性和一丝不苟的研究态度，也在我的学术启蒙阶段给予了我积极的影响。

　　感谢美国北卡罗来纳大学格林斯伯勒分校的Walcott教授接纳我，使我能有机会赴美国留学两年。Walcott教授经常抽出时间与我探讨学术问题，并提出与我合写学术论文，成果于2017年发表于 *Journal of Air Transport Management*，也是本书第七章第二节和第三节的重要组成部分。这些经历大大提升了我的学术水平。

　　感谢伦敦国王学院Hamnett教授、伦敦大学学院吴缚龙教授、加拿大莱斯布里奇大学徐伟教授、美国犹他大学魏也华教授等在研究上给予的指导和建议。感谢上海社会科学院屠启宇教授，以及华东师范大学杜德斌教授、孙斌栋教授、汪明峰教授、高向东教授、何丹副教授、王列辉副教授在本书写作过程中给予的帮助和支持。另外，上海社会科学院李健研究员、西北大学赵新正副教授、上海师范大学李仙德副教授、毕秀晶博士（已故）等师兄、师姐，在研究方面也给予了我很大的鼓励和帮助。感谢华东师范大学唐曦副教授和博士生康江江在本书部分图表绘制方面提供的支持。

最后，感谢长期以来一直无条件支持我、鼓励我，为我奉献一切的父母和爱人，你们是我不断成长过程中最坚实的后盾，也是促使我保持继续前行的信念的动力。

张 凡

华东师范大学中国现代城市研究中心

2019 年 1 月

目　录

第一章

绪　论

城市并非孤立存在，城市间相互作用将空间上彼此分离的城市结合成具有一定结构和功能的城市体系（urban system），并成为城市地理学研究的主要内容（于洪俊和宁越敏，1983）。Hartshorn（1992）认为，城市间相互作用是指城市之间各类社会经济活动所产生的联系，具体表现为人口流、商品流、资金流、信息流等形式。20 世纪 50 年代后，随着全球化（globalization）对世界经济的影响逐步扩大，城市间相互作用和联系尺度也扩展至全世界，使城市体系的研究范式出现了从层级（hierarchy）到网络（network）的转变。

第一节　研究背景

一、改革开放推动快速城市化浪潮

自 18 世纪末出现工业革命后，人类社会就开始进入现代城市化进程。随着越来越多的人口向城市集聚，世界城市化率逐步提升。20 世纪 50 年代后，随着发展中国家的城市化进入快速发展阶段，世界城市化率随之迅速提高。2009 年，世界城市化率首次突破 50%（United Nations，2009），这意味着全世界已经有超过一半的人口居住在城市。

中国的城市化进程长期滞后于世界城市化进程。改革开放促进了中国的经济体制由计划经济向社会主义市场经济转变，由此实现经济的快速起飞。经济快速增长又带动城市化的飞跃发展，中国人口城市化率从 1980 年的 19.39% 增长到 2010 年的 49.95%，并在 2011 年首次突破 50%，由此迈入城市时代（宁越敏，2012）。但是，城市化不仅仅表现为人口集聚的过程，也包含了各种社会经济活动在城市中的集聚。作为社会经济活动发生的主要场所，城市已成为建设现代国家的主要"砖瓦"，而各个城市通过空间相互作用，产生大量要素的流动，形成相互依赖的紧密关系，进而构成一个全国的城市体系（Neal，2013）。因此，城市成为研究当代经济社会现象的基本空间单元。

二、全球化促进城市相互联系

20世纪50年代后，随着全球化对世界经济的影响逐步扩大，城市间相互作用和联系尺度也扩展至全世界，使城市体系的研究体现出三个转向。

第一，研究尺度呈现从区域到国家再到全球的演变。早期学者主要关注区域尺度的城市体系，如 Christaller（1933）在调查德国南部城镇的基础上，通过经济学的演绎方法提出中心地理论，揭示了区域城市等级（urban hierarchy）体系的特征。20世纪50年代，采用中心地理论的案例研究风行一时，如廖士对美国艾奥瓦州、施梅莱斯对南澳大利亚州的中心地体系研究（于洪俊和宁越敏，1983）。在国家尺度上，Berry（1964）从城市间紧密的经济社会联系出发对美国国家城市体系结构进行了研究。在历史学界，有堪称经典的施坚雅（2000）对19世纪中国的城市化和城市体系进行的研究。施坚雅亦对四川成都平原的周期市场进行了研究，并得到中心地六边形空间结构的图谱（于洪俊和宁越敏，1983）。80年代初，以弗里德曼（Friedmann and Wolff，1982；Friedmann，1986）为代表的学者关注到世界城市（world city）的崛起，将城市体系研究的尺度拓展到全球尺度。他以新国际劳动分工理论和沃勒斯坦的世界体系论为基础，强调城市作为资本控制中心的功能，将国家城市系统的思想应用到世界城市体系中，提出了著名的世界城市假说（宁越敏，1991）。其后，美国社会学家 Sassen（1991）在全球化背景下提出全球城市（global city）理论。受新自由主义思潮的影响，Sassen（2005）强调去国家（调控）化和全球城市之间的竞争，并多次说明全球城市和世界城市两个概念的区别。因世界城市的提法最早源于德国大诗人歌德，Sassen 认为这是一种经历了几个世纪的城市类型，而全球城市是经济全球化的结果。在 Sassen 看来，威尼斯是一个世界城市，不是全球城市；迈阿密则是全球城市，不是世界城市。

第二，研究范式体现了从层级到网络的转变。随着经济全球化和信息化的发展，世界城市的发展日新月异，世界城市组织结构越发复杂。有部分学者对世界城市等级体系提出质疑，认为世界城市网络（urban network）不应该是放大版的国家城市等级体系。以拉夫堡大学 Taylor 为首的全球化与世界城市研究网络（Globalization and World Cities Study Group and Network，GaWC）小组将研究的焦点从城市等级体系转换到城市网络，致力于探讨世界城市网络的形成与演化机制，网络结构与经济全球化之间的互动关系，以及对城市发展产生的影响等问题（Taylor，2004）。GaWC 小组的研究在社会学家 Castells（1996）"流动空间"（space of flow）和 Sassen "全球城市"理论的基础上，逐渐建构起世界城市网络研究的理论基础。他们将城市视作网络中的节点，城市的作用取决于该城市节点在网络中与其他节点的相互作用，城市的地位更多地依赖于其在网络中与其他城市的关系情况。

第三，从侧重城市属性数据的研究转向城市关系数据的研究。网络的本质是各种关系的集合（Neal，2013）。因此，伴随城市网络研究范式兴起的是对城市间关系的研究。传统城市体系研究依赖于城市的属性数据，如城市的人口规模、经济规模等。但属性数据不能反映城市间的联系情况，而关系数据恰好能弥补属性数据的缺陷，只有采用关系数据才能揭示城市间的联系特征。常用的关系数据包括基础设施网络和企业网络两个方面（Derudder，2006）。

三、航空联系承载城市之间的物质流动

交通运输是现代城市间物质、能量交换的载体，交通运输产业是国民经济中的先行产业（张凡，2012）。Kasarda 和 Appold（2014）认为，交通运输对城市发展产生了五次冲击波：第一次冲击波是海港的兴起，促进了世界上第一批主要商业中心的发展。第二次冲击波主要出现在河流沿岸地区，这些地区成为欧美工业革命的支柱。当铁路延伸到内陆地区，交通运输的第三次冲击波随之出现，促进了内陆地区商业和工业的发展。郊区高速公路的延伸引发了交通运输的第四次冲击波，城市从中心向外围快速推进。航空运输的快速发展带来了第五次冲击波。在这轮浪潮中，机场成为城市经济增长的主要驱动力。Kasarda 和 Appold（2014）指出，21 世纪以来航空运输业经历了其他交通方式无法比拟的高速发展。全球航空运输总旅客量从 2001 年的 16.40 亿人次增至 2014 年的 33.03 亿人次，十多年的时间翻了一番。航空货运量也从 2001 年的 2900 万吨高速增至 2014 年的 5040 万吨。与此同时，国际航空总旅客量和航空货运量的增速更是惊人，分别从 2001 年的 5.36 亿人次和 1800 万吨增至 2014 年的 13.22 亿人次和 3280 万吨[①]。航空运输作为全球化进程的催化剂和承载者，正深刻地影响着城市间相互联系的格局。

---

① 根据 2001 年和 2014 年国际民用航空组织（ICAO）理事会年度报告整理（https://www.icao.int/about-icao/Pages/ZH/annual-reports_CH.aspx）。

综上所述，在当前城市化与全球化相互交织下，体现城市相互关系的城市体系正经历着大的变革，越来越复杂化的城市空间分布和组织规律需要从一个全新的、综合的网络视角进行考察，因此城市网络的研究应运而生。航空运输是当前城市间相互联系的重要物质基础，体现了城市间的直接关系。本书将从城市间航空联系出发，通过网络化（networking）概念完成尺度整合和类型整合，从而构建研究城市之间相互联系的新框架。

第二节　研 究 问 题

一、探索航空联系视角下中国城市网络的形成机理

航空运输作为联系城市的一种媒介在当前世界范围内正发挥着越来越重要的作用（Smith and Timberlake，1993）。从航空联系的视角可以对中国城市之间的关系进行量化，从而建构一种新的研究中国城市网络的表示方法。但在具体展开中国城市网络实证研究之前，还需要对中国城市网络的形成机理进行分析，这就要回到中国城市发展的全球化、城市化、市场化的大背景中。城市网络的本质是城市之间关系的判别及其空间格局。在全球化和城市化的大背景下，中国城市体系的空间格局经历着剧烈的变动。因此，研究中国城市网络的关键在于如何反映城市之间的关系和如何把握中国城市体系的空间格局。本书首先从全球化时代，国际劳动分工引导下生产格局的演变入手，结合中国的改革开放背景，分析城市作为生产的场所，如何产生网络化的联系。其次，本书也将从中国城市化的区域格局入手，分析当前城市化浪潮中，中国城市体系网络化过程中可能出现的空间结构。最后，本书将结合上述两方面构建中国城市网络研究的分析框架，总结城市网络形成的背后机理。

二、研究中国城市网络结构特征与演化规律

在理论框架的基础上，本书将通过实证分析的手段对中国城市网络的结构特征与演化规律进行研究。具体来看，网络在本质上由节点和连线构成（刘军，2004）。对中国城市网络结构特征的研究就是针对城市之间的相互联系，重点考察网络中"线"的特征。而对于中国城市而言，在全球化进程的影响下，城

市网络研究不应局限于中国城市之间的相互联系，应当将研究的尺度进一步扩展到全球，通过世界城市网络、中国城市对外联系网络和中国城市网络三个尺度的相互嵌套，全面揭示中国城市网络化联系的结构特征，并通过时间尺度的分析揭示中国城市网络的演化规律。就此而言，本书将在研究中引入多个时间节点上中国城市网络的联系数据，总结和提炼网络的演化情况。

三、揭示中国城市网络节点性与地方发展的互动关系

网络结构与演化规律更多的是从城市相互联系的流动性角度来考察城市网络。在网络的连线之外，网络中的节点性特征也需要进行全面考察。结合相关研究的文献回顾和中国发展的实际情况，本书选取郑州作为网络节点性分析的案例城市。这主要是出于以下三点考虑：第一，郑州正全力发展航空经济，打造航空货运枢纽和构建现代航空大都市。2015 年 3 月 14 日，英国《经济学人》杂志发表了《雄心勃勃的航空大都市》（Aerotropolitan Ambitions）一文，详细介绍了郑州航空港近年来在基础设施建设、航空联系拓展、地方经济发展等方面取得的令人瞩目的成就。该文对郑州航空港的报道引起了国际学术界、商界和政界的强烈关注。从航空联系的视角来看，郑州是城市网络中冉冉升起的一颗新星，因此对郑州的实证考察具备一定的代表意义。第二，本书对中国城市网络结构的考察主要是基于航空客运的分析，但在航空客运视角下，部分城市的重要性并不突出，以郑州为代表的中部地区就是其中一个典型。但在货运视角下，中部地区可能反而具备一定的区位优势。因此，本书将补充在航空货运视角下的郑州案例研究，以弥补航空客运视角研究的局限。第三，在过去相关的研究中，关注的重点是北京和上海这类在全国城市网络中占据绝对核心地位，在世界城市网络中也拥有较高地位的国家级中心城市。然而中国大部分城市尚未充分融入世界城市网络中，在全国城市网络中处于较为边缘化的地位。郑州案例的研究刚好可以弥补这方面的缺失，通过分析一个崛起中的新兴航空大都市，能够体现城市网络节点性在促进边缘城市发展中的重要作用。

第三节　研　究　对　象

本书的研究对象为中国城市网络，但受限于数据的可获得性，本书将研究

范畴限定中国（不含港澳台）。为了更方便地讨论中国城市网络中的区域性问题，本书进一步将中国（不含港澳台）划分为东部沿海、中部和西部地区。划分的依据主要考虑政策和经济发展水平的划分，而不是行政区划，也不是地理概念上的划分。因此，东部沿海地区是指最早实行沿海开放政策并且经济发展水平较高的省（直辖市），中部地区是指经济次发达的地区，西部地区则是指经济欠发达的地区。具体而言，本书范畴内东部沿海地区包括北京、天津、河北、辽宁、上海、江苏、浙江、福建、山东、广东和海南 11 个省（直辖市）；中部地区包括山西、内蒙古、吉林、黑龙江、安徽、江西、河南、湖北、湖南 9 个省（自治区）；西部地区包括四川、重庆、贵州、云南、西藏、陕西、甘肃、青海、宁夏、新疆和广西 11 个省（自治区、直辖市）。此外，本书还涉及中国城市与国外城市之间的联系，因此也对国外城市进行了区域划分。具体而言，全球城市被划分为以下六个次级区域：亚洲、欧洲、北美洲、南美洲、非洲和大洋洲。

第四节　研　究　意　义

本书的理论意义体现在：第一，研究航空流视角下中国城市网络空间格局的演变规律。从航空流的视角入手，对全球化和城市化影响下中国城市网络形成的时空过程进行系统性的刻画和与析，研究 20 世纪 90 年代以来中国城市网络的结构特征与演变规律。第二，研究航空流影响下城市网络与地方发展的耦合关系。从网络节点性的视角入手，分析航空流对地方发展的影响机制，探讨城市网络与地方发展的耦合关系。

本书的现实意义体现在：第一，总结航空流影响下不同城市的差异化发展路径。航空运输对地方发展有显著的推动作用，通过对城市之间航空流的系统性刻画和分析，可以探寻不同城市依托航空流促进地方发展的差异化路径。第二，对于城市如何构建网络枢纽、建立网络节点优势具有现实指导意义。在网络分析的基础上引入具体的个案研究，关注网络化过程中城市作为一个节点所具备的新的区位特点，并以此确定城市未来发展的价值取向和管理政策。

第二章
城市网络的理论基础与研究进展

在全球化、信息化和网络化的时代，城市之间的联系更加紧密，区域性、全国性和全球性的城市网络日益清晰（李仙德，2015）。城市网络本质上是城市在空间上的组织模式，城市之间的相互联系是网络的基础（Neal，2013）。与城市网络类似的还有城市体系、城市等级等概念。一般而言，城市体系可以看作在一定空间范围内由多个存在相互联系的城市组成的系统，而城市等级体系和城市网络是城市体系的两种组织方式，城市等级体系侧重的是城市的等级排序，城市网络侧重的是城市合作互补网络共存的关系（冷炳荣和杨永春，2012）。近一个世纪以来，城市网络始终是城市科学研究领域关注的热点，本章将通过对相关文献的回顾和整理，梳理城市网络研究的脉络，进而探讨城市网络结构的特征及其理论基础。

第一节　城市网络研究的起源与进展

一、城市规模分布研究

城市的基本要素就是具有一定的人口规模。在一个城市体系内，城镇的人口规模差异很大。城市功能是影响城市人口规模的主要因素，城市功能越齐全，级别越高，城市人口也就越多。因此，用城市人口规模作为衡量城市各方面职能活动等级的综合指标是可行的，由此形成各种城市规模分布理论（于洪俊和宁越敏，1983）。在城市地理学中，城市规模分布研究就是探讨在一个城市体系内部，各个城市的人口规模服从何种分布规律。换言之，一个城市的人口规模不仅仅受自身所处自然、社会经济条件的影响，还与其他城市的规模形成一定的关系。这种将一个城市与其他城市相关联进行研究的思路成为城市网络研究之滥觞。

早在 1913 年，奥尔巴克（Auerbach）就发现五个欧洲国家和美国的城市规模分布具有一定的规律（许学强等，2009）。但在城市规模分布的研究中，影响最大的是 Zipf（1949）揭示的城市位序规模规律，即对一个国家而言，第二大的城市人口规模为首位城市的一半，第三大的城市人口规模为首位城市的 1/3，以此类推。表现在双对数坐标图上，Zipf 的位序规模分布就成为一条斜率为–1 的直线。周一星（1995）认为 Zipf 定律并不具有普遍意义，可以看作一种理想的均衡模式。美国、日本等国的学者对城市位序规模分布规律进行了大量研究，其中以贝里（Berry）的研究最为著名。Berry（1964）提出一个城市规模分布的发展模式，认为城市化的不同发展阶段具有不同的位序规模分布。他选择 38 个国家的城市资料进行了城市规模分布的研究，结果发现有 13 个国家属于对数正态分布；有 15 个国家属于首位分布；有 10 个国家属于两者的过渡类型。贝里认为，随着国家经济、政治和社会生活的复杂化，该国的城市规模分布将趋向于位序规模分布，因为这种分布表现出城市体系的稳定状态（于洪俊和宁越敏，1983）。近年来，国外城市位序规模研究有了新的进展，如考虑了未来城市人口增长的趋势而构建的动态位序规模分布模型（Benguigui and Blumenfeld-Lieberthal，2007）。Benguigui 和 Blumenfeld-Lieberthal 提出人口规模的变动是个动态的过程，需要从微观的个人行动者的迁移行为入手，对个人行动者迁移的密集区位选择进行空间分析，得到不同于常规人口规模统计的衡量指标，从而对城市位序规模分布规律进行改进和修正（Mansury and Gulyás，2007）。

我国对城市规模分布的研究起源于 20 世纪 80 年代初。严重敏和宁越敏（1981）以人口规模首位城市上海作为基准，以斜率指数为–1 的理想位序规模分布模型考察了中华人民共和国成立以来到改革开放前的城市规模分布的变化，认为大体接近于对数正态分布。但中华人民共和国成立后由于对大城市人口规模的严格控制，首位城市上海的人口规模严重低于位序规模分布的理论值。许学强（1982）采用 1953 年、1963 年、1973 年、1978 年的人口资料，用 Zipf 公式对我国人口规模排名前 100 的城市进行回归分析，得出城市规模呈大小序列分布且序列与城市人口规模间的非线性相关十分显著的结论。顾朝林（1999）研究了 1982 年、1983 年、1984 年和 1985 年四年的全国城市非农人口统计资料，采用回归方法求出全国城市位序规模分布幂函数模型，并证实用该模型描述全国城市体系等级规模最为合理。周一星和于海波（2004a，2004b）同样采用 Zipf 公式，利用 2000 年第五次全国人口普查"市人口"数据对中国人口规模排名前 100 的城市进行了位序规模分布研究，得出中国城市规模分布属于相对均衡类型的结论。周一星（1995）还对我国城市规模分布的省际差异进行了研究，得出六种不同类型的规模分布，这一研究的结果对西方公认的 Zipf 城市位序规模分布规律提出了质疑。丁睿等（2006）在 2002 年建设部城市非农人口统计资料的基础上，运用位序规模模型对 2020 年中国城市等级规模结构进行预测，认为利用位序规模分布模型拟合我国城市等级规模结构最为合理，且所取个体样本的城市规模越大，拟合的结果越好。李少星（2009）对改革开放以来中国城市等级体系演变的基本特征进行了分析，研究发现，城市规模序列呈现大规模、大幅度的变动；城市位序变动随城市规模等级呈现分异特征，城市规模等级越小，城市位序变动越明显；城市规模增长还表现为明显的区域差异性。他对变动幅度较大的 138 个城市进行典型观察，结果显示：成长明显的城市具有地域集中性，在交通沿线和沿海地区尤为突出，城市规模位序的提升与地区经济发展密切相关，部分旅游城市上升明显，而资源型城市则下降明显，城市的成长受行政性调整力量影响较大。孙明洁（2000）用 1998 年数据考察了世纪之交的中国城市等级规模体系，发现特大城市和中小城市数量增加迅速，而大城市数量增加相对缓慢。我国城市等级规模体系处于小城市发展时期，但已有向中等城市发展时期过渡的趋势。城市网密度和城市人口密度，东部均大于中西部；东部地带处于小城市发展时期，中部地带处于中等城市发展时期，西部地带处于大城市发展时期。

还有学者从更技术性的层面对城市位序规模分布进行分析，如陈彦光和周一星（2002）引入分形的概念，通过建立基于 Zipf 多重维数的多分维城市等级结构模型，对美国城市体系的等级结构进行分析。他们认为，城市规模分布的多分形结构可能是位序规模法则支配下的连续分布和中心地法则支配下的等级阶梯，在城市化动力学的作用下矛盾运动的产物，有证据表明这种结构与城市地理系统的效用最大化和信息熵演化都有内在联系。Zhou 等（2013）对 1949～2010 年中国城市规模分布特征和影响因素进行了分析，她们侧重强调了中央政府对于中国城市空间分布的影响，即通过区域开发政策增强区域经济活力，通过财政转移支付促进落后地区城市的发展。

二、城市等级体系研究

城市规模分布的研究揭示了在一个城市体系内部，各城市人口规模所遵循的分布规律。由于这种研究仅采用比较单一的人口指标，更多地具有统计学上的意义，缺乏对城市功能和分布的空间格局的分析（Duncan et al.，1960）。因此，在城市体系研究中，其后出现了兼顾规模和职能的城市等级体系研究，这方面的研究可追溯到德国区位论学者克里斯塔勒提出的中心地理论（Christaller，1933）。在城市等级体系研究的演进过程中，出现了从中心地理论、都市区主导、商业模型和新经济等角度的研究理论与实证（表2-1）。

表 2-1　城市等级体系研究的脉络演进

视角	等级理论	等级实证
中心地理论 （Christaller，1933）	城市职能按等级化从高等级城市向低等级城市延伸，延伸方向取决于交通运输的线路	用人口指标来指示腹地的范围，城市职能按照城市人口的等级来体现（Schettler，1943）
都市区主导 （McKenzie，1927）	城市职能的空间拓展取决于城市之间的支配和被支配关系，都市区具有主导地位，空间拓展过程受到交通和通信技术的影响	用人口指标来指示城市间的支配和被支配关系，城市职能按照城市人口的等级来体现（Winsborough，1959）
商业模型 （Vance，1970）	一部分城市职能（如零售）空间组织的方式基于城市规模等级体系，另一部分城市职能（如批发）空间组织的方式基于网络化的城市等级（依靠长距离运输）	用交通网络中的地位来确定高等级大城市（Pred，1973）
新经济 （Sassen，1991）	城市职能更多地依赖网络化的空间组织模式，新经济部门（如金融、商务服务业）成为决定城市职能的主要因素	通过多种模式网络的研究来体现：企业网络（Lincoln，1978）、贸易网络（Eberstein and Frisbie，1982）、信息网络（Wheeler and Mitchelson，1989）、交通网络（Irwin and Kasarda，1991）

资料来源：Neal（2011）

　　其中，从中心地理论和都市区主导两个角度的城市等级体系研究最早出现，也存在一定的可比性。中心地理论构建的是自上而下的城市等级关系，城市的职能从高等级城市向低等级城市沿交通运输线路延伸。而都市区主导理论更强调高等级都市区的主导地位，等级体现在都市区对其他区域的支配地位（McKenzie，1927）。这两种城市等级体系都是利用人口、职能指标来体现等级关系。商业模型出现在 Vance（1970）对美国城市体系的研究中，他认为中心地模型只适合解释小尺度的区域城市体系，随着交通和通信技术的发展，城市职能的空间影响力也在拓展，因此他提出了基于商业模型的城市等级模型，他认为一部分城市职能（如零售）空间组织的方式基于城市规模等级体系，另一部分城市职能（如批发）空间组织的方式基于网络化的城市等级（依靠长距离运输）。从实证角度来看，这种基于商业模型的城市等级体系的主要特色在于考虑了长距离运输的影响，因而扩展了城市体系的分析维度，因为基于长距离交通网络的研究可以识别出城市等级体系中的高等级大城市（Pred，1973）。

20 世纪 80 年代以后，全球化对世界城市体系的影响凸显出来，涌现出新的研究视角。弗里德曼认为，人口规模已不再是世界城市的主要判断标准，他提出如下两个判断世界城市的标准：①城市与世界经济体系相结合的形式和地位，如作为跨国公司总部中心的地位，为世界市场服务的商品生产的重要性；②城市所拥有资本的空间支配能力，如金融和市场控制是全球性的抑或区域性的，还是仅仅起将国内经济与世界城市体系相连接的作用（Friedmann and Wolff, 1982）。由此，弗里德曼认为，处于世界城市体系顶端的城市，即世界城市主要充当跨国公司总部的所在地。Godfrey 和 Zhou（1999）认同弗里德曼世界城市论的基本观点，他们认为研究世界城市的等级应更关注城市在政治和经济上对全球生产体系与消费市场的控制能力，而不仅仅像城市位序规模分布研究仅赋予世界城市一个简单的等级排名。同时，他们也提出，虽然弗里德曼采用跨国公司总部区位来确定世界城市等级的做法存在一定的合理性，但也存在两大问题：第一，跨国公司总部区位的数据并不能反映世界城市真正的影响，因为跨国公司总部往往设在母国，通过其遍布全球的分公司施展其影响力，但其总部不能自由迁徙至其他国家的世界城市。从这个角度来讲，跨国公司总部的区位更多地体现了国家的经济实力。第二，忽视了全球范围内多样化的地理条件和政治经济结构。例如，像美国这样幅员辽阔和城市众多的大国，其跨国公司总部并未都向纽约集中，因为纽约面临国内其他城市对跨国公司总部区位的竞争，而美国的分权化也未使华盛顿成为总部所在地。进而，他们提议采用跨国公司总部和区域总部的区位来判断世界城市的等级，其分析结果使得香港、新加坡这样的城市在世界城市体系中的地位大大提升。

受弗里德曼世界城市理论的启发，Sassen（1991）从新经济角度建构的全球城市研究开启了世界城市网络研究这一新的领域。她强调了在城市体系中，城市职能更多地依赖网络化的空间组织模式。实证研究也更多地从企业网络（Lincoln, 1978）、贸易网络（Eberstein and Frisbie, 1982）、信息网络（Wheeler and Mitchelson, 1989）和交通网络（Irwin and Kasarda, 1991）等方面展开。

三、城市网络研究的兴起

城市规模分布和城市等级研究虽然考虑了城市间的相互影响，但总的来说更倾向于将城市看作独立的存在，重点考察城市总体的分布规律，对城市相互之间的联系关注不够。有学者认为，基于人口的位序规模分布研究往往会产生误导的影响，即认为人口是甄别城市功能和决定城市前景的决定性要素，应当将研究的焦点从城市人口规模转移到城市相互之间的关联程度，以及城市在一个城市网络中的可达性（Rimmer，1988）。还有学者认为，城市间相互作用才是联系城市的关键，它能够提升城市之间的相互依赖，进而形成城市网络（Neal，2013）。随着经济全球化和信息化，世界城市的发展日新月异，世界城市组织结构越发复杂化。有部分学者对世界城市等级体系提出质疑，认为世界城市网络不应该是放大版的国家城市等级。以拉夫堡大学 Taylor 为首的 GaWC 小组将研究的焦点从城市等级转换到城市网络，致力于探讨世界城市网络的形成与演化机制，网络结构与经济全球化之间的互动关系，以及对城市发展带来的影响等问题。在 GaWC 小组的研究中，在社会学家 Castells（1996）"流动空间"理论和 Sassen（1991）"全球城市"理论的基础上，逐渐建构起世界城市网络研究的理论基础。他们将城市视作网络中的节点，城市的作用取决于该城市节点在网络中与其他节点的相互作用，城市的地位更多地依赖于其在网络中与其他城市的关系情况。随后，GaWC 小组分别从企业组织和基础设施网络两个方面对世界城市网络进行了实证分析。理论和实证的完善也推动了世界城市研究范式从层级向网络的转变。这一研究范式的贡献如下：第一，打破了世界城市体系等级化的观念；第二，强调了世界城市的研究从属性向关系的转变。

城市等级和城市网络本质上都是城市体系的空间组织模式，等级强调垂直的层级差异，而网络则强调横向的互补和联系（Batten，1995）。Burger（2011）总结了网络体系与等级体系的联系和差异（表 2-2）。从结构形态来看，等级体系体现出以中心为核心的单节点结构，一个主要中心，城市和农村相对分离；网络体系往往呈现多节点结构，存在若干相互邻近的中心，各个中心地位平等。从空间相互作用来看，等级体系中以垂直的单向联系为主，联系流向主要中心，尺度相近的城市间不存在横向联系；网络体系中则存在垂直和横向的多向联系，核心和边缘之间存在双向的联系，各个中心之间交叉互联。从空间组织形式来看，等级体系中体现为单中心大都市区，而网络体系中体现为网络城市（network cities）或者多中心城市区域。从空间单元之间的关系来看，等级体系中同层级的城市由于不存在横向联系，因此倾向于竞争，体现为地方化的特点；网络体系中城市之间倾向于合作互补。从经济职能分工来看，等级体系中城市职能取决于城市的规模，高级别的功能集中在主要中心城市；网络体系中城市职能取决于在城市网络中的地位而不是城市的规模，不同城市之间存在劳动空间分工。从经济外部性来看，等级体系中经济集聚到单一的中心城市，可能发生集聚不经济；网络体系中经济集聚发生在不同的中心城市，没有集聚不经济。

表 2-2　城市网络体系与等级体系的对比

特点	网络体系	等级体系
结构形态	多节点结构；存在若干相互邻近的中心，各个中心地位平等	单节点结构；一个主要中心；城市和农村相对分离
空间相互作用	垂直和横向的多向联系；核心和边缘之间存在双向的联系；各个中心之间交叉互联	垂直的单向联系为主；联系流向主要中心；尺度相近的城市间不存在横向联系
空间组织形式	网络城市或者多中心城市区域	单中心大都市区
空间单元之间的关系	倾向于合作互补	倾向于竞争和地方化
经济职能分工	城市职能取决于在城市网络中的地位而不是城市的规模；不同城市之间存在劳动空间分工	城市职能取决于城市的规模；高级别的功能集中在主要中心城市
经济外部性	经济集聚发生在不同的中心城市，没有集聚不经济	经济集聚到单一的中心城市，可能发生集聚不经济

资料来源：Burger（2011）

第二节　城市网络研究的理论基础

一、城市间相互作用理论

城市位序规模分布更倾向于指代城市的集合，即将城市看作独立的存在，不考虑相互之间的联系，只看总体的分布规律。事实上，城市之间的相互作用是联系城市的关键并能够提升城市之间的相互依赖性，进而形成城市网络。美国地理学家厄尔曼（E. L. Ullman）总结了影响城市相互作用的三个主要因素：第一，互补性（complementarity）。厄尔曼认为，两地间相互关系产生的前提条件是两地之间必须存在经济或社会的某种供需关系，即一方有供应，另一方有需求，从而使两地之间产生互补性。互补性可以用来解释两组距离相近城市对之间相互作用强弱存在差异的原因。例如，纽约到圣路易斯和纽约到坦帕的距离相近，因后者位于佛罗里达，其亚热带气候适于度假，因此纽约到坦帕的游客人数远多于纽约到圣路易斯的人数。第二，中介机会（intervening opportunity）。当两个城市分别可以和第三个城市发生相互作用时，那第三个介入的城市就会减少原来两个城市之间的相互作用。除了中介机会，中介壁垒也会减小两个城市之间的相互作用。第三，可运输性（transferability）。两个城市之间资源流动的容易程度，决定了城市相互作用的潜力（许学强等，2009）。其中，距离是一个主要的影响因素。距离影响运输时间的长短和运输成本，距离的摩擦效应产生距离衰减规律。一般地，货物的可运输性是由单位重量的价值决定的。单位重量价值低的货物通常由水路承担，而单位重量价值高的货物（如电子产品）可以采用航空运输的手段。

在此，以石油和电子消费品的生产与消费为例说明相互作用的形成及特点。它们共同的特点就是生产高度集中在少数几个地区，消费却是世界性的，由此形成全球供需网络。但因可运输性的不同，石油和电子产品采取了不同的运输方式。单位重量价值较低的原油主要采用海运或管道运输方式。而中国作为世界最重要的电子产品装配地区之一，附加值较高的电子产品成为航空运输的主要品种。

二、传统区域理论的网络化

城市地理学中有若干理论都可以解释城市相互作用的特点，其中最经典的包括经济基础理论、区位论和中心地理论。这三个理论都有各自的表述，对于城市相互作用的解释也各不相同。但三者也存在一个共同点，即都可以联系到网络理论中，将各自概念与网络中的三种中心度（centrality）相对应（Dunn，1970；Irwin and Hughes，1992）。

城市经济基础理论按照"外向"和"内向"功能将城市全部经济职能分为基本经济职能和非基本经济职能两大部分。基本经济职能主要为城市以外的地区服务，通过产品和劳务的输出，为城市带来收入，并以"乘数效应"推动城市经济的增长与扩张，因此成为城市存在和发展的经济基础，是城市发展的主要动力。非基本经济职能主要为城市自身的运行服务，其发展以城市本埠的需要为基础（阎小培和许学强，1999）。从网络的视角来看，一个城市对其他城市的联系可以看成在区域中城市依靠基本经济职能的优势，向其他城市输出产品和服务。在这种基于输出-输入的城市网络中，职能输出的城市对职能输入的城市具有控制作用（Neal，2013）。网络理论中的度数中心度（degree centrality）的核心思想刚好与经济基础理论的职能输出特点相吻合（图2-1）。一个点的度数中心度指的是网络中与该点相连的点的个数（刘军，2004）。城市基本经济职能辐射能力越强，则辐射覆盖的城市越多，在网络中城市的度数中心度也就越高。

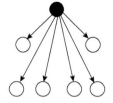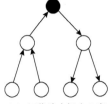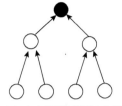

(a) 经济基础理论度数中心度　　(b) 区位论中间中心度　　(c) 中心地理论接近中心度

图 2-1　传统区域理论的网络化

资料来源：Neal（2013）

区位论提供了另一个理解城市之间产生相互作用的角度。区位论认识到产品和服务产生于一个城市，而在另外一个城市进行消费。反之，产品的生产和消费过程都涉及不同的城市，关键在于中间的运输环节。因此从区位论出发，城市间相互作用产生的关键在于促进生产资料和产品的运输。网络理论中中间中心度（betweenness centrality）的概念可以与这一思想相对应（图 2-1）。一个点的中间中心度是指该点在网络中提供中介便于其他点相连的能力（刘军，2004）。网络视角下的区位论解释了处于运输关键环节的城市能在网络中拥有更多的控制权。

中心地理论强调城市职能有等级强弱和服务范围的差异，反映了城市体系中自上而下的等级结构。在中心地体系中，高等级的中心城市拥有更多样化的经济职能，低等级的城市需要从高等级的城市获取相应的服务和产品，因此中心城市在区域内具有支配地位。网络理论中的接近中心度（closeness centrality）的思想与中心地理论相匹配（图 2-1）。一个点的接近中心度是指网络中该点与网络中心的接近程度（刘军，2004）。网络中接近中心度高的城市说明其在网络中的可达性更高，类似于中心地体系中高等级的城市占据着中心的地位。

三、流动空间理论

在世界城市网络理论的建构过程中，社会学家 Castells（1996）的"流动空间"理论为拉夫堡大学 GaWC 小组的学者提供了理论基础。"流动空间"理论认为，我们的社会由各种流构成，流动空间就是围绕人流、物流、资金流、技术流和信息流等要素流动建立起来的空间，以信息技术为基础的网络流线和快速交通流线为支撑，创造一种有目的的、反复的、可程式化的动态运动。流动空间通过节点将流向不同的各种流动相互连接起来，节点之间的微妙异同实现流动循环（沈丽珍，2010）。

从这一视角来看，城市积累和获得财富与权力（power）不是凭借城市自身所具有的属性而是通过流经城市的各种流获得的（张闯，2010）。Castells不再将世界城市看作一个传统意义上的地点，而是看作一个过程，赋予其动态联系的内涵。在"流动空间"中，城市在网络中的地位将不再受城市的形态和功能所主导，而是被穿行在城市之间的各种流所主导，世界城市的本质属性更多地表现为网络中的连通性。Castells认为，"流动空间"由三个层次构成（表2-3），物质基础、中心和节点、主要的管理精英的空间组织。其中，层次二就是以跨国公司为基础的城市网络。

表 2-3　Castells "流动空间" 的三个层次

层次	层次类型	特征描述
层次一	"流动空间"的物质基础	航空网络互联基础结构
层次二	"流动空间"的中心和节点	以跨国公司为基础的城市网络
层次三	主要的管理精英的空间组织	超级巨富的空间分布与管理精英的跨国界流动

资料来源：Derudder 和 Witlox（2005）

Taylor（2004）在 Castells 学说的基础上，对世界城市网络进行了界定。他认为，城市本身并不创造城市网络，虽然城市政府建设了一些基础设施网络，但这些基础设施并不构成城市网络，而是通过使用这些基础设施的人、商品和信息创造了连接城市的网络。Taylor 进一步对城市网络的具体构成进行了深入分析，提出了连锁网络（interlocking network）的概念，城市间连锁网络由三个层次构成（图 2-2）：网络系统层，即主宰世界城市联系的世界经济；网络节点层，即构成网络的核心世界城市；网络次节点层，即实际运营网络的全球生产性服务业企业。此后，GaWC 小组将世界城市网络定义为一个由全球生产性服务业企业连接而成的全球性网络（Taylor，2004）。

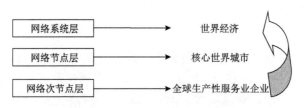

图 2-2　世界城市连锁网络的三个层次

资料来源：Taylor（2004）

第三节 城市网络研究的实践进展

Castells（1996）的"流动空间"理论为城市网络的实证研究提供了一个坚实的理论基础。依据"流动空间"理论，城市网络研究的重点在于合理地测度城市间存在的各种流，以此判定城市间联系的紧密程度及由此产生的等级。一般来说，传统城市研究使用的是城市的属性数据，如人口规模、国内生产总值等，这些数据可以从各种统计年鉴中取得。但城市网络研究使用的是城市间的关系数据，如两地间的人口流量、信息流量等，一般的统计年鉴并不提供这些数据。因此，流量数据的缺乏成为城市网络研究中存在的难题（Short，1996）。早期研究大多寻找城市相互联系的间接证据，如克里斯塔勒使用电话机数量评价一个中心地的中心度，近年来则基于城市间技术移民的数量和城市主流媒体，利用其他城市商业新闻的曝光量等数据对城市网络进行研究（Beaverstock et al.，2000）。以 Taylor 为代表的学者开创了城市网络的研究范式，并在世界城市网络的空间尺度上进行了实证研究。Taylor（2004）对世界城市网络的定义和层次划分如下：城市连锁网络中发挥实际联系作用的是作为网络最基本构成的全球生产性服务业企业。通过对这些生产性服务业企业之间联系的测量，可以间接反映城市之间的关系，由此为城市网络的研究提供了可操作化的路径。

随着 GaWC 小组研究的深入，学者对城市间关系数据的发掘更加深入和多样。从现有的关于城市网络实证研究中的测量方法来看，可以分为以下两种类型：基于企业网络测量方法和基于基础设施网络测量方法。前者主要从企业全球经营的个体视角出发，首先建立该企业的总部-分支机构网络，然后以一组相关的企业网络指代城市网络，这种方法更多地反映了全球生产关系网络中的控制与被控制的关系。后者则借助全球尺度上城市基础设施的结构来表征城市间的关系。Derudder（2006）对这两种方法进行了总结（表 2-4），认为这两种方法都反映了城市网络的地理轮廓。

表 2-4　城市网络研究主要实证方法

项目	企业网络		基础设施网络	
研究热点	生产性服务业企业网络	跨国公司总部-分支机构网络	信息传输网络	航空网络

续表

项目	企业网络		基础设施网络	
案例	Taylor 等（2002）、Derudder 和 Taylor（2005）	Alderson 和 Beckfield（2004）、Rozenblat 和 Pumain（2005）	Moss 和 Townsend（2000）、Townsend（2001）	Smith 和 Timberlake（2001）、Derudder 和 Witlox（2005）
城市联系衡量指标	信息流、知识流等各类城市关系代理人的度量	城市间跨国公司总部-分支机构联系数量	城市间网络连接带宽	城市间航空客流量

资料来源：Derudder（2006）

其中，运用基于企业网络测量方法进行世界城市网络的实证研究又可以分为两类，但它们都受到 Godfrey 和 Zhou（1999）首先提出的将跨国公司总部作为评价指标的影响：第一类是以 Taylor 为代表的从生产性服务业网络来研究世界城市网络；第二类是以 Alderson 等为代表的从跨国公司总部-分支机构网络来研究世界城市网络。两类研究虽然在方法上有一些区别，但它们都是基于如下事实进行研究（Taylor，2005）：跨国公司在进行空间战略选择时，一般会把总部集中在全球性的大城市中，而区域性总部设在某些区域中心城市，分支机构则分散在一般性的拥有某方面生产要素优势可以降低成本的城市中，其结果是企业内部组织结构组成一个覆盖很多城市的网络。

从基础设施网络的角度考察世界城市网络的方法也可以分为两类：以城市间航空网络数据为基础的分析和以城市间信息传输网络为基础的分析。其中，前者以城市间航空基础设施数据为主，通过城市间航空客流量来反映城市间关系；后者主要以城市间网络连接带宽来反映城市间关系。这两种方法不同于企业网络间接体现城市网络，而是以城市间网络实体结构为基础寻求比较直接的测量方法。相对于从航空网络视角的研究，从信息传输网络视角的研究利用互联网带宽作为基本衡量指标，认为城市间网络连接带宽越宽，城市间信息流量就越大，因而可以说明城市间关系就越强。由于带宽仍然是一个属性数据，而不是直接可以评价信息流大小的数据，与城市间关系的相关程度不是很高。从严格意义上来讲，带宽不是一套很好的数据，因此应用也不广泛（Derudder，2006）。

近年来，随着信息技术的飞速发展，城市间的信息流动越来越频繁。鉴于此，部分学者从城市间信息流的视角开创了新的城市网络研究路径（甄峰等，2007）。一部分研究改进了上述信息传输网络的研究方法，在互联网基础设施结构的基础上加入了对通信流量的考虑，来反映城市网络的结构（汪明峰和宁越敏，2006）。另一部分研究则关注到互联网的社会空间结构，以社交媒体如新浪微博中的信息流量为指标衡量城市间的相互联系，进而反映城市网络的结构（甄峰等，2012）。此外，随着大数据应用的普及化，越来越多的研究开始关注到城市网络的社会空间结构，发展出多种研究视角。例如，利用百度指数构建城市间信息流动指标（熊丽芳等，2013；蒋大亮等，2015），从京东、当当网等网络消费空间的视角开展的研究(汪明峰和卢珊，2011;席广亮等，2015)。

综上所述，当前城市网络研究的主要路径有企业网络、航空网络和互联网三种研究视角。其中，互联网视角的研究依赖于近年来信息技术爆炸式的发展，能良好地反映城市网络的社会空间结构。但是，互联网的崛起历史并不长久，在数据上也存在一定的规范性问题（甄峰等，2015）。因此，企业网络和航空网络依然是城市网络研究最主要的两个途径，尤其是对于城市网络的历史演化情况有很好的指示性。本节接下来将对两个视角下城市网络的具体研究进行总结和对比。

一、企业网络视角下的城市网络研究方兴未艾

从企业网络的视角研究城市网络最初起源于对世界城市网络的研究，最具代表性的是 Taylor（2004）从生产性服务业企业网络出发所构建的世界城市连锁网络（interlocking network）模型和 Alderson 和 Beckfield（2004）的全球跨国公司总部-分支机构网络模型。

Taylor（2004）的研究理论基础可以追溯到 Sassen（1991）对全球城市的研究上。Sassen（1991）认为，全球城市的首要功能是以金融、保险、房地产为代表的生产性服务业，为此构造了这三个产业的缩写词 FIRE。她认为，以金融为代表的生产性服务业可能具有独特的空间网络，不同的网络通过不同类型的全球城市得以运行，形成具有高度专业化的全球城市。这些专业化的全球城市与主导的全球城市联系在一起形成复杂的全球城市网络，而全球城市就是网络中的战略空间。因此，Taylor 首先选取五个具有代表性的先进生产性服务业行业（APS），即会计业、广告业、金融业、律师业、管理咨询业，然后在每个行业中选取代表性企业，根据这些企业在选定城市中的分布测定城市之间的网络联系，城市的地位由在网络中的连接性决定。具体而言，通过对企业在城市中的分布状况进行打分（跨国公司总部为 5 分，大区域总部为 4 分，国家总部为 3 分，办事处为 1～2 分，没有分支机构为 0 分），以此计算每个城市中某企业的活动值。若企业的活动值越高则说明企业内部各机构之间的要素流动就越多，体现出城市流的强度就越大。再进一步对城市流的水平进行估算，以此作为衡量城市间关系强弱的指标（Taylor，2004）。这种估算为大多数学者所

接受，但总部与分支机构之间的联系仍然具有一定的等级倾向，即主要体现垂直方向的联系。另外，城市的经济活动也表现为相关企业间的联系，如果仅测量企业在城市间的网络关系，缺少对不同企业间横向关系的分析，则不能反映一个城市生产联系的全部。

Alderson 和 Beckfield（2004）的研究与 Taylor 的研究不同。Alderson 和 Beckfield 收集了 2000 年世界跨国公司 500 强的总部和分支机构在全球 3692 个城市的分布数据，借鉴了社会网络分析中权力和控制力的衡量指标——中心度，对这 3692 个城市所构成网络的权力特征和结构特征进行了详细分析，解释了两个命题。第一，在基于跨国公司的世界城市网络中，哪些城市处于中心地位；第二，如何精确地分析这种浮现中的跨国城市网络的结构特征。虽然有部分学者质疑 Alderson 和 Beckfield 的研究有些过于强调权力与等级（张闯，2010），有倒退到世界城市等级体系上的嫌疑，但笔者认为 Alderson 和 Beckfield 的研究不同于以往利用属性数据对世界城市等级的划分，其研究成果是基于城市间的关系数据。同时，Alderson 和 Beckfield 在研究方法上也能引入社会网络的分析方法，并基于关系结构的分析，提出了中心性结构不应被等同于等级结构来看待的观点。

此后，在 Taylor 和 Alderson 研究的基础上，相关学者对企业网络视角的城市网络研究进行了充分的拓展和延伸，主要体现在以下三个方面。

第一，研究方法不断完善。Taylor 的连锁网络模型存在企业样本数量较少、城市样本数量较多的问题，这样的数据结构在一定程度上会使网络分析产生误差（Neal，2012）。因此，应用连锁网络模型时需要更多地考虑方法的局限性。跨国公司企业网络视角下的城市网络研究数据本身不存在太大问题，但网络分析方法本身还存在完善的空间，后续研究的焦点就集中在对世界城市网络中心性的界定和分析上。Neal（2011）首先指出了 Alderson 和 Beckfield（2004）研究中的不足，提出网络中城市的中心度和权力在意义上是不同的，中心度反映了节点在网络中所处的位置，而权力则更强调在网络中的控制能力。因此，Neal 建立了改进后的中心度计算方法，结果表明只有少数顶级世界城市，如纽约和伦敦在世界城市网络中同时具备较高的中心度和权力，而其他城市则可以分成枢纽城市（hub city）和门户城市（gateway city）。枢纽城市具备较高的中心度，但权力不强，以国家的中心城市最具代表性，如巴黎和华盛顿。门户城市具备很强的网络权力，但中心度不高，代表城市一般为国外对外联系的窗口城市，如迈阿密、洛杉矶和旧金山。Boyd 等（2013）对 Neal 的研究做出回应。他首先认同中心度和权力不能简单地画等号，但是 Neal 的计算过程也存在问题，仅仅是理想化地对网络模型的改进，而对于现实中的世界城市网络不具备很好的解释性。笔者认为，以 Taylor 和 Alderson 为代表的早期研究确实存在数据和方法上的缺陷。Neal 和 Boyd 的方法改进各有优缺点，但整体体现了城市网络研究方法应该进一步细化。

第二，研究对象更加丰富。从企业网络视角对世界城市网络的考察最初关注的重点是顶级世界城市，即全球城市，因此世界城市网络研究呈现出欧美中心论的特点，很多发展中国家的城市和欧美二线城市被边缘化了（Robinson，2002）。为克服这一缺陷，后期研究逐渐拓展了城市网络研究的对象。例如，Taylor（2005，2012）在连锁网络模型的基础上，对世界城市网络中的美国城市板块和中国城市板块分别进行了研究。研究发现，美国和中国都只有少数城市具有很高的国际联系性。在空间分布上，美国的世界城市集中在东西海岸，中国的世界城市集中在东部沿海。在联系特点上，美国的世界城市中除纽约以外，其他城市与国内城市联系更为紧密；中国的世界城市，如北京和上海分别体现出政治中心和经济中心的功能，对外联系的特点也存在功能性的差异。Mans（2014）关注世界城市网络中的末端城市（end nodes），将 Taylor 连锁网络模型中的末端城市单独提取出来，重点考察了印度城市融入世界城市网络的过程。Wall（2009）将荷兰兰斯塔德地区的城市纳入世界城市网络中进行考察，揭示了阿姆斯特丹作为兰斯塔德地区的中心城市，在世界城市网络中也具备很高的中心性，而海牙、鹿特丹和乌得勒支更多地体现为地方性。

第三，国内研究逐步兴起高潮。从企业网络视角考察城市网络兴起于欧美学界对世界城市网络的研究。虽然西方国家的学者开始更多地关注包括中国在内的发展中国家世界城市崛起和融入的情况，但本国学者在这一研究领域的参与更为重要，因为他们对本国的国情更为熟悉，掌握的数据更为充分。华东师范大学和同济大学是国内从企业网络视角考察城市网络研究的两个重镇。

早在 20 世纪 90 年代初，华东师范大学宁越敏（1991，1994）就将西方国家刚刚兴起的劳动空间分工、世界城市研究介绍到国内。宁越敏（1993）也最早注意到，当中国进入转型时期后，随着政府职能转变和市场经济的建立，企业作为一个新的城市相互作用主体的作用也日益显露，企业在城市网络发展中将起到更大的作用。在研究 90 年代中国城市化动力机制时，宁越敏（1998）关注到跨国公司在中国投资出现的新特点，指出跨国公司在中国设立的绝大多数投资性公司和跨国银行的分支机构大多集聚在北京和上海，表明跨国公司在中国投资时出现管理与生产分离的现象，这对于中国城市等级体系的重构有重要影响。其后，宁越敏指导的博士生分别从劳动空间分工、全球生产网络（global production network，GPN）等角度入手，对中国城市融入全球化的过程进行了分析，进而对这一过程中中国城市网络的形成与发展展开了探讨。其中，石崧（2005）厘清了自亚当·斯密以来的劳动分工理论的演进脉络，基于劳动空间分工理论探讨了中国大都市区空间结构演变的规律。李健（2008）对分工背景下，全球生产网络的形成、特点、生产组织、治理模式、空间扩散和地方镶嵌等内容进行了详细分析。他首次以美国通用电气公司为例，探讨了其在华的生产网络。武前波（2009）构建了企业空间组织与中国城市-区域发展相互关联的分析框架，分析了中国制造业企业的空间网络模式，提出了内聚型、跨区域、全球辐射等不同形式的网络模式，同时也研究了世界 500 强电子信息企业中以北京和上海为中心的在华企业网络的特点。李仙德（2012）在上述研究的基础上，构建起从企业网络到城市网络的分析框架，利用上市公司总部分支联系的数据，对中国城市网络的结构特点和演变规律进行了研究，重点研究了长三角上市公司内不同空间层次的企业网络。

同济大学唐子来研究团队借鉴了 Taylor 的连锁网络模型，对世界、全国、区域尺度城市网络的特点进行了研究。其中，唐子来和赵渺希（2010）关注到在经济全球化过程中，长三角地区融入全球经济网络中的现象，并采用关联网络和价值区段的分析方法，对长三角区域城市体系演化进行了研究。赵渺希（2012）从生产性服务业出发，对中国城市网络体系的特征进行了分析，发现了北京-上海的双中心结构、沿海-内陆的核心-边缘结构和以长三角、珠三角和京津冀三大城市群为主体的空间结构。赵渺希等（2015）进一步以三大城市群为分析对象，对企业网络视角下三大城市群内部城市网络的特点进行了分析，发现三大城市群区域一体化程度正在提高，区域城市网络多中心程度正在增强。

除上述研究外，近年来还涌现出不少从企业网络视角研究城市网络的文献。有从金融服务业、消费性服务业、汽车制造业等角度考察全国性城市网络的研究（尹俊等，2011；王成等，2015；王娟等，2015），也有从企业网络视角考察长三角、珠三角、京津冀和成渝等主要区域内部城市网络特点的研究（谭一洺等，2011；路旭等，2012；李仙德，2014；王聪等，2014；朱查松等，2014；刘涛等，2015）。

二、航空网络视角下的城市网络实证

航空网络视角下的城市网络研究是另一个具有代表性的实证研究路径。其中，Smith 和 Timberlake（2001）的研究最具开创性，他们将 1977～1997 年六个时间片段的世界城市间国际客流量数据作为指标，对世界城市网络结构的演变进行了重点探讨，指出了世界城市网络呈现一定的等级结构和凝聚子群现象。当然，Smith 和 Timberlake 的研究也存在一定的局限性。首先，研究仍然未能抛弃等级的观念。正如其文章名中仍然使用了"Hierarchies"一词，其研究重点也是为了进行世界城市的等级排名。其次，研究方法较为简单。Smith 和 Timberlake 在城市网络研究中引入了关系数据并借鉴了社会网络分析方法，但受限于研究方法，他们仅选择了网络分析中特征向量（eigenvector）这一指标，然而这一指标却存在一定的争议性（Neal，2013），相对于中心度这一指标，特征向量并不能完全反映网络中的权力结构。

其他代表性成果还包括：在国外，Cattan（1995）利用欧洲 90 个主要城市之间的国际航班数据，分析了欧洲城市之间的吸引机制和国际化的特征，结果表明欧洲城市网络是建立在各国自身城市体系基础上的。Shin 和 Timberlake（2000）亦从城市间国际客流量入手，考察了亚洲城市与世界主要城市之间的联系，认为亚洲城市在世界城市网络中的层次正在逐步提高。Matsumoto（2007）在考虑国际航空客流量的基础上加入货流量这一指标，分别考察了亚洲、欧洲、美洲三大区域内航空客货流网络的发展情况，进而对三大区域内九个枢纽城市的能级进行了评估。在国内，郭文炯和白明英（1999）根据中国国内航空运输资料，分析了中国城市航空运输职能等级层次，并揭示了城市航空运输联系所反映出的中国城市体系的宏观特征。周一星和胡智勇（2002）认为，航空运输是研究城市体系空间结构较为独特，但又越来越重要的一个视角，其以航空港客运量和每周航班数为基础，通过分析航空网络的结构特点来揭示中国城市体系的结构框架，并依据航空网络结构形态及国内外航空联系的变化，预测未来城市体系空间结构的可能演变。朱英明（2003）的研究表明，城市密集区间的航空运输联系导致了城市间的内聚效应和空间互动，且城市密集区间的航空运输联系具有明显的方向性。王成金和金凤君（2005）采用集中化指数，从航线、通航国家和我国对外通航城市三方面详细论述了我国对外联系的空间演进。张永莉和张晓全（2007）分析了影响城市间航空客运量的因素，建立了描述城市间航空客运量的半对数形式的线性计量经济模型。于涛方等（2008）从航空流的视角，基于数据描述、重力模型和模糊参数的定量方法，分析了中国城市体系格局和变迁。薛俊菲（2008）收集了中国 14 家主要航空公司的航线数据，经相关分析证明航空网络中城市的航线数量与城市体系的规模等级基本上呈正相关趋势。在此基础上，从航空网络的独特视角揭示了开放条件下中国城市体系等级结构与分布格局。吴仰耘（2009）重点研究了北京、上海、广州三大枢纽机场临空经济的发展现状，采用定性与定量相结合的方法，评价了临空经济与区域经济发展的协调程度，以及临空经济对区域经济产生的影响。修春亮等（2010）基于洲际航空物流的视角，通过构建基本航线，对比了哈尔滨与北京、上海、广州、新加坡和仁川在中美航空物流网络中的可达性，论述了哈尔滨在优化中美航空物流网络中的作用。

综上所述，航空联系视角下的城市网络研究的基本出发点是通过航线或者航空流量来体现城市网络的基本结构和空间效应。对于本研究的启示主要有两点：第一，寻找合适的、反映城市关系的航空联系数据。航班或者航线更能反映交通网络的结构，但对于城市网络研究而言，起讫点（origin-destination，OD）的航空流量数据更接近城市相互联系的真实情况。例如，航线中存在中转的情况，大连—上海—巴黎反映的是大连—上海、上海—巴黎和大连—巴黎三对城市间的联系，很难做到准确切割。第二，航空联系对城市发展的影响需要从网络研究落到实地。例如，考察临空经济与区域经济发展的相互关系。

三、两种研究路径的对比

企业网络和航空网络作为两种最具代表性的城市网络实证研究路径，解决了城市网络研究中关系数据缺乏的难题。从两种方法本身的特点来看，也存在各自的优缺点。

对于企业网络研究方法而言，主要存在以下两个优点：第一，企业网络与世界城市/全球城市理论联系紧密。世界城市网络研究的理论基础来源于世界城市和全球城市的理论。在世界城市理论中，将世界城市看作全球经济系统的中枢或组织节点，全球资本用来组织和协调其生产与市场的基点，国际资本汇集的主要地点，以及大量国际和国内移民的目的地（Friedmann，1986）。跨国公司是考察世界城市的主要视角。全球城市理论来源于 Sassen（1991）的研究，她认为伴随着全球经济结构向服务业和金融业转型，一些城市在此过程中成为全球经济中的空间节点，大量生产性服务业企业在这些城市集聚，这些在全球经济体系中扮演着管理角色、承担服务功能的城市被称为全球城市。生产性服务业是考察全球城市的主要视角。因此，企业网络视角的研究与世界城市/全球城市的理论相契合。第二，企业网络视角的研究路径能覆盖更多尺度的城市网络研究。企业网络研究最初主要应用在世界城市网络研究领域，随着方法和研究数据的逐渐完善，在全国尺度和区域尺度的城市网络研究中，也越来越多地利用到企业网络研究的方法，体现出研究的尺度灵活性。尤其是在区域尺度上，企业网络能很好地反映区域内部城市相互联系的情况。但是，企业网络视角的研究也存在以下两个缺点：第一，企业网络数据的代表性不强。在以 Taylor 和 Alderson 为代表的研究中，企业联系数据一般选择若干生产性服务业行业，或者以制造业企业内部联系作为网络联系的基础。一方面，选择若干行业对城市整体联系不具备完全的代表性，会存在数据结构决定论（Neal，2011）。另一方面，以企业内部联系作为网络研究的基础忽略了企业间的相互联系。事实上，企业间的相互联系是研究城市/区域生产网络，乃至全球生产网络的重要基础。第二，企业网络的研究路径虽然具有尺度灵活性，但在强调全球流动性的前提下，容易忽视地方的黏附性。企业网络视角下的城市网络研究关注的焦点是全球范围内城市通过企业的空间组织所产生的联系。过于聚焦联系本身也容易忽视联系对城市发展的作用（Taylor et al.，2014a）。

同样，航空网络视角下的城市网络研究主要存在以下两个优点：第一，航空网络联系是一种更为全面的关系数据。相对于企业网络而言，航空流数据能够更全面地反映城市之间相互联系的强度。相比而言，无论是生产性服务业企业所构造的连锁网络，还是企业内部网络都只能分析城市间的一部分相互联系。而航空联系直接体现了城市间的人流、物流，甚至可以促进城市间的信息流（Neal，2013）。第二，航空网络与地方发展存在良好的互动，更能体现城市网络流动性之外的节点性。航空网络建立在航空运输基础上，是城市对外交通设施的重要组成部分，在满足城市对外联系需求的同时也能推动城市的经济增长（Irwin and Kasarda，1991）。因此，航空网络除了能揭示具备全球流动性的城市网络中城市间相互联系的情况之外，还能更深层次地反映这一过程中全球-地方之间的互动关系。当然航空网络视角下的城市网络研究也存在一定的局限性：第一，航空网络反映的主要是城市间长距离的联系过程，适合大尺度的城市网络研究，在小尺度区域内部层面上就无法利用航空联系进行城市网络的研究，相对于企业网络而言缺乏研究尺度的灵活性。第二，航空网络反映的是城市间人流和物流的整体情况，若无法细分航空联系数据，可能会产生一定的偏差。例如，城市间航空客流可以分为商务流和休闲流（Neal，2010），在美国的相关统计中能做到很好的区分，因此航空联系视角下的城市相互联系能更准确地体现城市间的功能联系。而我国的航空统计对不同目的的出行无法做到准确的区分，因此会造成旅游、休闲型城市在城市网络中地位的偏离（赵渺希，2011）。

综上所述，企业网络和航空网络在城市网络研究中各有优缺点。对于本书而言，研究的重点是考察全国尺度上的城市网络，同时兼顾中国城市对外联系网络，因此选择航空网络视角更能反映城市间直接联系的情况，也能考察城市网络中地方发展的特点。

第四节　航空联系视角下城市网络研究的基本逻辑

一、航空联系及航空网络的特征

在城市网络中，空间上彼此分离的城市是通过通信、贸易、金融、交通等多种方式的相互作用而联系在一起的（Neal，2014）。其中，交通联系又是最基本的一种方式，因为城市之间人和物质交流都依赖于交通基础设施。一般而言，交通联系方式可以分为公路联系、铁路联系、水路联系和航空联系。基于不同类型的交通联系可以形成差异化的交通网络，城市通过这些不同类型的交通网络相互联系而形成城市网络。在阐述不同类型的交通联系与城市网络的关系之前，首先需要对交通网络的特点进行详细解释。

不同交通方式所构成的网络在联系对象、联系范围、空间结构等方面存在不同特点（Taaffe et al.，1996），但一般而言可以归纳为三种类型（Neal，2013）。第一，基础设施网络（infrastructure network）。基础设施网络是指城市之间通过交通基础设施相连形成的网络，如常见的公路网络和铁路网络。从某种意义上来说，基础设施网络仅体现了城市之间相互联系的可能性。例如，京沪高速铁路连接了北京和上海，为北京和上海创造了发生联系的可能性，但基础设施网络并不能体现北京和上海之间实际联系的情况。第二，容量网络（capacity network）。基础设施网络本质上只是一条线的概念，在其基础上可进一步延伸到网络的容量。以上海和南京之间的沪宁高速公路为例，在其双向四车道不能满足交通需求时，扩建为双向八车道。这一扩容过程就可以理解为基础设施网络向容量网络的转变。但容量网络也不能完全体现城市之间的实际联系。第三，流量网络（flow network）。流量网络是基于真实交通流量的网络，如京沪高速铁路每天的列车班次数量，沪宁高速公路每小时的车流量。因此，流量网络更能体现城市间联系的实际情况。

本书所关注的航空流量网络可以分为航线网络（route network）和起讫点网络（origin-destination network）（Neal，2013）。航线网络反映了交通联系的路径。以航空网络为例，每两个城市之间为一个航段，经中转的航线可再细分到每一个航段。例如，大连经停上海到达巴黎的航线可以看成大连—上海和上海—巴黎两个航段，起讫点网络只反映初始点和最终目的地之间的流量，与航线网络不同，不体现经停的城市。起讫点网络更能反映城市间的直接联系，而航线网络在交通网络中能反映更真实的联系过程。因此，交通起讫点网络与城市网络研究能形成很好的耦合关系（Derudder and Witlox，2008）。

交通运输的不同方式反映了城市间联系的不同组织形式（冷炳荣和杨永春，2012）。其中最主要的四种交通方式，即公路、铁路、水路和航空所构建的网络又可以分为平面网络和非平面网络两种类型。平面网络是运输线路导向下，空间上沿平面展开的网络，而非平面网络在节点的带动下，在空间上立体展开的网络。其中，公路、铁路和水路三种网络均为平面网络，航空网络则是典型的非平面网络。如表 2-5 所示，平面网络和非平面网络在空间结构、联系类型、联系速度、联系频率、联系距离等方面均存在不同的特点。

表 2-5　平面网络和非平面网络的特点对比

项目	平面网络	非平面网络
空间结构	以线带动	以点带动
联系类型	间接为主	直接为主
联系速度	慢	快
联系频率	高	低
联系距离	近/中	远
代表网络	公路、铁路、水路	航空

第一，空间结构是平面网络和非平面网络最主要的区别所在。在平面网络中，线是空间结构的主导力量，如高速公路、铁路干线。城市在网络中的联系度（connectivity）和可达性（accessibility）的提升在于线路的拓展。在非平面网络中，网络中的节点是空间结构形成的主导力量，城市是网络结构的主体，可以通过拓展联系来提升自身的联系度和可达性。

第二，两种网络的联系类型也存在明显的差异。在平面网络中，城市一般只与周边最邻近的城市发生直接联系，而与远距离的城市之间的联系以间接为主。例如，上海与北京通过京沪高速铁路发生的联系就是一种间接联系，必须经过苏州、南京、济南等一系列处于两者之间的城市才能到达目的地。在非平面网络中，城市与城市之间以直接联系为主。如果无法形成直接联系一般只需一次间接联系作为中转即可发生联系。

第三，在联系速度上，非平面网络通过直接联系比平面网络的间接联系要快得多，而航空运输方式本身所具有的高速优势更是进一步强化了联系速度上的优势。值得注意的是，近年来高速铁路的发展使得铁路运输在速度上缩短了与航空运输的差距，但高速铁路与航空运输在服务范围重叠最多的还是以两个小时以内的中短距离为主（王姣娥和胡浩，2013），在长距离联系方面还是以航空运输为主。

第四，联系频率与运输方式本身运营的特点相关性较高。例如，公路和铁路本身的联系频率主要与基础设施网络的容量相关，因此容易达到较高的联系频率。而航空运输的联系频率则与机场条件、空中管制等诸多条件有关（曹允春，2001），联系频率相对较低。

第五，在联系距离上，平面网络在远距离运输上相比非平面网络存在天然的劣势，航空运输是远距离、高速出行的第一选择（Neal，2010）。

综上所述，在多种交通出行方式中，航空运输凭借高速性在长距离运输上占据主导地位。在速度经济时代，信息物质流动速度加快，人的生活节奏也越来越快，航空运输的重要性也在逐步提升。而航空网络以城市节点为核心的空间扩展模式及以直接联系为主的联系方式，对反映城市之间真实关系和推动城市网络研究具有积极的作用。尤其能在全国尺度上反映城市体系的空间关系及核心-外围的组合关系（一个核心可以有多个层次的外围联系），对于识别宏观尺度的城镇体系格局具有重要意义（修春亮和魏冶，2015）。

20世纪初飞机发明后不久，就被用作跨区域的国际性运输。50年代以后，在区域尺度和全球尺度上逐渐形成了网络化的空间形态，进而引发了学术界的广泛关注。早期航空网络的构成是建立在各大航空公司航线网的交织上，因此学者首先认识到的网络主体是航线，并不是网络的节点——城市。早期航空网络研究中，多数研究视角是从如何优化航空公司的航线网络进而发挥最大经济效益入手的。在这些研究过程中，人们渐渐对航线网络的结构有了较为清晰的认识，进而将其大致分为点对点式结构和枢纽辐射式结构（图 2-3）。

（a）点对点式结构　　（b）单枢纽结构　　（c）多枢纽结构　　（d）混合型结构

图 2-3　航空网络的结构类型

图内不同字母用来示意不同的城市

第一，点对点式（point to point）结构［图 2-3（a）］。1978年之前，美国航线受到联邦政府的管制，因此只能根据需求开通主要城市之间点对点式的航线网络。其特点是两地间为直飞航线，优点是旅客不必中转，可直达目的地。由于形式比较简单，便于运力调配，两地间为直飞航线成为航线网络中最基本的单元。但这种方式也存在一些缺点：首先，一个城市能与之直接通航的城市数量毕竟是有限的，不可能任意多。一个城市机场容量如果较小，采用点对点式结构会使航班密度降低，延长地面等待时间。其次，城市之间的距离有远有近，不同航线对基础设施的要求不同，点对点式结构增加了机场建设和运营的难度。最后，点对点式的航线结构会造成航空公司之间的恶性竞争。

第二，枢纽辐射式（hub and spoke）结构。根据演化又可将枢纽辐射式结构分成三种类型。1978 年以后，随着美国等国家航空管制的放开，航空公司普遍选择了更高效的枢纽辐射式航空网络，并先后经历了从早期单枢纽模式到后来的多枢纽模式［图 2-3（b）和图 2-3（c）］。枢纽辐射式航线结构由城市对航线和枢纽机场的辐射航线共同组成。采用枢纽辐射式，一是要确定区域范围内的中枢机场，它是区域内的航空客货集散地，要与区域外其他中枢机场之间有便利的联系。中枢机场之间采用点对点式直航航线，再以每个中枢机场为中转站建立起辐射航线。客流量较小的城市之间不采用对飞形式。二是分别将旅客和货物从支线机场运送到中枢机场，通过中枢机场进行航班衔接、客货中转，实现相互之间的空中连接。枢纽辐射式的航线结构是一种相对成熟的网络化航线结构，也是目前发达国家航线网络中常见的形式。相对于点对点式网络结构，它具有如下优点：首先，能更好地适应市场需求，解决了多数国家大型中枢机场和中小型机场运力分配的市场需求；其次，有利于航空公司提高飞机利用率、客座率和载运率；再次，能刺激需求，促进航空运输量的增长；最后，有利于机场提高经营效益。近年来，为了满足某些主要城市之间高密度的航空客流，部分航空公司在枢纽辐射式网络的基础上又加入主要城市对之间的点对点航线，进而形成了混合型的网络结构［图 2-3（d）］。

1978 年，美国放松了民用航空管制，枢纽辐射式的航线网络逐渐发展起来。20 世纪 90 年代后，欧洲的加入促进了全球尺度上枢纽辐射式航空网络的形成。因此，相关学者开始关注于枢纽辐射式航空网络的研究，尝试通过对枢纽机场的选择及其与非枢纽机场的互动关系来优化中枢辐射式网络结构的设计。O'Kelly（1987）第一次对单一配置枢纽选址进行了研究，并建立了基于航线网络总成本的网络规划模型。此后，航空枢纽选址问题成为众多学者广泛研究的领域。Campbell（1994）针对枢纽城市选址建立了基于最小成本的优化模型。Aykin（1995）针对有限制枢纽辐射式网络的设计问题进行研究，并选取美国航空旅客排名前 40 的城市间旅客流量数据进行实证分析。Jaillet 等（1996）证明了枢纽辐射式网络结构是成本最低的一种结构。Kuby 和 Gray（1993）以美国联邦快递为案例研究对象,对其枢纽辐射式网络结构进行了研究。Nero 和 Black（1999）探讨了不同规模的枢纽辐射式网络的不同优势所在。Wojahn（2001）则认为,单中心的枢纽辐射式网络结构成本比多中心的枢纽辐射式网络结构成本要低。Horner 和 O'Kelly（2001）研究发现,枢纽机场区位不仅会落在大型城市,一些小城市凭借地理位置的优势也可以成为航空枢纽。Barla 和 Constantatos（2000）从需求的角度研究了航空网络结构模式的影响因素,解释了航空业采用枢纽辐射式网络结构的原因。

二、航空联系与城市网络的内在逻辑

航空联系可以反映城市之间的直接联系,航空网络的结构也能在城市网络中有所体现。然而正如 Derudder（2006）所阐述的,航空网络是城市网络经济效应和航空运输业共同作用的结果。因此,航空联系与城市网络之间的内在逻辑还有待进一步地揭示。

城市网络中城市之间的联系实质上是人、物质和信息流动的结果。在城市网络研究中,不少学者强调了这种流动性,借鉴 Castells 的"流动空间"理论,认为城市网络是地方空间（space of place）向流动空间转变的结果（Smith and Timberlake, 2001；Alderson and Beckfield, 2004；Taylor, 2004；Derudder and Witlox, 2008）。那么,对城市网络形成机理的探讨就应关注到这些流动的特点。Smith 和 Timberlake（1995）在解析全球城市网络的架构时,提出了全球城市间联系的分类（表 2-6）。在一个全球城市的网络中,城市之间通过人、物质和信息三种类型的流动实现经济、政治、文化和社会功能。

表 2-6　全球城市间联系的分类

功能	联系的形式		
	人流动	物质流动	信息流动
经济	劳动力迁移	资本和商品	电话会议
政治	官方访问	国际援助	国家政策合作
文化	学生交换	工艺品	音乐
社会	国际度假旅游	国际汇款	社交通话

资料来源：Smith 和 Timberlake（1995）

第一,在经济功能上,全球化引发的新国际劳动分工（Cohen,1981）带来了新的全球生产模式的转变，即全球生产网络的出现（李健，2011）。这一过程加速了要素在全球范围内的流动。其中，人的流动表现为劳动力的国际迁移，物质的流动体现为资本和商品的全球流动，信息流动在早期主要通过电话会议完成沟通，而现今互联网的崛起推动了全球范围内城市之间的信息流动（汪明峰，2004）。

第二，在政治功能上，政府之间在外交事务上的官方访问会加速人在城市之间的流动，国际援助产生了城市之间大量物质上的流动，而信息流动则体现在国家政策的合作上。

第三，在文化功能上，全球人的流动体现在国际访学带来的学生交换上，工艺品的全球转运是物质流动的主要形式，音乐等娱乐产业的合作是信息流动的主要形式。

第四，在社会功能上，国际度假旅游、国际汇款和社交通话分别代表了人、物质和信息流动的主要形式。

从全球城市之间的联系来看，人流动和物质流动在很大程度上都要依靠航空运输来实现，因此航空联系是衡量城市间关系的重要指标。其主要原因如下（Keeling，1995）：第一，全球航空流是鲜有的能衡量跨国城市之间连通性的指标；第二，航空网络及其结构具备很好的可视化程度，能很好地表征世界城市之间的互动；第三，在信息革命的背景下，人之间面对面的交流仍然是必须的，航空运输作为全球人流动的最主要载体具有重要的意义；第四，航空运输承担高端跨国资本、人、技术和高附加值货物的运输职能，是经济全球化进程的重要载体；第五，城市对外航空联系是反映其在世界城市中地位的重要指标。Kasarda 和 Lindsay（2011）利用卡萨达定律（Kasarda law）阐述了航空联系是当前全球化时代城市间最基本的物理联系所在。他们提出，信息时代通过电话、邮件、网络产生的联系终将变成现实中面对面的联系，万亿次的信息联系将导致百亿次的空中飞行，而航空联系是物联网的根本联系手段。

三、航空联系与地方发展的空间互动——航空大都市

新国际劳动分工将传统的福特制生产方式引入边缘地区，促进了边缘地区的工业化和城市化进程。在边缘地区，一批参与新国际劳动分工的新兴世界城市崛起，它们与世界经济体系的联系不断加强，由此极大地重塑了全球城市体系的格局（宁越敏和石崧，2011）。这些在地理上分散的全球性生产活动需要有效地进行物理联系，因而需要一种新的空间载体来承担。基于此，卡萨达和林

赛（2013）在多年来对机场与城市发展关系研究的基础上提出了航空大都市这一全新的概念。卡萨达和林赛（2013）指出，航空大都市是一种城市发展和规划的理念，即以机场为中心，以土地利用为调控手段，合理布局各类基础设施和各种经济实体，进而形成一个功能完善的大都市。航空大都市的意义在于发挥机场作为连接地方与全球的纽带性优势，围绕机场布局经济活动以有效降低贸易和商务成本，提高生产效率和开拓市场，进而能在国际劳动分工中提升竞争力和参与效率（Kasarda，1998）。航空大都市就是物联网的城市化身，代表了全球化的必然结果在城市中的体现，是速度经济时代不可避免的产物。

　　Kasarda 和 Appold（2014）认为，一个典型的航空大都市包括三大要素：空间性、功能性和连接性。空间性要素体现在航空大都市的临空布局上，包括主要产业及配套的商业、居住等功能在空间上围绕机场布局，这也是航空大都市最典型的识别特征。功能性要素体现在航空大都市应最大限度地发挥机场的枢纽性功能，发展依赖航空运输的地方产业集群。连接性要素包含两类：第一是通过航线网络与全球经济相连的对外连接性；第二是通过完善的高速公路、铁路系统等地面交通联系实现对内连接，形成节点-腹地空间系统。这三大要素相辅相成，构成了航空大都市的"骨架"与"肌肉"。空间性和功能性要素在更大程度上是航空大都市属性的体现，而连接性则强调了以下两个方面：一方面，对外连接性是航空大都市真正融入全球化经济的关键所在；另一方面，通过不同运输方式的整合使航空大都市与腹地整合在一起，两者共同实现地方网络和全球网络的连接，从而使航空网络转化为更一般意义上的城市网络，这正是航空大都市研究的意义所在。

　　典型的航空大都市可以分为两种类型（表2-7）：客运导向型和货运导向型。其中，客运导向型的航空大都市依赖于航空客运枢纽。在机场层面，以零售业、餐饮、休闲设施和文化设施等消费型服务业为主，满足大量航空客流的需求。在临空港区层面，酒店和娱乐业、商务商业混合区成为机场功能拓展的主要方向。在航空大都市层面，围绕空港和临空港区最终形成的城市核心功能在于成为生产性服务业、企业总部、展览中心、商业区与科技园等要素集聚的场所。货运导向型的航空大都市特点与客运导向型的航空大都市特点存在显著区别。其中，在机场层面，航空物流服务和飞机维护维修成为核心功能。在临空港区层面，大型物流园和集散中心及批发货物市场是主要的功能拓展方向。在航空大都市层面，围绕上述核心功能，重点布局的是生物医药、高科技电子产品等具备高附加值且对航空时效性较为敏感的产业。对于上述重点布局的产业而言，自由贸易区和经济特区的政策配套就显得不可或缺（图2-4）。

表 2-7　客运导向型与货运导向型航空大都市特点的对比

项目	客运导向型	货运导向型
机场	零售业（包括高档精品店） 餐饮（高档餐厅和快餐） 休闲设施（健身、影院、水疗等） 文化设施（博物馆、演出等）	航空物流服务 冷冻与冷藏设施 普通航空物流 飞机维护维修
临空港区	酒店和娱乐业 商务商业混合区	大型物流集散中心 批发货物市场
航空大都市	展览中心 商业区与科技园 生产性服务业（金融、审计、咨询等） 企业总部 ICT（信息、通信和技术）企业 医疗健康设施 大型居住社区	自由贸易区和经济特区 大型物流园和集散中心 精密制造和时效导向型产业 生物医药产业 高科技电子产品产业 高附加值农产品和食品 航空相关产业

资料来源：Kasarda 和 Appold（2014）

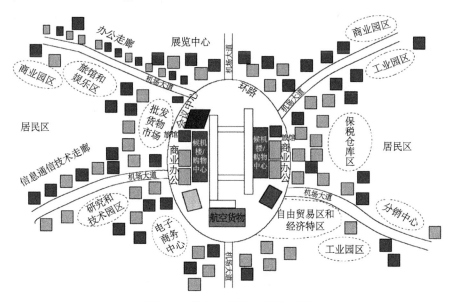

图 2-4　航空大都市空间示意图

资料来源：根据 http://www.aerotropolis.com/网站 Dr. Kasarda 的航空大都市空间示意图（Aerotropolis schematic）绘制，详见 http://aerotropolis.com/airportcity/wp-content/uploads/2018/11/AerotropolisSchematic.jpg[2019-02-10]

航空大都市的形成是一个逐渐发展的过程。而伴随着航空大都市的形成与发展，航空大都市的产业也会得到逐渐优化、升级。就一般规律而言，在发展初期，空港周边的产业还可能以地方传统产业为主，这些传统产业与空港之间的联系不是特别明显。随着航空大都市的发展，在空港周边将集聚越来越多的依赖空港的产业。这种依赖空港的发展模式被称为临空经济，其产生的一般性条件主要有三个方面，即机场的枢纽定位、机场的综合交通网络、区域经济发展水平。

第一，机场的枢纽定位是临空经济发展的基础。临空经济的发展取决于临空三大产业的发展：航空配套产业、航空关联产业、航空引致产业。这三大产业的发展主要依托于机场的人流、物流和航线网络，而机场的枢纽地位可以保证机场吸引到更多的航空公司，从而带来更密集的航线网络和大量的人流、物流。因此，机场的枢纽定位决定了机场在区域经济发展中的地位和影响力，机场规模的大小会直接影响到临空经济的辐射范围，而机场本身的客货吞吐量则会直接影响到临空经济的发展前景。因此，机场的枢纽定位是临空经济发展的基础。

第二，机场的综合交通网络是临空经济发展的保证。在现代化的机场，机场高速公路和高速铁路能够有效地将机场和周边，以及远距离的商业、居民聚集区相连，无缝连接的多式联运基础设施将会加速人和货物的互动式联运，从而提高运输系统的效率，并对企业的选址和航空大都市的形成产生深远的影响。一方面，机场人流与物流本身需要发达的地面交通支撑；另一方面，枢纽机场综合交通网络的可达性和灵活性可以吸引优质资源要素聚集到机场周边地区，形成临空产业。因此，机场的综合交通网络是临空经济发展的保证。

第三，区域经济发展水平是临空经济发展的重要条件。临空经济虽然是一种高端产业形态，但它必须依托于当地的产业基础，这种产业的现状和未来发展与临空产业要产生关联性，否则航空大都市会成为"孤岛经济"。因此，区域经济发展水平是临空经济发展的重要条件。例如，作为临空经济重要门类的航空物流，其发展就高度依赖于区域的产业基础。以荷兰阿姆斯特丹史基浦机场为例，作为欧洲重要的航空枢纽，其重要任务就是将来自全国各地种植的鲜花通过史基浦机场转运到世界各地。没有荷兰的鲜花种植业，就没有史基浦机场的鲜花物流业。

第五节 本章小结

从城市网络研究的演进脉络来看，城市网络研究实质上是城市体系研究的新发展。与等级研究范式相比，网络研究范式更能体现全球化和城市化相互交织下，全球、国家和区域尺度上城市相互联系的空间格局特点。从文献回顾来看，城市网络研究范式体现出以下两个方面的优势：第一，从理论建构的角度来看，网络研究范式强调从城市相互关系入手考察城市体系的空间格局。与从城市属性入手的等级研究范式相比，网络研究范式体现了流动空间中要素在城市之间流动的真实情况，更能反映城市间除垂直联系之外的水平互补联系。第二，从实证分析的角度来看，网络研究范式具备多尺度、多样化的研究途径。首先，网络研究范式不仅仅局限于单一的空间范围内，可以分别是全球性、国家性和区域性的城市网络，也可以是上述三种尺度相互嵌套的城市网络。其次，网络研究范式可以从企业网络、交通网络、信息网络、产业网络等多个角度综合考察城市体系的空间格局。

　　从中国城市网络研究的实践进展来看，在区域尺度、全国尺度和世界尺度上都存在丰富的研究案例。这些案例揭示了全球城市网络中中国城市的发展情况、全国层面城市网络的整体空间格局，以及区域内城市相互联系的特征，由此判别出中国的全球城市、国家中心城市和区域核心城市。但这些研究尚存在两个问题：第一，研究尺度缺乏整合，基本上都是从单一尺度对中国城市网络进行研究。例如，全国层面的城市网络研究仅考虑中国城市间的相互联系，但在全球化时代，中国城市网络已成为世界城市网络体系中的一个板块，与世界其他城市网络板块之间存在密切的相互作用，而北京和上海也不仅仅是国家的中心城市，同时也是全球范围内重要的城市。因此，仅从中国城市网络的角度考虑容易忽略国家中心城市的全球职能，以及国家城市网络与世界城市网络的相互关系。第二，研究的重点体现在网络的流动性结构上，缺乏对网络城市节点性和地方性的考察。城市本质上只是一种人类活动的空间，自身并非是行为的主体，由城市间联系所形成的城市网络实质上体现了城市中各行为主体，即个人、机构（营利或非营利）、政府之间的相互联系，仅从联系的流动性结构考察无法深入解释这些真实的行为主体在网络中的作用。

　　基于以上两点判断，本书将侧重在两个方面实现城市网络研究的突破。第一，打破尺度分割，完成全尺度网络的整合。完成这一目标需要选择一个可以贯穿始终的研究切入点，即如何衡量城市间的关系结构。第二，超越城市网络流动结构的分析，从真实行动者的角度考察网络中城市的个体案例。

第三章
全球化、城市化、市场化与中国城市网络分析框架

    城市网络是城市之间各种要素相互作用所形成的关系网络，具有一定的组织结构和空间结构。研究中国城市网络的关键在于如何反映城市之间的关系，把握中国城市网络演变的规律。对于整体把握中国城市的空间格局而言，需要从中国城市发展的宏观背景出发。一方面，改革开放以来，中国一直处于快速城市化的发展阶段，城市化进程带来了人口流动和空间再分布，对中国城市的整体空间格局产生了影响（贺灿飞和梁进社，2004；顾朝林和庞海峰，2008；He et al.，2016）。另一方面，中国也处在建设社会主义市场经济体制、融入全球化的过程中，这一过程又对我国城市化进程产生了深远的影响，由此形成城市体系新的特征和新的空间格局（顾朝林等，2005；胡序威，2007；李少星等，2010；李健，2012；Wei，2012）。因此，全球化、城市化、市场化是塑造中国城市网络的三个关键因素。

    本章将从三个方面解决上述中国城市网络研究中的关键问题。第一，论述全球经济活动网络化联系的理论基础，并探讨经济活动影响下城市网络化空间组织形成的背后机理；第二，通过分析中国城市化和市场化的发展进程，了解改革开放影响下中国城市空间格局的演变特点，并阐述城市化背后的城市发展动力机制；第三，结合全球化、城市化、市场化的背景，以航空联系作为媒介，构建中国城市网络研究的分析框架和实证设计。

第一节　全球化与中国城市网络化的空间组织

一、全球经济活动网络化组织模式——全球生产网络

"全球化"一词自 20 世纪 80 年代开始得到了越来越广泛的运用。全球化可

以理解为人类活动的国际性整合的过程（罗伯森，2000）。全球化的过程是综合性和多样化的，国际货币基金组织（International Monetary Fund，IMF）在2000年提出全球化的内容包含四个重要方面：贸易和交易、资本和投资活动、移民和人口流动、知识的传播。全球化的过程以经济全球化为先导，因此一般语境下的全球化指的是经济全球化。经济全球化是世界范围内经济活动超越国界，通过对外贸易、资本流动、技术转移、提供服务、相互依存、相互联系而形成的全球有机经济整体（Joshi，2009）。

经济全球化不仅塑造了全球经济大一统的局面，也导致了全球空间结构的重组。随着全球范围内生产的空间组织及资本的投资指向等变革出现，在资本和劳动力的时空结合中，空间逐渐作为一种参与使用的战略变量，发挥着越来越重要的作用（宁越敏和石崧，2011）。从全球尺度考虑劳动空间分工已在世界经济的研究范畴内形成了特有理论，即新国际劳动分工理论。新国际劳动分工理论依据马克思的劳动理论，探讨全球化背景下劳动力的新特点，以及由此形成的新国际劳动分工的性质、特点、趋向及其空间形态。Fröbel 等（1980）认为，新国际劳工分工存在三个前提：第一，第三世界国家存在大量低成本的劳动力后备资源，跨国公司在雇用劳动力时有着极大的选择余地，而劳动者却处于被动的地位，从而导致劳动力价格被压低；第二，生产的过程呈现出自动化、标准化和流水线的特点，发展中国家的劳动者在经过短期培训后就可适应生产过程的要求，从而可以替代工业化国家的劳动力；第三，现代化的交通和通信技术的发展使产品的全部或部分生产分布于世界各地成为可能，从而产生了劳动力的世界市场。这一派学者特别强调跨国公司在扩大或重新配置生产中的作用，认为新国际劳动分工是生产跨国重组的结果，而发展中国家仍然处在依附地位。Cohen（1981）将新国际劳动分工中产业的转化分为三种形态：第一，世界不同地区的企业以合资或独资的形式形成以制造业为基础的国际劳动分工；第二，国际服务业的国际化导致的服务业的世界分工；第三，国际金融体系的形成使得国际资本流通直接与国际制造业公司、多国银行等接轨，从而进一步促进跨国公司制造业和贸易体系的世界扩展。Cohen（1981）较早将跨国公司的经济活动和世界城市体系联系在一起，认为新国际劳动分工是沟通两者的重要桥梁，全球城市被视为新的国际劳动分工的协调和控制中心。

在新国际劳动分工理论的指导下，相关学者更多地关注到全球经济活动在空间上表现出分割和碎片化的特点，提出了全球转移（global shift）的模式，探讨了国家、跨国公司与技术的互动如何形成全球经济版图（Dicken，2003）。Dicken（2003）认为，国家和企业是全球经济的主要铸就者，而推动其促进新国际分工格局的动力是市场需求、契约承包、生产一体化，以及降低成本的要素构成和生产组织的改革，表现形式是外商直接投资（foreign direct investment，FDI）和跨国生产。在全球化时代，绝大多数企业都是在不同的地域尺度上运作。跨国公司在全球范围内形成的区域格局几乎遍布所有地方，从而使得以"全球转移"为代表的跨国公司空间组织研究逐渐成为一个充满活力的研究领域。为了揭示全球经济活动复杂化的空间组织，形成了基于网络化概念的全球生产网络研究范式，大量分析地方产业集群、节点间的网络联系、次专业化和层级的地理研究开始涌现（李健，2011）。

全球生产网络研究是在新的全球分工体系下，基于新国际劳动分工理论，融入全球价值链（global value chain）和全球商品链（global commodity chain）的内涵，辅以网络、空间的概念，重新整合后形成的一个新的研究框架（Hess and Yeung，2006）。全球生产网络的研究基础就是生产活动价值链环节的分解。Porter（1985）最早着眼于企业内部劳动分工，提出了价值链的概念，并将生产活动分解为设计开发、生产制造和产品销售等不同阶段。Gereffi 和 Korzeniewicz（1994）逐步在价值链的基础上构建起全球尺度的分析框架，提出全球价值链及全球商品链的分析框架。他的研究利用"链"的概念分析全球生产进程中不同分工环节的相互关联性，尤其是强调跨国公司在协调生产过程中发挥的重要作用，侧重于体现全球生产的层级关系，并细分出生产者驱动型和消费者驱动型两种生产网络（Gereffi and Korzeniewicz，1994）。在全球商品链和全球价值链的研究基础上，全球生产网络演化出两个研究路径：曼彻斯特学派从全球商品链角度的考察和管理学派从全球价值链角度的考察（李健，2011）。在考察全球经济活动网络化的组织过程中，曼彻斯特学派的研究更侧重于强调跨国公司是协调和控制生产过程的核心力量，强调生产网络中的层级支配关系。管理学派的研究侧重于生产网络中各行动者之间是相互依赖的关系，权力支配是动态变化的。Yeung 和 Coe（2015）通过对近 20 年来研究的总结，认为全球生产网络研究的核心是从经济活动的具体行动者角度出发，考察不同区域的行动者在分散化的全球经济空间中的竞合关系。具体而言，可以从三个角度进行分析，第一，生产环节的价值分配。生产环节的价值分配导致了生产在全球范围内的空间分解，这是全球生产网络形成的基本条件。第二，网络的地方嵌入。"嵌入"（embedded）一词来自于奥地利著名学者卡尔·波兰尼（2013）《巨变：当代政治与经济的起源》一书，原意是讨论经济与社会之间的关系。波兰尼认为，经济并不是一个自主体，它与一个社会中的政治、军事、宗教和社会关系相互嵌入，并构成社会的一部分。近几十年来，"嵌入"一词被许多学科广泛应用于不同场景的解释。经济地理学一般将"嵌入"翻译为"根植"，多用于解释全球化时代的地方发展。全球生产虽然呈现空间分解的特点，但经济活动本身依然具有地方化的特点。行动者的嵌入网络为其提供了跨空间运作的可能，网络的地方嵌入为行动者提供了实体空间的载体。第三，行动者的权力关系。不管是相互依赖的权力关系，还是层级支配的权力关系，都是全球生产网络空间配置的动力机制。

综上所述，全球生产网络提供了考察全球分工体系下经济活动网络化空间组织的分析框架。全球生产网络在当前全球性的经济活动中也发挥着越来越重要的作用。联合国贸易和发展会议在《世界投资报告 2013》中指出，当前超过80%的全球经济贸易活动是通过全球生产网络来实现的（UNCTAD，2013）。全球经济活动的主要行动者（企业、国家、个体、社会组织等）呈现的是网络化的相互关联性模式，物质和非物质流是实现网络化关联的基础，网络中存在控制和协调的权力关系。因此，全球生产网络是城市网络化相互关联的经济基础。

二、从经济活动的网络化到城市的网络化空间组织

贸易、交通与通信等全球网络大大加强了全球各个地方之间的联系，使彼此间产生紧密的相互依存，从而实现全球性的整合，这就是全球化的意义。然而，从广义上来说，全球化及其带来的全球城市网络可以追溯到很早的时期。例如，丝绸之路将东亚与地中海沿岸地区联系起来，香料之路联系了印度和欧洲，在这些过程中，一些城市也占据了这些"远古网络"（ancient network）的重要节点位置，如君士坦丁堡（现伊斯坦布尔）成为东西方物质文化交流的枢纽城市（Gottmann，1991）。这些早期的网络基本是基于陆地或海上的贸易线路而形成，因此网络的结构与当时贸易的结构有很大的关联。例如，中世纪欧洲，南部地中海地区形成了以威尼斯和热那亚为双中心城市的贸易网络，北部则是一个相对分散的多中心结构，伦敦、阿姆斯特丹、斯德哥尔摩等城市都是当时的区域中心（Dunn，1985）。这些贸易网络加强了城市之间的经济和文化交流，使这些城市融入一个相互依存的国际性城市网络（Hopkins and Wallerstein，1986）。19 世纪后，随着通信技术的发展，全球城市网络覆盖范围越来越大，很多偏远的城市被纳入这样一个网络体系中。社会学家 McKenzie（1927）认为，世界正快速变成一个封闭性的区域，在这样一个全球区域中，国际政治地位和地理边界的重要性正在衰退，位于中心节点和占据主要联系通道的重要性大幅提升。这段评论带来了对世界空间组织的认知转变，即世界是由地方通过网络相连形成的，而不是地方本身形成的。这也被后来的社

会学家认为是从地方空间（space of place）到流动空间（space of flow）理念转变的开端。

由此产生的关键问题是"地方"该如何界定。一种研究将民族国家（nation-state）作为地方，其最著名的理论就是 Wallerstein（1974）提出的世界体系理论（world-systems theory）。在世界体系理论中，国家被看成是最基本的空间单元，国家通过政治外交和经济社会联系相连接，并整合成具备全球秩序的世界体系。美国、日本、澳大利亚和大部分西欧国家成为核心国家，而广大亚洲和非洲的国家是边缘国家。虽然世界体系理论有助于理解世界体系的结构特征，但聚焦国家的尺度难以观察到更微观的事实。例如，跨国公司的总部并不覆盖整个国家，通常集聚在少数几个特定的城市。贸易和移民发生的基本空间单元也不仅仅体现在国与国之间，也可以从城市之间进行分析。因此，很多学者开始将城市而不是民族国家看成现代世界体系的基本空间单元和全球网络中的主要节点（Smith and Timberlake，1993；Alderson and Beckfield，2004；Mahutga et al.，2010）。

通常有两种视角可以解释城市在全球化和全球网络中扮演的角色（图 3-1）。

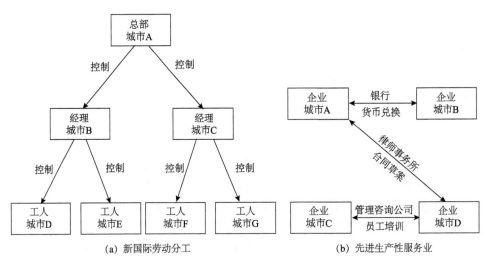

(a) 新国际劳动分工　　　　　　　(b) 先进生产性服务业

图 3-1　两种视角下的城市网络形成机制

资料来源：Neal（2013）

第一种是新国际劳动分工的视角。该视角关注跨国公司生产活动在全球范围内的分布，因为跨国公司的存在是劳动分工的结果：一线工人从事生产活动，中层经理协调管理一线工人的生产，高层负责战略决策。在空间上，工厂布局一般趋向于全球范围内劳动力成本低的地区；区域总部负责协调生产，一般选择接近工厂的大城市；总部一般分布于主要的核心城市。这种分工的存在使得跨国公司的生产活动在空间上产生了分割，不同环节布局在不同的城市，而这些城市通过企业内部的协调管理相互联系。在这样的体系中，承担生产职能的城市被承担区域协调职能的城市所管理和控制，而承担区域协调职能的城市又被企业总部所在城市管理和控制，基于控制关系形成自上而下的城市层级体系（Hymer，1972；Cohen，1981）。

第二种是先进生产性服务业的视角。该视角并不看重跨国公司本身的生产组织，而将目光瞄准了跨国公司全球生产活动所依赖的生产性服务业企业。由于跨国公司在不同国家和地区的布局可能会遇到法律纠纷、语言、货币、文化等方面的种种壁垒，需要生产性服务业企业为其提供相应的服务，以确保跨国公司能在全球范围内"说同样的话"（speak the same language）（Neal，2013）。例如，跨国公司可以将合同草案外包给相关法律服务企业（如律师事务所），将货币兑换外包给银行，将员工培训交给管理咨询公司。所以，先进生产性服务业企业承担了跨国公司跨境生产活动的部分功能，也因此将不同城市整合到全球城市网络中。在这种视角下，全球网络中占支配地位的城市不一定是跨国公司总部所在城市，而是先进生产性服务业集聚的城市（Gottmann，1970；Meyer，1991；Sassen，1991）。

对中国而言，全球化对城市体系的影响主要体现在两个方面。第一，中国在参与国际劳动分工的过程中，积极引进市场力量，吸引跨国公司到中国投资，发挥劳动力成本的比较优势，在生产和进出口贸易方面有显著的表现，在全球分工体系中扮演着"世界工厂"的角色（高柏，2006）。因此，中国城市网络的空间组织在一定程度上会呈现图3-1（a）的发展模式。即沿海的中心城市，如上海、北京等逐渐成为跨国公司总部的所在地，而其他城市成为制造业基地。在全国性的城市网络中，跨国公司总部对制造业基地的控制功能会强化上海、北京的中心性优势，成为网络中位居支配地位的主导城市（宁越敏，1998）。第二，中国参与全球化的空间过程是时序式的，呈现出从沿海发达地区向中西部地区逐渐转移的特点。改革开放之初，深圳、珠海、厦门和汕头成为中国最先开放的四个经济特区，空间上主要集中在珠三角地区。1984年，上海等14个沿海城市实施对外开放政策，沿海地区成为参与全球化进程的主战场。近年来，随着沿海地区劳动力和土地成本的上升，以及国家对中西部优惠政策的引导，内陆地区逐渐加入全球化的进程中。因此，在全国性的城市网络中，整体的空间格局会呈现出沿海首先崛起，中西部逐步赶上的特点。

第二节　城市化与中国城市发展的空间演变机制

一、中国城市化的空间演变过程

城市化是指以农业为主的传统乡村社会向以工业和服务业为主的现代城市社会逐渐转型的历史过程（许学强等，2009）。改革开放以来中国步入快速城市化的发展阶段，大量农村人口向城市迁移（图 3-2）。1978 年，中国的城市化率仅为 17.9%，远落后于世界平均水平。1990 年，中国城市化率增长至 26.4%，2000 年达到 36.2%。2017 年，中国城市化率进一步增长至 58.5%。1978～2017年，中国城市化率增加了 40.6 个百分点。

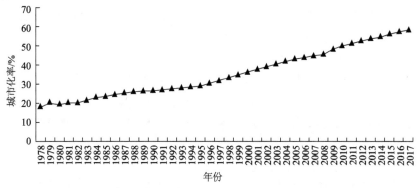

图 3-2　1978～2017 年中国城市化率的变动

资料来源：《中国统计年鉴 2018》

城市化是经济发展的结果。就世界范围内城市化发展的一般规律而言，处于经济起飞阶段的发展中国家，城市化水平与经济增长表现出很高的相关性（周一星，1982）。对于中国而言，地域广大决定了各地经济发展水平历来存在差异，因此中国各地的城市化水平具有明显差异，与经济发展的同步性也有所不同。总体来看，20 世纪 90 年代以来，沿海地区利用有利的区位条件和人文环境，率先融入经济全球化的进程。沿海地区经济的高速增长吸引了中西部地区的大量农村人口，使其城市化速度大大加快。总的趋势是，东部沿海地区的城市化水平较高，中部地区的城市化水平居其次，西部地区的城市化水平最低（宁越敏，2012）。从相关研究来看，城市化发展的主要差异体现在三个方面：第一，东中西三大地区差异显著。例如，薛俊菲等（2012）认为，2000年以来中国城市化的发展热点仍然在东部沿海地区，主要围绕环渤海、长三角、珠三角几大城市化热点地区向东北、西北、西南等冷点区呈梯度推移，城市化的发展速度与地区经济发展水平有一定的空间相关性。陆铭和陈钊（2006）认为，沿海地区和靠近大港口的地方开放程度更高，从而促进了产业向东部沿海地区的集聚。第二，省际差异显著。朱传耿等（2008）认为，省级人口城市化率体现出"三区（即京津沪区、渝鄂区和藏新区）、三带（东部带、中部带和北部带）"的空间格局。罗奎等（2014）认为，长三角、珠三角及京津冀为城市化和非农就业人口快速增长的集中区域，西藏、青海、甘肃等地区增长较慢。第三，大城市与小城市差异显著。中国城市化体现出人口向主要城市群及人口规模较高的大城市集聚的趋势，体现出大都市化的发展进程（宁越敏，2012）。

城市化水平的地区差异对中国经济社会的和谐发展产生了深远的影响，优化城市体系结构是解决这一问题的关键。按照新经济地理学的观点，决定城市体系空间布局的力量来自向心力和离心力两个方面（陆铭等，2011）。向心力主要体现在本地市场效应（home-market effect）：中心城市市场容量较大。在存在运输成本的情况下，离中心城市越近就意味着面临的市场越大，可以进行更大规模的生产；若生产存在规模报酬递增，其他条件不变时，厂商扩大规模是有利可图的。离心力包含两个方面：一是拥挤效应，离大城市越近，竞争越剧烈，稀缺资源价格越高，如住房和土地租金；二是经济中有一部分人口是不流动的（如低技能劳动者，他们不具有跨地区迁徙的能力），这部分人口也有一定的需求，会导致经济活动远离中心城市（Combes et al.，2008）。

这些理论在一定程度上解释了在中国城市化进程中，大城市迅速发展的内在机理。其对于理解在当前城市化浪潮中，中国城市体系网络化过程中可能出现的结果具有一定的指导作用。首先，沿海地区经济发达的北京、上海、广州等大城市，会产生明显的集聚效应，从而带来更高的规模收益、更多的就业机会、更强的科技进步动力和更大的经济扩散效应。因此，这些城市在全国城市网络中凭借自身的职能优势将占据网络中心城市的位置。其次，大城市在发展到一定程度之后会从集聚效应发展到扩散效应。大城市的规模效应和拥挤效应是相伴而生的，受限于城市的承载力，沿海大城市的集聚难度会越来越高（陆铭和向宽虎，2010）。而中西部地区随着经济发展逐步缩小了与东部地区的差异，再加上政府的行政推动，从"西部大开发"和"中部崛起"等政策角度入手，中西部地区大城市也开始发挥集聚效应，吸引经济资源，形成经济的次中心，在全国性城市网络中的地位也会得到提升。

二、城市化发展的动力机制

传统观点认为，城市化是工业化的结果，因此经济发展是城市化的根本动因。由于中国快速城市化进程背后蕴含着更为复杂的现象，许多学者先后从其他角度开展城市化动力机制的研究。例如，宁越敏（1998）从政府、企业和个人三个城市化进程中的行为主体角度探讨了中国城市化的动力机制，认为在这三者的共同作用下，中国城市化体现出两个特点。第一，资本流向比较优势高的地区，20 世纪 90 年代表现为沿海地区城市化的快速发展。其中，外资在沿海地区的集聚现象更为明显，也体现了跨国公司在中国城市化进程中的作用。第二，地方政府在城市化进程的作用尤为突出。中央政府更多地考虑宏观经济问题，地方政府则更关心地方发展。在分税制环境下，地方政府通过各种手段积极地介入当地的城市化进程。以上两个特点表明，城市化进程在很大程度上受到以跨国公司为代表的全球力量和以地方政府为代表的地方力量的共同推动。崔功豪和马润潮（1999）从政策、资金、社区政府作用、农民主体行为、外来力量影响五个方面对中国特色的城市化进程进行了研究。他们发现，在国家政策宏观指导，地方政府、农民和外部力量（内资和外资）共同作用下形成了中国自下而上的城市化，表现在：在农村地域转型过程中，出现了人口非农化、乡镇企业发展和专业市场的形成等现象；在小城镇建设上，呈现建制镇增加，工业小区设置，农耕地减少和城镇人口集中的特点；在城市空间格局演变上，出现了分散式的潜在城市化和集中式的显性城市化并重的格局。许学强等（1995）关注到在经济全球化过程中，外资进入中国，对中国城市化的进程及城镇体系的空间格局产生了影响。研究结果表明，开放政策导致外来资本在东部沿海地区的中等以上城市集中，经济特区和沿海开放城市因此受益。在此影响下，流动人口向沿海地区集聚，辽东半岛、京津唐、长三角和珠三角等城镇群不断出现。但人口的过度集聚也给这些城市的交通、环境、土地利用等方面带来了负面影响。薛凤旋和杨春（1997）同样关注到外资对中国城市化进程的影响，他们从新国际劳动分工入手，指出跨国资本的流入成为珠三角城市化的新动力，以珠三角为代表的沿海经济发达地区正经历着外向型城市化的变革。这种新城市化模式表现出以下几个特征：第一，外资进入带来了劳动密集型的制造业，改变了区域产业结构，完成了农业社会向工业社会的转化；第二，城市化的动力来自外资的大量流入，而不是城市自身的内部力量，因此不吸引周边农村人口向城市中心的流动，不存在通勤流；第三，大量资金从香港和澳门流入，引发大量跨境的人流、物流，体现跨境城市化的特点；第四，劳动密集型的制造业产生大量劳动力的需求，大量区域外的农村富余劳动力流入；第五，外向型城市化导致珠三角地区在不经过首府（广州）的情况下，通过香港和澳门资金牵引直接参与全球分工体系，与世界城市体系连接起来。

上述研究从城市化过程中的行为主体出发，针对中国发展的现实，对中国城市化的动力机制和空间演变进行了很好的解释。当前，中国面临的是更加开放的经济全球化大背景，城市在政治、经济、社会等领域发生了巨大的制度变迁与转型，城市作为全球网络中的地方节点，其发展机制将越发复杂化，全球化、市场化与分权化成为城市发展的重要前提（Wei，2001）。部分学者开始关注到城市发展和建设不再是单纯的物质性、经济性的问题，而是与城市政府的制度安排和政策选择息息相关（何丹，2003）。近年来，西方学术界涌现出城市增长机器（urban growth machine）、城市增长联盟（urban growth coalition）及城市政体（urban regime）等相关研究概念，并逐渐被国内学者所借鉴，吸纳到中国城市问题的研究中（张京祥等，2007）。

增长联盟、增长机器和城市政体是一组相似的概念。其中，增长机器和增长联盟理论起源于 Molotch（1976）。Molotch 通过对美国城市发展的总结，提出城市最主要的任务是增长，地方官员发展地方经济的强烈愿望和拥有资本的经济精英敛聚财富的动机主导着城市政治的发展方向，并因此在城市发展中形成了由政治精英和经济精英组成的联盟，其成员通常包括经济利益集团、公共部门和第三部门的领导者、地方媒体等。其后，Logan 和 Molotch（1987）合作出版了 *Urban Fortunes：The Political Economy of Place* 一书，在地方政治经济学的框架上进一步丰富了增长联盟的研究。他们认为，城市发展是增长联盟的产物，这种联盟是社会各方的联合体，其主要参与方包括与城市发展有直接利益关系的商业集团（土地所有者、开发商和建筑商）和与城市发展有间接利益的各类组织（地方媒体、公共设施部门、服务业零售商等）。这些参与方对城市发展具有共同的或相近的目标和利益，并拥有实现这一目标的必要资源和手段（包括法律、财政、社会和政治等资源），因此他们聚集在一起，形成了推动城市发展的联盟。Stone（1993）提出了一个类似于增长机器/增长联盟的概念，即城市政体。城市政体理论认为，城市中有一些非正式却相对稳定的群体，这些群体形成了一个网络，利用其拥有的各种资源对城市发展的决策起着决定性的作用。该理论中城市决策过程的参与者范围更为广泛，主体之间的关系也更为复杂，对城市发展与管理产生了重要的影响。相对于增长联盟，城市政体更关注在城市增长联盟建构过程中各行为主体之间关系的动态变化，尤其是掌握公共资源的地方政府和控制经济资源的私人部门之间如何通过沟通，形成相对稳定的非正式合作关系（何丹，2003）。

　　城市增长联盟/增长机器和城市政体理论都是建立在对美国城市发展实际情况总结的基础之上。学术界对此也存在一些相异的观点。例如，Harding（1994）认为，增长联盟的模型就相对不适用于解释欧洲城市的发展。他认为，欧洲城市的地方政府更为强势，欧洲城市在城市治理过程中有着 Harvey（1989）所提出的企业天然特性（entrepreneurial nature）。因此，政企之间的增长联盟在欧洲就很难见到。同时，增长联盟和城市政体理论需要阐明特定的约束条件，以实现联盟的长久性和可持续性（Dowding，2001）。

　　增长联盟理论也被引入中国城市发展的研究中。在中国国情的语境下，增长联盟更多地体现了地方政府通过土地出让和税收政策调节来实现政企联盟，以促进城市的发展（Shen and Wu，2012）。1994 年分税制实施以后，地方政府通过土地出让获得大量现实的利益，在土地收益和地方政府间竞争关系的推动下，中国城市开始进入快速发展的阶段（Zhu，1999）。而在城市开发过程中，地方政府可以获益，参与开发的私营企业也可获益。所以，政府和私营企业之间形成了一种非正式的增长联盟（informal growth coalition），可以解释近年来中国沿海地区城市快速发展的现象（Yang and Chang，2007）。这种联盟关系更像是临时性的增长联盟，主要体现出三个特点：第一，联盟的基础一般是城市开发的大项目、大事件（张京祥等，2007）。因此，联盟关系只是短暂的，不具备长久性。第二，联盟获益往往不能用到基础设施的二次开发中，因此联盟对增长的促进也不是可持续性的。第三，联盟的融资渠道主要依赖银行的借贷，不够多元化，导致出现大量债务的问题（Yang and Chang，2007）。因此，这种基于土地收益的政企临时联盟也存在改进的空间。

　　增长联盟理论对城市的发展具有一定的解释力度，但需看到，无论是国外抑或中国城市，其发展动力更为复杂。Wood（2005）就批评增长联盟的理论过分强调了地方主义的特点，没有考虑不同层级政府之间的相互影响。宁越敏（2012）在分析中国城市化动力机制时，首先将政府分为中央和地方，其次又将企业分为不同所有制，认为各自在地方发展中发挥着不同的作用。与西方政体不同的是，在分权改革影响下，中国地方政府的作用要强大得多。Jiang 等（2015）关注到在上海虹桥综合交通枢纽开发过程中，增长联盟不是简单的政企（私营企业）关系，政府通过角色分离起到了强化联盟、促进增长的作用。地方政府通过管理委员会整合各区的行政资源，通过地方政府所拥有的开发公司完善基础设施的建设，再吸引私营企业和社区力量的加入，通过多元化的行动者构成了更为多元的增长联盟。但需要补充的是，虽然 Jiang 等提出了地方政府行为的复杂性，但上海虹桥综合交通枢纽不是上海市政府所能决定的一个地方项目，铁路方面的投资涉及中央企业，即中国铁路总公司。因此，仅从地方的视角研究中国城市的发展是不够的。

综上所述，在中国快速城市化过程中，为解释复杂背景下城市发展的背后动力机制，需要从参与城市发展的多元行为主体的角度进行考察。

第三节 市场化与中国城市网络化的形成

一、市场经济体制的建立

中国的城镇体系包含了几百个规模不等的大、中、小城市及成千上万的县城和建制镇。如何发挥这些城镇的作用，逐步形成以城市为中心的、完善的城镇体系，以推动城乡一体化，实现在全国各地的社会、经济均衡发展，是我国城镇建设的重要议题（宋家泰和顾朝林，1988）。但当时的规划依然带有浓厚的计划经济色彩，存在规划为计划服务的特点（宁越敏，1993）。计划经济的"条条块块"一方面制约着城镇体系的合理空间布局，导致城市等级体系进一步强化；另一方面计划经济忽略了城市经济发展的客观规律，不考虑城市内部各经济部门、行业间的专业化分工和协作，不利于城市间经济联系的建立（蔡孝箴，1983）。因此，20世纪80年代学术界从市场经济角度入手，对我国中心城市与经济网络建设进行了若干有益的思考，研究范式开始从行政化的城市等级体系向市场化的城市网络发展。宋启林（1983）认为经济网络的关键特点是开放性，与政权体系的集中性存在矛盾。在计划经济体制下，从中央到省、市、县、乡镇存在层次严密的管理体系，金字塔式的层次是政权管理的有效形式，而经济管理需要网络化的管理体系。因此，促进经济网络的发展是中国的改革目标之一。蔡纪良和王永江（1983）认为，经济网络就是在社会再生产中，生产、交换、分配和消费是一个有机联系在一起的循环系统。在这个循环系统中，经济活动正常进行的最基本的条件是资金、原材料、劳动力的平衡，以及产品销售的畅通。为达到该条件，最根本的做法就是改革国家经济管理体制，必须打破按所有制、按地区、按部门的行政隶属关系组织生产的管理体制，而按产品的供销直接结合的关系建立管理体制，即强调企业在经济活动中的作用，发挥企业在市场经济中的自我调节功能，调整城市内企业与该城市的经济关系，基于专业化协作关系建立企业和城市的隶属关系。过杰（1983）进一步勾画了未来基于协作关系的经济网络的具体形态，提出了生产协作网、商品流通网、技术开发网和经济信息网。他认为可以通过这些形态经济合作网络的建立，推动我国城市从封闭型向开放型的转变。

20世纪80年代学术界相关研究准确认识到，中国城市体系优化的关键在于推动经济管理体制的改革，以开放型的市场经济体系推动城市间的互补与协作，形成网络化的城市体系。1992年，党的十四大报告提出，经济体制改革的目标，是在坚持公有制和按劳分配为主体、其他经济成分和分配方式为补充的基础上，建立和完善社会主义市场经济体制。党的十五大报告提出，改革流通体制，健全市场规则，加强市场管理，清除市场障碍，打破地区封锁、部门垄断，尽快建成统一开放、竞争有序的市场体系，进一步发挥市场对资源配置的基础性作用。党的十六大报告提出，坚持社会主义市场经济的改革方向，使市场在国家宏观调控下对资源配置起基础性作用。党的十七大报告提出，毫不动摇地巩固和发展公有制经济，毫不动摇地鼓励、支持、引导非公有制经济发展，发挥市场在资源配置中的基础性作用，建立完善的宏观调控体系。党的十八大报告提出，要加快完善社会主义市场经济体制，完善公有制为主体、多种所有制经济共同发展的基本经济制度，完善按劳分配为主体、多种分配方式并存的分配制度，更大程度更广范围发挥市场在资源配置中的基础性作用，完善宏观调控体系，完善开放型经济体系，推动经济更有效率、更加公平、更可持续发展。党的十九大报告进一步提出，必须坚持和完善我国社会主义基本经济制度和分配制度，毫不动摇巩固和发展公有制经济，毫不动摇鼓励、支持、引导非公有制经济发展，使市场在资源配置中起决定性作用，更好发挥政府作用，推动新型工业化、信息化、城镇化、农业现代化同步发展，主动参与和推动经济全球化进程，发展更高层次的开放型经济，不断壮大我国经济实力和综合国力。

二、市场经济推动下的中国城市网络演变

在计划经济时期，通过生产资料和产品的统购统销政策，以及指令性的生产计划，生产活动的全过程全部由政府掌控，企业缺乏生产自主权和横向之间的联系，由此形成的自上而下的生产模式强化了城市的等级体系。在社会主义市场经济条件下，我国城市体系中参与城市相互作用的主、客体的作用发生了很大的变化。在经济活动中，政府逐渐脱离生产经营活动，中央政府更多地负责宏观规划的编制、改革路线的确定和市场监管等方面，地方政府除编制地方的发展规划外，工作重点则在招商引资、土地开发、基础设施建设等方面。虽然中国地方经济的发展具有明显的"行政区经济"现象，即地方

政府的行为，使地方经济的发展受到了行政区的极大约束（刘君德和舒庆，1996；刘君德，2006），但地方政府之间的横向合作也在逐渐加强，形成了长江三角洲经济协作区等一些跨区域的经济合作区，使城市之间的横向联系得以加强。

市场经济制度的建设使中国企业逐渐成为经济活动的真正主体。就中国的情况而言，企业制度改革起源于 20 世纪 80 年代，目标是建立具有经营自主权的现代企业制度。随着企业成为市场经济的主体，由企业经济活动所产生的商品流、资金流、信息流、技术流必然会超越行政等级的安排，实现跨区域的流动。而企业跨区域乃至跨国的对外投资进一步使企业能够按照生产的最佳区位实现在全国、世界的生产布局，形成企业自身的空间网络。总体而言，伴随企业成为市场经济的主体，城市之间的横向经济联系得到极大的加强。这种联系不同于计划经济时代基于等级化的行政管理，主要体现为自上而下的垂直联系，而是在市场化推动下形成的纵向联系和横向联系并存的网络化模式。

从理论上来说，经济活动推动下的中国城市体系的演变可以从现代企业的组织模式视角进行考察。

在市场化条件下，企业组织结构开始改变，单一的企业向现代多单位企业方向发展。钱德勒（1987）在《看得见的手——美国企业的管理革命》一书中详细探讨了现代企业组织结构的三种基本形式，即 U 型结构、H 型结构和 M 型结构。其中，U 型结构是基于职能结构的企业组织结构，这种企业组织结构是集中的、按职能分工划分部门的一元组织结构。其显著特点是管理层级的集中控制，企业管理职能的水平分化和垂直分化产生了管理的职能部门与管理层级，由此构成了 U 型结构的基础。U 型结构各部门独立性较小，分权程度较低，管理权集中在高层管理人员手中。H 型结构即直线制结构，是指在企业内部模拟一个资本市场，最大限度地引入市场机制。这种组织结构使内部各子公司保持了较大的独立性和灵活性，许多大企业集团多采用这一组织结构。M 型结构即事业部制结构。M 型结构是一种集权与分权相结合、更强调整体效益的多分支单位、分权式的层级制组织或事业部制结构形式。从现代企业这三种经典企业组织结构可以看出，从 U 型结构到 M 型结构，企业的分权程度不断得到提高，尤其是在 M 型结构中还出现了内部市场，体现了市场化的一些因素。总体上来说，企业由于其严格的科层组织模式和工作流程，使管理本身成为企业运营的沉重负担，既不能适应复杂的管理客体，又不能适应复杂多变的市场。因此，企业必须对其组织模式进行变革，而这种变革则表现为市场化程度加深的过程。

在中国现代企业制度建设中，首先出现的是企业集团化，这标志着企业从单个机构向多机构的转变。但企业集团的发展初期受行政区划影响，通常局限在一个城市之内，难以进行跨地区的组合。在通常情况下，政府主导由经济效益好的企业兼并经济效益差的企业，其目的是对经济效益差的企业实行"解困"。因此，这种企业集团化带有强烈的计划经济色彩。1992 年，我国实行的全面改革开放政策极大地加快了现代企业制度的建设，在公司治理上逐渐出现钱德勒所说的企业 M 型结构和 H 型结构（宁越敏和武前波，2011）。企业跨区域甚至是跨国的对外投资成为自主行为，由此形成的企业内部生产网络成为城市经济网络的重要组成部分。武前波和宁越敏（2012）分析了中国数家代表性电子信息企业以北京或深圳为总部基地，其分支机构在国内的空间扩散及由此形成的企业空间网络。

20 世纪 80 年代以来，市场的变化、竞争的加剧、信息技术的飞速发展等组织环境的变化，使经典的现代企业组织模式和控制模式受到强烈冲击，组织变革已成为必然趋势（陈工孟，1998）。同时，信息及技术的广泛应用，特别是网络技术的日臻完善、市场交易效率的提高、管理理论与管理技术的发展，均为企业组织变革提供了强大的动力，使市场化组织成为当今组织变革的方向。在这场组织变革中，出现了许多新的组织结构形式，企业与市场在不同方向、不同层次上实现了重构。其中，企业外部网络重构对经济全球化产生了重要影响。

企业外部关系重构体现出的重要特点是企业外包，它是劳动分工深化到产品内分工的产物。随着企业间分工的深化而不断发展，企业外包从最初的零部件、生产环节发展到了业务整体外包。外包制可以认为是市场组织对企业组织的某种替代，也可以认为是企业机制和市场机制的双向渗透。在通常情况下，企业将价值链中的非核心功能外包，由此形成生产空间的支配与被支配关系，并因此演化成为全球价值链和全球生产网络，形成全球化过程中新型的核心-边缘关系。

在企业内、外部关系重构的趋势下，企业和市场间关系日趋复杂化，市场与企业组织的经济性逐步融合（刘伟，2007）。作为市场经济的主体，企业也是将不同地方和区域联系起来的组织结构（Yeung and Coe，2015）。在企业内部关系重构的推动下，企业通过对外投资和销售等途径建立起企业内部网络，通过投资建立起总部-分支网络，基于销售的途径建立起销售网络。在企业外部关系重构的推动下，企业在寻求金融、财务、法律、研发支持过程中形成了企业外部网络。两种网络都使得企业的经营活动从仅局限于一个城市向多个城市谋求发展。由此，城市间的经济联系越来越紧密。例如，李小建（2002）考察了上海大众汽车有限公司的企业网络，发现贵州等西部省份也被纳入上海大众汽车有限公司的影响范围之内。正是通过企业网络的联系，上海与贵州等地区的城市之间建立起相互合作关系，在企业网络的影响之下，城市网络得以维系和发展。

第四节　全球化、城市化、市场化三重驱动下中国城市网络的分析框架

一、全球化、城市化、市场化：解释中国城市网络的三角模型

中国城市网络的空间格局是在全球化、城市化、市场化三重驱动下形成的。全球化是外部的、全球性的驱动力，城市化和市场化是内部的、地方性（相当于全球）的驱动力。全球化、城市化、市场化影响下的中国城市网络形成机制可以用三角模型来解释（图 3-3）。

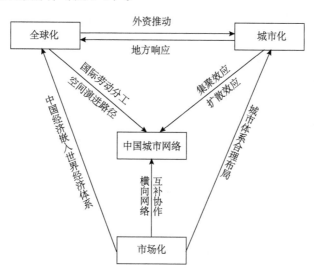

图 3-3　解释中国城市网络的三角模型

该模型可以从以下三个方面进行理解。

第一，全球化和城市化的内在联系。全球化和城市化是当前中国社会经济发展的两个重要背景，两者之间也存在内在联系。一方面，中国城市化进程是经济发展的结果，投资是中国经济增长的主要动力（陆铭等，2011）。而改革开放以来，全球化给中国带来了大量外来资本，以外商直接投资的形式推动着

中国经济的发展。因此，全球化对中国城市化的进程有推动作用。另一方面，当前中国城市化的整个格局表现为东部沿海地区水平较高，中西部地区水平相对较低的格局。这种格局形成的原因在于东部沿海地区在自然条件、经济基础和政策推动等多方面因素作用下率先融入全球经济体系中，成为全球资本进入中国的窗口。因此，在城市化过程中，人口大量向东部沿海地区大城市集聚的过程可以看成是城市化对全球化的地方响应。

第二，全球化和城市化对中国城市体系空间格局的网络化作用机制。首先，全球化带来的新国际劳动分工决定了中国城市在跨国公司全球生产网络中的地位。开放较早、具备良好经济基础的沿海大城市，如北京和上海成为跨国公司区域总部的首要区位选择（宁越敏，1998），而其余大部分中国城市在全球分工中成为被区域总部支配的制造业基地。这反映了国际劳动分工强化了中国城市网络中核心城市的控制作用。同时，全球化对中国城市的影响呈现出演进式的空间特点。沿海城市最先成为开发的主战场，而中西部地区发展相对滞后。直到近年来，中西部主要城市才逐渐加入全球化的进程中，越来越多的边缘城市逐渐在城市网络中崛起。全球化在中国的空间演进路径在一定程度上决定了城市网络中边缘城市的逐渐融入过程。其次，在城市化的整体进程中，中国城市体系的空间格局也呈现出沿海主要城市群和大城市集聚效应显著、大量人口流入的特点，从另一个侧面体现了城市网络中核心城市地位的强化。此外，在政府优惠政策的推动下，内陆地区得到发展，逐步缩小了与沿海地区的差距，城市化格局也显现出扩散效应，推动更多的边缘城市融入城市网络中。核心强化和边缘融入构成了中国城市网络化联系发展的主要特征。

第三，市场化是我国城市体系走向网络化的重要推动力量。中国市场化改革使中国得以"嵌入"经济全球化的进程。随着市场经济的建设，我国经济管理体制从计划经济金字塔式的等级管理走向了网络化管理模式。城市之间的经济联系也从由垂直等级联系主导向纵向和横向兼备的互补协作的网络联系转变。具体而言，在城市相互作用中，虽然从中央到省、市、县自上而下的行政等级管理模式依然存在，但不再是唯一的主导力量，市场力量使得城市之间的相互联系突破了行政区划的限制。同时，市场化催生的城市网络化联系对全球化和城市化也存在反馈机制。首先，网络化强化了城市之间的联系，促进了城市从传统的地方空间向流动空间的转变。这一机制有利于中国城市作为一个整体板块嵌入世界城市网络中。同时，城市也能凭借流动性的优势完成全球化的地方镶嵌和全球生产网络的网络镶嵌（李健，2012）。其次，在网络化的城市体系空间结构中，城市间联系更为紧密，要素流动更充分，对于缩小中国城市化进程中存在的东西差异、省际差异和大、小城市差异具有积极作用，有利于实现全国范围内城市体系的合理空间布局。

二、航空联系视角下研究的实证设计

航空联系是反映城市间相互关系的重要指标，在世界城市网络研究中发挥着重要作用（Derudder，2006）。中国地域辽阔，城市数量众多，城市空间分布也较为广泛，在一定程度上可以看成是缩小版的世界城市网络（赵渺希，2011）。但考虑到中国民用航空发展起步不久，航空联系在中国城市中还没能大面积普及，因此需要从中国的实际情况入手，论证航空联系之所以能反映城市关系的合理性。

首先，根据民政部发布的《2012 年社会服务发展统计公报》，2012 年中国共有 4 个直辖市和 333 个地级行政区划单位(包括地级市、地区、自治州和盟)。同时，据中国民用航空局统计，2012 年中国共有 181 个民用航空机场，在空间上覆盖了上述 337 个行政单位的 53.7%。本书选取的中国民用航空局主要航段统计数据涵盖 80 个主要机场，覆盖了 337 个行政单元的 23.7%。虽然这一比重较低，但主要分布在我国人口密集分布的胡焕庸线以东地区，从机场分布的空间格局来看，从航空联系视角研究中国城市网络仍然具备一定的合理性。

其次，中国有很多机场位于两个行政区的交界处，使其服务范围覆盖到周边城市。例如，苏南硕放国际机场（位于无锡）临近苏州，杭州萧山国际机场临近绍兴，因此它们分别是无锡和苏州、杭州与绍兴的共用机场。类似的例子还有很多。因此，研究所引的 80 个机场实际上覆盖到更多的地级市。

中国城市体系空间组织走向网络化模式的关键在于城市之间联系的强化。对于实证分析而言，分析的基础必然建立在对分析维度和尺度的认知上（图 3-4）。

首先，实证分析的维度取决于城市网络的特性。图论是网络基本的数学表达方式（刘军，2004），从图论的角度来看，网络可以用节点和连线来表示。

因此，城市网络的分析维度可以从节点和连线两个角度进行考虑。

其次，连线表达的是城市之间的相互关系，是流动空间中城市相互联系的结构特征，体现了城市网络的流动性。而节点在网络中表达的是城市的个体特征，体现了城市网络的节点性。

再次，实证分析的尺度取决于城市网络的形成机理。城市网络节点性分析考察城市个体的特征，属于微观层面，不具备尺度的嵌套。但城市网络的流动

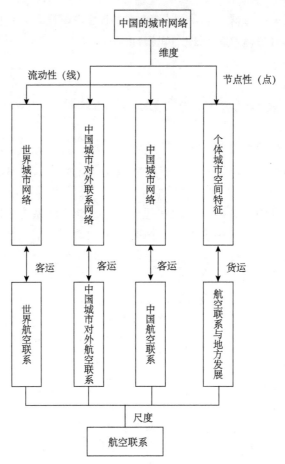

图 3-4　航空联系对接城市网络的实证分析框架

性考察城市间关系的结构，在全球化和城市化背景下城市间的关系是相互嵌套的。例如，国家城市网络依然孕育在全球城市网络中，是全球城市网络的组成部分（Neal，2013）。这在航空网络中体现得尤其明显，如中国东方航空集团有限公司有遍布中国的航空网络，但中国东方航空集团有限公司的网络也延伸到亚洲、欧洲和北美洲，组成了一个全球性的航空网络。因此，在研究中国城市网络的结构之外，还需要关注全国网络与世界其他城市之间的联系。具体来看，中国的城市网络可以划分为三个尺度：世界城市网络、中国城市对外联系网络和中国城市网络。航空联系刚好存在三个与之相对接的尺度：世界航空联系、中国城市对外航空联系和中国航空联系。

　　最后，航空联系可以分为客运和货运两种。对于中国城市而言，客运在中国航空联系中扮演着更重要的角色。因此，本书对于城市网络流动性结构的考察主要从客运联系的角度进行考虑。对于地方发展而言，航空货运扮演着更为重要的作用，Kasarda 和 Lindsay（2011）在航空大都市研究中的成功案例也多为如美国孟菲斯这样的货运枢纽城市。因此，本书在考察城市网络中节点城市的发展时将从货运联系的角度入手。

根据以上思路，本书从第四章开始将基于上述两个维度和三个尺度对中国城市网络的结构、演化与空间效应展开分析。

第四章
世界城市网络中的连接性

　　20 世纪 80 年代以来，随着全球化进程的不断深入，涌现出一些在权力空间上超越国家范围、在世界经济中发挥指挥和控制作用的世界性城市，一般称之为世界城市或者全球城市。随着世界城市在更多国家涌现，彼此间频繁的经济文化往来凝聚成新的空间有机体，即世界城市网络。世界城市和世界城市网络的形成发展，与新国际劳动分工的发展密不可分，这是世界城市和世界城市网络形成发展的社会经济基础（李健，2011）。而围绕世界城市和世界城市网络的议题，学者从理论和实证两方面入手，对世界城市/全球城市的概念界定、功能定位、等级地位等方面展开了多元化的研究（Taylor，2004；宁越敏，1991，1994；屠启宇和杨亚琴，2003；周振华，2006；汪明峰和高丰，2007；武前波和宁越敏，2010；周蜀秦，2010）。

　　随着近年来经济全球化和区域一体化进程的加速，航空运输在国际城市的交流中扮演着越来越重要的角色。基于航空联系的航空网络近几十年来也被学术界广泛关注，形成了两大研究热点：一是利用航空运输数据分析航空网络的拓扑结构特征，进而讨论这种网络结构的空间特性，可以定义为国际（区域）航空网络研究（Shin and Timberlake，2002；Matsumoto，2007；Jin et al.，2008）；二是以城市间的航空旅客数量来反映城市间联系，考察世界城市网络的空间结构特征（Smith and Timberlake，2001；Derudder et al.，2007）。这两个研究领域侧重点不尽相同，前者强调抽象化认识航空网络的基本结构和特性；后者则以航空联系为基础，重点探讨城市间关系网络。本书尝试将两个视角相结合，统一到一个研究框架内，从航空联系的视角对世界城市网络内城市间的连接性进行分析。

　　从航空网络的视角研究世界城市网络更具代表性。Keeling（1995）认为，航空联系能成为衡量世界城市间的关系指标主要有以下五点原因：第一，全球航空流是鲜有的能衡量跨国城市之间连通性的指标；第二，航空网络及其结构具备很好的可视化程度，能较好地表征世界城市之间的关联；第三，在信息革命背景下，人与人之间面对面的交流仍然是必须的，航空运输作为国际人员流动的最主要载体具有重要意义；第四，航空运输承担着高端跨国的资本、人员、技术和高附加值货物的运输职能，是经济全球化进程的重要载体；第五，城市对外航空联系是反映其在世界城市网络中地位的重要指标。

在实证研究方面，Smith 和 Timberlake（2001）以 1977～1997 年六个时间片段的世界城市间国际客流量数据为指标，对世界城市网络结构的演变进行了重点探讨，指出了世界城市网络呈现出一定的等级结构和凝聚子群现象。Derudder 等（2007）在 Castells 流动空间理论的基础上提出了网络城市的概念，并指出在全球航空网络中，这些网络城市承担着枢纽的功能，进而运用航空客运量的起讫点调查数据分析了全球航空网络中排名前 25 的枢纽城市的连接性特征。

综上所述，Smith 和 Timberlake（2001）及 Derudder 等（2007）已经从航空客流的角度对世界城市网络的特征结构演变及枢纽性进行了分析。但Smith 和 Timberlake 的研究数据时间较早，反映的是当时的世界城市网络格局，新兴国家世界城市在全球航空网络中的地位没能充分予以显示，也没有运用比较成熟的网络分析方法；而 Derudder 等侧重少量航空枢纽城市的研究，忽视了二级城市或者边缘地区城市在全球航空网络中的地位。本书在他们研究的基础上，以 Castells 流动空间理论作为理论根源，以城市间航空联系作为衡量城市间关系的指标，从航空联系的视角建构起世界城市网络的分析框架，探索世界城市在网络中的连接度及各项特征。

第一节　研究方法与数据

城市网络研究的数据是不同于城市属性数据的关系数据，因此在数据处理环节，除了简单的统计分析以外，适合处理关系数据的社会网络分析方法正在被越来越多的学者认同和应用。相对于传统研究方法关注某个社会行动者的属性，社会网络分析将分析视角从个体转向关系及关系网络结构，这一点与城市网络分析的观点不谋而合，因此 Smith 和 White（1992）认为社会网络分析为城市网络分析提供了一个强有力的工具。按照社会网络分析的整体网、个体网分析层次及本书的宏观和微观研究维度，结合城市网络研究的特点，本书拟采用网络密度（network density）、网络可达性（network reachability）、中心度

（centrality）、凝聚子群（cohesive subgroup）、结构洞（structural hole）等模型进行实证分析（表 4-1）。

表 4-1　实证分析模型选取

分析模型	社会网络中的描述	城市网络研究中的意义
网络密度、网络可达性	对网络总体特征的描述	对一定尺度内城市网络的总体特征进行量化，揭示城市网络结构是否完善、合理
中心度	通过分析一点是否处在网络中某一中心位置，对该点的某种权力进行量化	对网络中的城市进行三种中心度的计算，分析该城市在网络中的权力情况
凝聚子群	描述整个网络的凝聚性，分析网络是否具有子结构，找到具有高度凝聚力的群体	揭示网络中哪些城市之间联系更为紧密，分析这些凝聚子群、小团体对整个城市网络的影响
结构洞	结构洞分析主要是针对网络结构中的终结者具有的信息优势和控制优势进行具体的分析	反映每个城市在网络中受其他每个城市限制的程度，以及该城市在网络中受限制的总程度，在一定程度上可以解释网络中城市间相互依赖的关系

1）网络密度

网络密度是指网络中的节点间实际发生联系的数量与所有可能发生的联系数值的比值，它表明了整个网络的内聚性，即网络中各个节点之间联络的紧密程度（刘军，2004）。本书以样本内所有城市间航空联系发生的数量（可能发生的最大联系数量）来测量城市网络的密度。

2）网络可达性

网络可达性是研究网络总体结构特征的一个重要指标，可以用网络中节点之间的平均路径距离来表示，反映了网络整体联系疏密的特征。在世界城市网络中，网络可达性可以用来揭示城市间发生联系的难易程度。

3）中心度

中心度是衡量网络中某个行动者权力的指标。具体而言，本书将选取社会网络分析中三项关于中心度的基本指标来考核网络中中心城市的地位。

第一，节点中心度。节点中心度是衡量网络中某个行动者权力的指标。社会网络分析从关系的角度出发，以中心度来量化某一行动者在网络中的权力，即其他行动者对其的依赖性（刘军，2009）。具体而言，网络中城市的中心度可以量化为与其直接相连的城市的个数：

$$C_{\mathrm{D}}(n_i) = \sum_j x_{ij} \tag{4-1}$$

本书中，一个城市 i 如果与城市 j 存在联系，则两个城市之间的联系定义为 x_{ij}，城市 i 的中心度 $C_D(n_i)$ 定义为该城市所拥有的联系之和。

第二，中间中心度。中间中心度在于测量一个城市在多大程度上位于其他城市的"中间"，在一定程度上体现了城市在网络中的"中介"作用。城市 i 在网络中的中间中心度 C_{RB_i} 可以表述为

$$C_{RB_i} = \frac{2C_D(n_i)}{n^2 - 3n + 2} \qquad (4\text{-}2)$$

式中，$C_D(n_i)$ 为城市 i 的度数中心度；n 为网络中城市的数量。

第三，权力指数。权力指数则在中心度测量的基础上，考虑对城市间关系加以赋值，本书将城市间的航班数量作为联系值，得到城市 i 的权力指数：

$$C_i = \sum_j r_{ij} c_j \qquad (4\text{-}3)$$

式中，r_{ij} 为连接城市 i 和城市 j 之间的联系值；c_j 为城市 j 的中心度。

4）凝聚子群

在一个网络中存在的一些相互间关系更为紧密的小群体称为凝聚子群或派系，一个凝聚子群是至少包含三个点的最大完备子图，在凝聚子群中各个节点之间具有较强的、直接的、紧密的、经常的或积极的关系（刘军，2004）。在网络中，凝聚子群指的是至少包含三个点的最大完备子图（图 4-1）。对于凝聚子群的理解，需注意以下三点：第一，凝聚子群的成员至少包含三个点；第二，凝聚子群中任何两点之间都直接相关，都是邻接的，并且不存在任何与凝聚子群中所有点都有关联的其他点；第三，凝聚子群是"最大"的，即不能

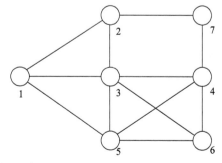

凝聚子群包括：{1，2，3}，{1，3，5}，{3，4，5，6}

图 4-1 一个网络中的三个凝聚子群

向其中加入新的点。在本书中，将凝聚子群定义为相互之间联系更为紧密的城市的集合，即世界城市网络中的子网络，可以通过网络分析软件 UCINET 进行识别。

5）结构洞

结构洞分析主要是针对网络结构中的终结者具有的信息优势和控制优势进行具体的分析。Burt（1992）在结构洞指数研究中，提出从有效规模（effective size）、效率（efficiency）、依赖度（constraint）、等级度（hierarchy）四个方面来考察结构洞，其中依赖度指标最为重要。依赖度体现了行动者在网络中受限制的程度。在世界城市网络中，结构洞的研究可以反映每个城市在网络中受其他城市限制的程度，以及该城市在网络中受限制的总程度，在一定程度上可以解释网络中城市间相互依赖的关系。

本书从网络节点（城市）之间的联系出发来研究网络结构。指标的选取既要考虑到能反映城市间关系的实质，又要考虑到数据的易获取性和可靠性，因此本书决定采用城市间航班数据来反映城市之间的联系。

数据样本的采集重点在于数据来源、样本城市和数据类型。其中，数据来源为飞友网航班时刻表（www.feeyo.com），选择的数据时间节点为 2015 年 7 月。样本城市的选择参考了 GaWC 小组对世界城市的当时最新排名"The World According to GaWC 2012"[1]，在此选取其中最高级别（Alpha 级）的 45 个世界城市，这 45 个城市基本囊括了全球化水平最高的城市，它们之间的航空联系构成了世界跨国航空联系最主要的一部分。在数据类型的选择上，考虑到在全球尺度上采用每天航班数来衡量城市间关系强度准确性较差，因此采用每周航班数来测量城市间的关系。由于本书主要研究世界城市之间的联系，而不是世界城市与中国一般城市之间的联系，在一个城市有多个机场的情况下，本书只统计以国际航班为主的机场数据，而以国内航班为主的机场数据不包括在内。例如，纽约有三个机场，其中约翰·菲茨杰拉德·肯尼迪国际机场是主要的国际机场，因此以约翰·菲茨杰拉德·肯尼迪国际机场与其他世界城市国际机场之间的航班数来衡量纽约与其他世界城市之间的联系。

---

[1] https://www.lboro.ac.uk/gawc/world2012t.html[2018-12-10]。

第二节　世界城市网络的结构特征及对比

一、航空联系视角下世界城市网络的整体结构特征

网络密度是衡量网络总体特征的重要变量，它表明了整个网络的内聚性（cohesion）程度（Scott，2012）。即使在网络规模一定的情况下，由于网络密度的不同会给网络中的行动者和整个网络的运行绩效带来重要的影响。一般认为网络密度越大，网络成员间的合作行为就越多，信息流通越容易，网络的绩效越好（罗家德，2005）。为了更好地考察世界城市网络的密度情况，本书将运用 UCINET 软件进行网络整体密度的计算，同时还将 45 个城市分成欧洲、亚洲（含大洋洲的悉尼与奥克兰）、美洲（包括北美和南美）三个区域分别计算网络密度，并进行比较（表 4-2）。

表 4-2　世界城市网络密度

区域	网络密度	联系总数/对
全球	0.4831	358
欧洲	0.5686	174
亚洲	0.7802	142
美洲	0.7500	42

计算结果发现，就全样本而言，45 个城市组成的网络密度为 0.4831，45 个城市之间共有 358 对联系。分区域而言，欧洲、亚洲、美洲三个区域内部网络密度均高于全样本水平。其中，欧洲内部网络密度达到 0.5686，18 个城市之间共有 174 对联系；亚洲内部网络密度达到 0.7802，17 个城市之间共有 142 对联系；美洲内部网络密度达到 0.7500，10 个城市之间共有 42 对联系。由此可见，世界城市之间更趋向于区域间的联系，区域间网络密度均高于全球平均水平。其中，亚洲和美洲最为明显，网络密度均达到 0.7500 以上，意味着亚洲和美洲区域内 3/4 的城市之间互有联系。欧洲则不太一样，网络密度略高于全球平均水平，可见欧洲城市除区域内部联系较强之外，也有相当一部分区域外的联系。

除了网络密度，网络可达性也是衡量网络总体特征的重要指标，本书通过 UCINET 软件构建模型，以分析世界城市网络的可达性。通过对 45×45 个点航班数据矩阵进行计算，得到网络内节点间距离分布频率（表 4-3）。由表 4-3 可知，45 个城市之间最大距离为 3，意味着任意两个城市最多只要经过两次"换乘"就能发生联系。从比例来看，城市间 716 次联系是直接发生的，比例为 48.3%；760 次联系是经过一次"换乘"发生的，比例为 51.3%；只有 6 次联系是经过两次"换乘"发生的，比例仅有 0.4%。

表 4-3　世界城市网络内节点间距离分布频率

距离	分布频次/次	比例/%
1	716	48.3
2	760	51.3
3	6	0.4

二、航空联系视角下世界城市网络的中心结构特征

由网络分析维度的观点可知，世界城市网络整体结构分析的重点是对各个城市网络中心度的计算和分析。在社会网络理论中，节点的中心性反映了其对网络中资源流动实施控制的能力，因而各个节点的中心性也反映了该节点在网络中的权力（刘军，2004）。节点网络中心性的这种含义对世界城市网络结构特征的意义也是不言而喻的，城市在网络中的中心性反映了其在网络中的权力，即该城市对其他城市的控制能力。

表 4-4 为 45 个世界城市网络中心度的测量及与权力指数的比较。

表 4-4　45 个世界城市网络中心度的测量及与权力指数的排序

排名	城市	节点中心度	城市	中间中心度	城市	权力指数
1	巴黎	95.46	巴黎	5.10	伦敦	2763
2	法兰克福	93.18	法兰克福	4.54	巴黎	1972
3	伦敦	88.64	迪拜	4.44	法兰克福	1755
4	阿姆斯特丹	88.64	阿姆斯特丹	4.25	纽约	1622
5	纽约	86.36	纽约	3.88	阿姆斯特丹	1373
6	迪拜	86.36	伦敦	3.87	香港	1272
7	北京	75.00	北京	2.60	东京	1218

续表

排名	城市	节点中心度	城市	中间中心度	城市	权力指数
8	东京	72.73	东京	2.17	慕尼黑	1162
9	多伦多	65.91	多伦多	1.71	上海	1152
10	慕尼黑	65.91	洛杉矶	1.33	新加坡	1114
11	香港	63.64	慕尼黑	1.32	洛杉矶	1073
12	首尔*	61.36	香港	1.32	巴塞罗那	994
13	新加坡	59.09	首尔	1.20	北京	972
14	上海	59.09	马德里	1.17	马德里	963
15	马德里	59.09	新加坡	1.14	亚特兰大	945
16	洛杉矶	59.09	亚特兰大	1.03	芝加哥	939
17	曼谷	54.55	上海	0.96	迪拜	873
18	伊斯坦布尔	54.55	曼谷	0.81	首尔	841
19	亚特兰大	54.55	伊斯坦布尔	0.77	波士顿	812
20	维也纳	52.27	巴塞罗那	0.70	米兰	787
21	华盛顿	52.27	吉隆坡	0.70	多伦多	781
22	米兰	47.73	华盛顿	0.64	台北	776
23	吉隆坡	47.73	悉尼	0.59	华盛顿	749
24	苏黎世	47.73	维也纳	0.56	维也纳	746
25	巴塞罗那	47.73	苏黎世	0.52	苏黎世	662
26	莫斯科	45.46	米兰	0.49	曼谷	653
27	芝加哥	45.46	迈阿密	0.47	迈阿密	651
28	悉尼	40.91	芝加哥	0.42	新德里	629
29	布鲁塞尔	40.91	莫斯科	0.40	悉尼	615
30	华沙	40.91	布鲁塞尔	0.32	吉隆坡	596
31	台北	40.91	新德里	0.22	孟买	579
32	迈阿密	40.91	布宜诺斯艾利斯	0.20	伊斯坦布尔	551
33	新德里	36.64	圣保罗	0.19	布鲁塞尔	529
34	圣保罗	36.36	台北	0.19	都柏林	513
35	布达佩斯	36.36	华沙	0.16	墨尔本	511

续表

排名	城市	节点中心度	城市	中间中心度	城市	权力指数
36	波士顿	36.36	波士顿	0.14	莫斯科	498
37	孟买	31.82	布达佩斯	0.09	雅加达	438
38	布拉格	31.82	孟买	0.08	华沙	433
39	墨西哥城	27.27	布拉格	0.06	布达佩斯	421
40	雅加达	27.27	墨西哥城	0.05	布拉格	368
41	都柏林	27.27	约翰内斯堡	0.03	斯德哥尔摩	335
42	布宜诺斯艾利斯	25.00	都柏林	0.02	墨西哥城	329
43	约翰内斯堡	22.73	雅加达	0.01	圣保罗	299
44	墨尔本	22.73	斯德哥尔摩	0.01	布宜诺斯艾利斯	231
45	斯德哥尔摩	20.46	墨尔本	0.01	约翰内斯堡	133

＊2005年韩国首都汉城改名为首尔，为了分析方便，一直用首尔代表该城市

第一，节点中心度。一个城市的节点中心度反映了网络中与其直接相连的城市的数量。就节点中心度而言，巴黎、法兰克福、伦敦、阿姆斯特丹、纽约、迪拜这6个城市的中心度较高，均在86以上，表明它们与样本中86%以上的城市有直接联系，体现了它们掌握着较多的网络联系资源，成为网络中的中心城市。东京和北京的节点中心度均超过70，表明它们与70%以上的城市直接相连。接下来有多伦多、慕尼黑、香港和首尔4个城市的节点中心度均超过60，而新加坡、上海等城市的节点中心度约为59。这些节点中心度较高的城市除了6个顶级世界城市之外，多数位于东亚，而在样本中占大多数的欧洲城市和美国城市，如芝加哥、波士顿等节点中心度不高，均低于50。这是因为这些城市大多数的航空联系以区域内的航空联系为主，缺乏真正全球性的跨区域联系，对整个网络的控制力不强。

第二，中间中心度。中间中心度在航空网络中体现了一个城市中转功能的强度，巴黎、法兰克福和迪拜位居前三位。其中，迪拜取代了伦敦进入了前三，迪拜的节点中心度比伦敦低，但其中间中心度却比伦敦高，体现在世界城市网络中迪拜具有更强的中转功能。这是因为迪拜具有更好的地理区位，地处亚洲、欧洲、非洲三大洲的几何中心，更适合建立直接的航空联系。而纽约虽然与东亚和欧洲联系紧密，但由于与东南亚、大洋洲距离过远，不适合建立直接的跨区域联系，因此中转功能不如迪拜。此外，中间中心度排名比节点中心度排名靠前的城市还有洛杉矶和亚特兰大。洛杉矶是美国西海岸的重要航空枢纽，承担了与亚洲地区的航空中转功能。而亚特兰大则是东海岸次于纽约的另一大航

空枢纽，与欧洲和拉丁美洲有很好的连接性，因此洛杉矶和亚特兰大的中间中心度较高。相比而言，芝加哥在美国国际航线中的地理位置不如洛杉矶和亚特兰大优越，因此中转功能不够强，中间中心度也就不高。

第三，权力指数。节点中心度和中间中心度比较抽象地体现了城市在网络中的节点性特征，在此基础上，若考虑城市间不同联系强度并进行赋值，得到的权力指数能更好地体现城市在网络中的实际能级。例如，伦敦的节点中心度和中间中心度均不是最高的，但其权力指数却遥遥领先，达到 2763，远超第二名巴黎。这是因为伦敦作为顶级的世界城市，虽然航班覆盖面不及巴黎等城市，但伦敦与主要世界城市之间存在高强度的航空联系。例如，2015 年伦敦与纽约之间每周有 182 个国际航班[①]，显示出很高的权力指数，体现出伦敦在航空客运能力方面的优势。上海联系的世界城市数量不多，节点中心度和中间中心度不高，作为全球航空网络连接中介点的中转作用也不强。但上海的权力指数急剧上升，这与它和数量有限的联系对象保持着很高的联系强度，从而提升了自身在网络中的地位有关。迪拜是一个情况相反的案例，其节点中心度和中间中心度位居前列，对外航空联系覆盖面较广，也承担了很强的中转功能，但权力指数却不高。这是因为迪拜作为沙漠中的一个酋长国，本身的人口和经济规模不大，不具备成为国际性的主要客源地和目的地的条件。因此，迪拜对外航班的联系强度并不高，主要还是作为以中转为主的枢纽。

综上所述，节点中心度、中间中心度和权力指数分别体现了世界城市网络中城市连接性的不同特征。其中，节点中心度体现了一个城市在网络中联系的广度，节点中心度高的城市主要分为三类：第一类是顶级世界城市，如巴黎、伦敦、纽约；第二类是国际航空枢纽城市，如法兰克福、阿姆斯特丹、迪拜；第三类是一些国家或者区域的首位城市，如北京、东京和多伦多。中间中心度体现了一个城市在航空网络中中转能力的强弱，除了节点中心度排名靠前的这些顶级世界城市，一些区域航空枢纽如亚特兰大、洛杉矶也具备较强的中转能力。权力指数体现了一个城市在网络中联系的强度，反映了城市的航空客运能力。一些人口规模大，经济发展水平高的世界城市具备更强大的客源需求和市场，表现出拥有很高的权力指数。

中心度的分析揭示了世界城市网络的连接性特征，通过 NetDraw 软件，可形成表现城市间的网络联系图（图 4-2）。其中，以节点大小来区分城市中心度的高低，以线条粗细来区分联系强度的强弱，从而显示出世界城市网络大致的结构特征。

---

① 本研究样本中统计的 2015 年城市间航班数据。

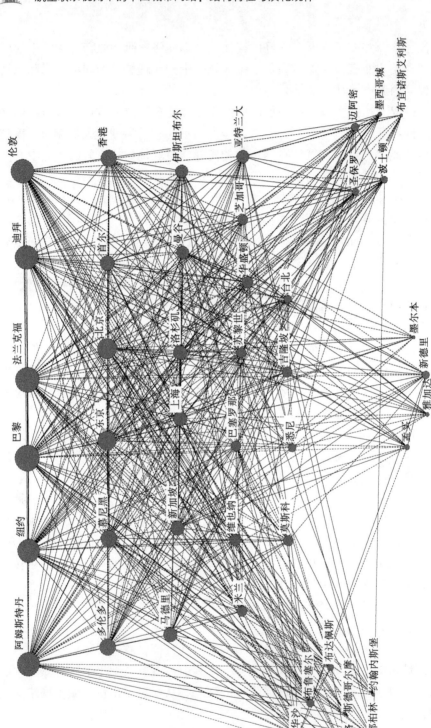

图4-2 世界城市网络中心度

（1）第一层次的网络中心城市。图 4-2 显示，网络中心度最高一级的巴黎、纽约、伦敦、法兰克福、阿姆斯特丹、迪拜等世界城市构成网络中的中心城市。这些城市拥有最广的联系范围，处于网络中心地带，直接相连的城市数量最多，也是构成网络第一层次的城市。第一层次的城市之间有频繁紧密的联系，联系的密度和强度都很大。

（2）第二层次的区域中心城市。节点中心度大于 45，以东京、北京为首的城市组成了第二层次的区域中心城市。第二层次的区域中心城市与第一层次的网络中心城市之间有着紧密的垂直联系，而第二层次的区域中心城市之间的横向联系以区域内横向联系为主，跨区域的横向联系偏弱。

（3）第三层次的边缘城市。中心度低于 45 的剩余城市组成了第三层次的边缘城市，它们处于网络的边缘地位。第三层次的边缘城市与第一层次的网络中心城市和第二层次的区域中心城市发生垂直联系，同层次的边缘城市之间横向联系偏少。横向联系主要存在于区域内部，如拉丁美洲的圣保罗、墨西哥城、布宜诺斯艾利斯之间，以及欧洲的布拉格、布达佩斯、华沙之间都存在一定的联系。

三、航空联系视角下世界城市网络的凝聚子群结构特征

以上网络总体结构和网络权力结构主要是从网络整体的角度来解释网络的特征。本部分实证的注意力将集中在对整体网络内部子网络构成的分析上，借鉴社会网络分析中建立在互惠性基础上的 c 层次凝聚子群方法，划分出世界城市网络的子网络分布。

节点间的关系是多值的，那么临界值 c 的取值不同，所划分的凝聚子群自然也不同，因此产生了"c 层次凝聚子群"的概念，具体来说，c 层次上的凝聚子群是指满足如下条件的网络（子图）：该网络（子图）中任何一对点之间的关系强度都不小于 c，并且网络（子图）外任何一点到网络（子图）中所有点的关系强度都小于 c。从理论上来说，在一个规模较大且联系复杂的网络中，可以根据临界值 c 的不同计算出非常多的 c 层次凝聚子群。但在实际研究过程中，临界值 c 的取值一般具有特殊的含义，只有这样才能将凝聚子群的研究与实践相结合。为了研究的方便，本书借鉴赵新正（2011）的研究方法，在实际操作过程中首先界定 c，然后对多值网络进行二值化转换：如果节点之间的联系小于临界值 c，那么将其之间的联系定义为 0；如果节点之间的联系大于或等于临界值 c，那么将其之间的联系定义为 1。

第一步，界定 c 并对世界城市多值网络进行二值化处理。在此界定了三个临界 c 值，划分初、中、高级的子网络。c_1：46，为世界城市网络联系的平均值，根据 c_1 计算出的凝聚子群为世界城市网络的初级子网络；c_2：77，为世界城市网络联系的平均值加上一个标准差，根据 c_2 计算出的凝聚子群为世界城市网络的中级子网络；c_3：108，为世界城市网络联系的平均值加上两个标准差，根据 c_3 计算出的凝聚子群为世界城市网络的高级子网络。

第二步，运用 UCINET 软件，对 c_1、c_2、c_3 层次凝聚子群进行计算，结果如下。

1）c_1 层次凝聚子群

如表 4-5 所示，c_1 层次凝聚子群临界值 c_1 较低，因此显示出 20 组凝聚子群，体现了世界城市网络中初级子网络的特征。这 20 组凝聚子群规模一般不大，为 3～5 个城市，而且凝聚子群重叠性很高。由表 4-5 可知，c_1 层次凝聚子群聚类相对杂乱，特征不明显，很难达到子网络分析的要求。不过 c_1 层次的凝聚子群仍然反映了部分子网络的结构特征，如区域性小团体现象明显。20 组凝聚子群中，第 1～9 组凝聚子群及第 16 组、第 17 组、第 20 组凝聚子群都是欧洲内部城市组成的区域性凝聚子群；第 10～14 组凝聚子群为亚洲内部城市组成的区域性凝聚子群；第 15 组和第 19 组凝聚子群为北美内部城市组成的区域性凝聚子群；只有第 18 组凝聚子群为真正跨区域性的凝聚子群。

表 4-5　世界城市网络 c_1 层次凝聚子群

c_1 层次凝聚子群	包含的城市
1	伦敦、巴黎、马德里、阿姆斯特丹、法兰克福
2	伦敦、巴黎、阿姆斯特丹、法兰克福、维也纳
3	巴黎、米兰、阿姆斯特丹、法兰克福
4	纽约、伦敦、巴黎、法兰克福
5	巴黎、伊斯坦布尔、法兰克福
6	巴黎、法兰克福、布拉格
7	巴黎、法兰克福、布达佩斯
8	巴黎、米兰、阿姆斯特丹、罗马
9	巴黎、马德里、里斯本
10	东京、香港、上海、北京、首尔
11	东京、香港、上海、台北
12	东京、新加坡、上海

续表

c_1 层次凝聚子群	包含的城市
13	东京、首尔、曼谷
14	新加坡、吉隆坡、雅加达
15	纽约、多伦多、洛杉矶
16	伦敦、马德里、布鲁塞尔、法兰克福
17	伦敦、布鲁塞尔、法兰克福、维也纳
18	纽约、伦敦、芝加哥、法兰克福
19	纽约、芝加哥、洛杉矶
20	伦敦、苏黎世、法兰克福、维也纳

2）c_2 层次凝聚子群

如表 4-6 所示，c_2 层次共有 8 组凝聚子群，显示了世界城市网络中中级子网络的分布。相对 c_1 层次凝聚子群，提高临界值后，凝聚子群相对更加集中，脉络也逐渐明晰（表 4-6），但跨区域的凝聚子群已不存在。在 c_2 层次凝聚子群中，可以看到世界城市网络内部存在三股势力构成的子网络。第一，第 1~4组凝聚子群为欧洲内部区域性的凝聚子群，巴黎作为区域性的核心在四组凝聚子群中均有出现，伦敦和马德里则出现在两组凝聚子群中，显示出第一股势力在世界城市网络内部，构成了以巴黎为核心，以伦敦和马德里为次核心的子网络结构。第二，第 5 组、第 6 组、第 8 组三组凝聚子群是由东亚的东京、上海、首尔、北京、香港组成的，显示出第二股势力在世界城市网络中构成相互联系紧密的东亚子网络。第三，第 7 组凝聚子群由新加坡、吉隆坡、雅加达组成，显示出世界城市网络中第三股势力构成东南亚子网络。

表 4-6　世界城市网络 c_2 层次凝聚子群

c_2 层次凝聚子群	包含的城市
1	伦敦、巴黎、阿姆斯特丹、法兰克福
2	伦敦、巴黎、马德里
3	巴黎、米兰、罗马
4	巴黎、马德里、里斯本
5	东京、上海、首尔
6	香港、上海、北京
7	新加坡、吉隆坡、雅加达
8	上海、北京、首尔

3）c_3 层次凝聚子群

进一步将临界值提升到 c_3 后，可以发现仅有两组凝聚子群出现（表 4-7），层次内聚类特征也十分集中（表 4-7），体现了世界城市网络中存在的高级子网络。第 1 组：东京、上海、首尔；第 2 组：香港、上海、北京。这两组城市之间的联系紧密度在世界城市网络中处于鹤立鸡群的地位，但不可忽视的是，这种特征与样本选择也存在很大的关系，上海、北京和香港之间的联系从严格意义上讲不能算是国际联系，只有东京、上海、首尔这组凝聚子群能在一定程度上反映世界城市网络中最紧密的子网络结构。值得一提的是，东京、首尔分别作为日本和韩国的首都，承担着本国最主要的对外联系职能无可厚非。上海能够替代首都北京，加入东亚这组子网络中，从另一个层面体现了上海对外联系以东亚内区域性联系为主。

表 4-7   世界城市网络 c_3 层次凝聚子群

c_3 层次凝聚子群	包含的城市
1	东京、上海、首尔
2	香港、上海、北京

四、航空联系视角下世界城市网络的结构洞特征

本部分将通过结构洞这一分析模型来对网络中城市间关系进行分析。通过网络结构洞模型的计算，按照依赖度指标得分从低到高可以将世界城市分为四类：全球枢纽、区域枢纽、地区门户和网络边缘（表 4-8）。结构洞依赖度指标在一定程度上与中间中心度指标类似，反映了一个城市在网络中作为中介作用的强弱。如果一个城市在网络中中间中心度较高，即在网络中更多地扮演"中间人"这一角色，那么它在网络中依赖的程度就较小。

表 4-8   网络结构洞分析指标

城市	依赖度	城市分类	城市	依赖度	城市分类
伦敦	0.138	全球枢纽	纽约	0.159	全球枢纽
迪拜	0.145		阿姆斯特丹	0.187	
巴黎	0.151		慕尼黑	0.204	区域枢纽
法兰克福	0.155		东京	0.214	

续表

城市	依赖度	城市分类	城市	依赖度	城市分类
曼谷	0.214		芝加哥	0.296	
新加坡	0.216		米兰	0.297	区域枢纽
洛杉矶	0.218		布达佩斯	0.299	
香港	0.225		圣保罗	0.327	
马德里	0.234		波士顿	0.328	
多伦多	0.234		吉隆坡	0.348	
北京	0.238		布拉格	0.355	地区门户
维也纳	0.247		台北	0.372	
上海	0.259		墨西哥城	0.393	
华盛顿	0.267	区域枢纽	悉尼	0.414	
华沙	0.268		新德里	0.420	
莫斯科	0.271		布宜诺斯艾利斯	0.464	
亚特兰大	0.277		孟买	0.487	
首尔	0.281		约翰内斯堡	0.493	网络边缘
布鲁塞尔	0.283		雅加达	0.538	
伊斯坦布尔	0.285		都柏林	0.554	
巴塞罗那	0.289		墨尔本	0.581	
迈阿密	0.292		斯德哥尔摩	0.585	
苏黎世	0.293				

全球枢纽的依赖度得分较低,得分范围在0.138～0.187,包含伦敦、迪拜、巴黎、法兰克福、纽约和阿姆斯特丹六个城市,它们是中心度较高、在网络中具有较强权力的城市,在世界城市网络中具有全球枢纽的作用。区域枢纽的依赖度得分范围在 0.204～0.299,这些城市在世界城市网络中的中介性要弱于第一层次的全球枢纽,但这些城市往往占据着一定的区位优势,发挥着区域枢纽的作用。例如,东亚区域枢纽东京、香港、北京和上海,东南亚区域枢纽新加坡和曼谷。地区门户的依赖度得分范围在 0.327～0.393。相比于区域枢纽,这些城市的依赖度较高,往往要通过全球枢纽和区域枢纽与世界城市建立联系。但这些城市也往往是所在国家的重要门户城市,如巴西的圣保罗和墨西哥的墨

西哥城。剩下的九个城市依赖度都超过 0.4，体现了这些城市对于其他城市的依赖度较高，相对而言处于网络的边缘。这主要是因为这些城市地理位置较为孤立，无法成为全球或者区域的枢纽，而它们所处国家也缺乏广阔的腹地和成为地区门户的条件。

五、航空联系视角与先进生产性服务业视角的网络对比

若以本书中的中心度为指标，可以构建起世界城市网络的等级体系。考虑到本书样本选取自 GaWC 中的 Alpha 级世界城市，在此将 GaWC 研究的世界城市排名与本书利用航空流得到的世界城市网络相比较，从城市排名次序的变动上探讨不同研究视角下世界城市网络的格局。具体而言，参照 GaWC 的研究方法，依据每个城市在网络中的中心度，将 45 个城市按本书的结果重新分级，中心度在 90 以上的城市为 Alpha++级、中心度在 70～90 的城市为 Alpha+级、中心度在 50～70 的城市为 Alpha 级、中心度在 50 以下的城市为 Alpha-级，结果发现以下四个特点（表4-9）。

表 4-9　世界城市网络两种等级划分对比

等级	航空网络	先进生产性服务业网络
Alpha++	巴黎、法兰克福	伦敦、纽约
Alpha+	伦敦、阿姆斯特丹、纽约、迪拜、北京、东京	香港、巴黎、新加坡、上海、东京、北京、悉尼、迪拜
Alpha	多伦多、慕尼黑、香港、首尔、新加坡、上海、马德里、洛杉矶、曼谷、伊斯坦布尔、亚特兰大、维也纳、华盛顿	芝加哥、孟买、米兰、莫斯科、圣保罗、法兰克福、多伦多、洛杉矶、马德里、墨西哥城、阿姆斯特丹、吉隆坡、布鲁塞尔
Alpha-	米兰、吉隆坡、苏黎世、巴塞罗那、莫斯科、芝加哥、悉尼、布鲁塞尔、华沙、台北、迈阿密、新德里、圣保罗、布达佩斯、波士顿、孟买、布拉格、墨西哥城、雅加达、都柏林、布宜诺斯艾利斯、约翰内斯堡、墨尔本、斯德哥尔摩	首尔、约翰内斯堡、布宜诺斯艾利斯、维也纳、伊斯坦布尔、雅加达、苏黎世、华沙、华盛顿、墨尔本、新德里、迈阿密、巴塞罗那、曼谷、波士顿、都柏林、台北、慕尼黑、斯德哥尔摩、布拉格、布达佩斯、亚特兰大

（1）Alpha++级的城市中，巴黎和法兰克福超越纽约与伦敦成为航空视角下最高等级的世界城市。即在两种不同考察视角下，金字塔顶端最具权力的城市有所不同。在先进生产性服务业网络中，更多地强调以金融为主要功能的全

球城市，如纽约和伦敦。而在航空网络中，位居世界城市网络顶端的则是巴黎和法兰克福。

（2）Alpha+级的城市中，两种网络城市区别较大。在先进生产性服务业网络中，参与经济全球化程度更高、企业间全球要素流动更多的城市，如香港、新加坡和上海地位更为突出。而在航空网络中，这三个城市相对而言作为区域性的航空枢纽参与全球航空网络尺度的联系相对较少，中转功能不强，退出了Alpha+这一级别。相反，阿姆斯特丹和迪拜这种在世界城市网络中拥有更多航空联系的城市，其地位出现上升。

（3）Alpha级共有13个城市，两种网络有所区别。可以看出，在航空网络中，多伦多、慕尼黑、首尔这种在地理空间上处于各大洲关键中转位置上的城市体现出一定的枢纽功能，因此在航空网络中排名较靠前。而芝加哥、莫斯科和圣保罗在全球经济中的地位虽然更高，但不具备区位优势，在航空网络中的中转功能偏弱，因此在航空网络中排名较靠后。

（4）Alpha-级的城市中，城市相差不大，只是位序稍有不同。这类城市在两种网络中均处于相对末端、等级不高的地位。

图 4-3 采用象限图的方式对两种网络中的城市地位进行进一步的对比分析。其中，以城市在 GaWC 全球先进生产服务业网络排名为横坐标，以城市在本书中即航空网络排名为纵坐标，可以发现：

第一象限为在两种网络中地位均较高的城市。伦敦、纽约、巴黎在两种网络中均处于顶级城市的地位，而东京、迪拜、北京在两种网络中均进入前 10 名，表明 3 个城市在全球经济和航空网络中均具有较高的地位，两者是相一致的。而香港、上海、新加坡在航空网络中的排名略低于它们在先进生产性服务业网络中的排名，表明它们在全球经济中扮演着相对更重要的角色，在体现城市间连接性的航空网络中的地位要弱一些。与香港、上海、新加坡特点相反的是一些在航空网络中的重要航空枢纽城市，如阿姆斯特丹和法兰克福，它们在先进生产性服务业网络中的排名在第 20 名左右，但是在航空网络中的地位特别高，均进入前 5 名。这是因为这两个城市历来是欧洲重要的航空城，扮演着航空枢纽的角色。

第二象限为在先进生产性服务业网络中地位不突出，但在航空网络中地位较突出的城市。最为典型的两个城市是首尔和慕尼黑。首尔在先进生产性服务业网络中处于中偏下的地位，但在航空网络中排名接近前 10 名，良好的航空连接性使得首尔逐渐成为航空枢纽城市。慕尼黑的案例更为特殊，其在先进生产性服务业网络中排名居于末位，但在航空网络中却进入前 10 名。这与其处于欧洲的中心，与样本中众多的欧洲城市有着紧密的航空联系有关。在某种意义上，慕尼黑更多地表现为欧洲重要的航空枢纽。

　　第三象限为在两种网络中地位均不突出的城市。这些城市主要覆盖在北美洲和欧洲，它们本身在先进生产性服务业网络中地位不突出，而在航空联系上，主要联系对象又多为同区域内的城市，跨区域性的全球联系不足，导致它们在两种网络中排名均位于后端，处于网络的边缘。

　　第四象限为在先进生产性服务业网络中地位突出，但在航空网络中地位下降的城市。悉尼和孟买是具备该特征最典型的两个城市。其中，悉尼在先进生产性服务业网络中位居前 10 名，而在航空网络中排名直线下滑到第 25 名之后，与法兰克福、阿姆斯特丹的崛起形成鲜明的对比。这与悉尼在全球地处相对较为偏僻的位置有关，因此其很难成为航空中转枢纽。孟买在先进生产性服务业网络中排在第 15 名之前，而在航空网络中跌至第 35 名之后，表明孟买在世界城市网络中缺乏良好的对外航空联系。

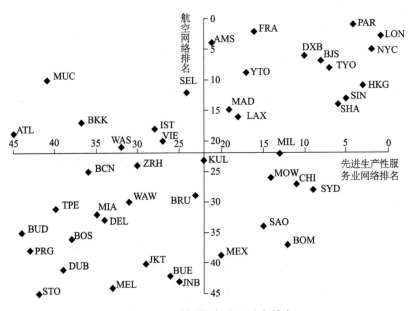

图 4-3　两种网络中世界城市排名

LON-伦敦；NYC-纽约；PAR-巴黎；AMS-阿姆斯特丹；FRA-法兰克福；DXB-迪拜；BJS-北京；TYO-东京；HKG-香港；SIN-新加坡；SHA-上海；YTO-多伦多；MAD-马德里；LAX-洛杉矶；MIL-米兰；SEL-首尔；MUC-慕尼黑；IST-伊斯坦布尔；VIE-维也纳；BKK-曼谷；WAS-华盛顿；ATL-亚特兰大；ZRH-苏黎世；BCN-巴塞罗那；WAW-华沙；BRU-布鲁塞尔；MIA-迈阿密；DEL-新德里；TPE-台北；BOS-波士顿；BUD-布达佩斯；PRG-布拉格；DUB-都柏林；MEL-墨尔本；BUE-布宜诺斯艾利斯；JNB-约翰内斯堡；JKT-雅加达；STO-斯德哥尔摩；KUL-吉隆坡；MOW-莫斯科；CHI-芝加哥；SYD-悉尼；SAO-圣保罗；BOM-孟买；MEX-墨西哥城

第三节 本 章 小 结

世界城市网络的航空联系主要呈现出以下几个特征。

首先，由节点中心度的计算可知，在世界城市网络中的城市存在层次性。其中，巴黎、法兰克福、伦敦、阿姆斯特丹、纽约和迪拜为中心城市，居于网络的第一层次，体现了联系范围的广度。区域中心城市居于第二层次，而边缘城市居于第三层次。居于不同层次的城市之间存在较为发达的垂直联系，而横向联系多发生在第一层次城市和第二层次城市之间，边缘城市之间的横向联系较弱。

其次，通过对中间中心度指标的分析表明，部分城市虽然网络中心度不高，但因具备较高的中间中心度，而成为网络中跨区域联系的重要桥梁。例如，洛杉矶和亚特兰大，因具有良好的地理中心或门户位置，呈现出中转功能较显著的特点。

最后，通过对比 GaWC 的世界城市排名和这些城市在航空网络中的排名发现，在前者排名不高的部分世界城市，如迪拜、阿姆斯特丹和法兰克福等具备很强的航空联系的优势，这一优势能进一步巩固其作为世界城市的地位。而中国城市北京和上海主要发挥了中国向国际中转的枢纽功能，对外联系的城市数量不多，但以数量密集的航班数维持了较高的联系强度，因此在网络中具有很高的权力指数。

研究表明，地理位置在决定一个城市能否成为航空网络中的枢纽城市起着重要作用，巴黎、法兰克福、迪拜、洛杉矶、亚特兰大等莫不如此。但也有个别地理位置并不特别优越的世界城市在航空网络中扮演着重要角色。例如，首尔借助韩国航空公司的主动运营连接了更多的世界城市，扮演着东北亚中转枢纽的角色；阿姆斯特丹则通过与法兰克福的竞争成为航空网络中的中心城市，它们的经验值得借鉴。与阿姆斯特丹、迪拜等航空枢纽性城市相比，北京和上海航空联系的广度还不足，国际联系仍以东亚、北美、欧洲等重点区域的重要城市为主。伴随中国"一带一路"和"走出去"的实施，需要进一步加强北京、上海与次级世界城市之间的直达航班联系，从而在世界城市网络中扮演更重要的角色。

第五章

中国城市对外联系网络结构特征与演化

改革开放以来，中国通过融入经济全球化实现了经济飞跃式发展，国际地位日益提升。相应地，中国城市化的进程及世界城市建设也成为学术界关注的焦点。一般来说，世界城市的地位是指在各类全球性网络中资源配置的综合能力，其强弱决定了商品、信息、资本、人在这个世界城市流动的规模（Smith and Timberlake，1995）。Lai（2012）从建设国际金融中心的角度分析了香港、上海、北京在全球金融体系中的地位和作用，并进一步探讨了香港、上海和北京如何通过国际金融中心的建设，提升自己在全球经济体系中的支配能力和影响力。Taylor 等（2014b）从生产性服务业角度构建了全球城市互锁网络（interlocking network），通过城市对分析（city-dyad analysis）探讨了中国主要城市北京、上海和香港如何与世界城市建立联系并融入世界城市网络中。不难看出，这些研究在本质上只关注了中国顶级的城市在世界城市网络中的崛起，而没有反映中国城市集体融入全球化进程的特点。事实上，真正能进入全球网络的中国城市数量确实不多，根据 GaWC 小组对世界城市的排名 "The World According to GaWC"，2000 年和 2004 年仅有 4 个中国城市上榜，2008 年增加到 8 个，2010 年和 2012 年分别上升到 10 个和 14 个。换言之，这十多个城市就成为世界城市网络研究中对中国城市关注的全部。Robinson（2002）认为，在欧美经济地理学和城市地理学主流研究中，存在 "欧美中心论" 的偏见，广大发展中国家的城市从地图上 "脱落"（off the map）。鉴于此，本章将从航空客运的视角，借鉴 Taylor（2012）城市对的部分研究思想，着重分析中国城市与国际城市之间的联系，并进一步探讨由此形成的中国城市对外联系网络的结构特征与演化规律。

第一节　中国城市对外联系格局的发展与演化

相对于中国航空市场，中国民航的国际航线发展起步较晚，20 世纪 90 年代以后才开始进入较快的发展期，航线从 1990 年的 44 条发展到 1996 年的 98

条，并在 2002 年更进一步达到 161 条（王成金和金凤君，2005）。从航线结构来看，周一星和胡智勇（2002）最早关注到中国国际航线呈现高度极化的特征。其中，2001 年，京津冀和长三角是国际航线最主要的来源地，两者占全国的比重达到 40%以上；而在省域层面，省会城市在国际航线上占据绝对主导地位，在多数省份，省会城市甚至成为唯一开通国际航线的城市。王成金和金凤君（2005）在周一星和胡智勇（2002）研究的基础上，进一步探讨了中国对外航空联系的空间地域特征：一是东部地区仍然是国际航空联系集中的区域，但国际客流占全国的比重逐渐下降，中部地区和西部地区也逐渐参与到国际联系中；二是从对外联系方向上看，东亚是中国城市对外联系的主导区域，而与北美洲的联系发展较为迅速。在基本统计分析的基础上，也有学者开始引入网络分析的工具，对中国国际航空网络进行分析。例如，吴晋峰等（2012）将国际航空联系所涉及的 49 个中国城市与 110 个国际城市全部纳入一个网络分析框架中，研究发现中国与东亚和东南亚城市之间的联系最为紧密。在洲际层面上，中国城市与美国联系最为密切，与欧洲、大洋洲、非洲联系较少，与南美洲尚无航空联系。

　　总体而言，过往研究对中国城市对外航空联系网络有了基础认识，厘清了中国城市对外联系的基本空间地域结构特征。为进一步研究中国城市对外联系的总体格局，借鉴 Taylor（2012）城市对的研究方法，将中国城市对外联系看成是若干"国内-国际"城市对的集合。为此，选取《中国交通统计年鉴》（1997 年、2002 年、2007 年、2012 年）中主要国际航段旅客数量作为衡量中国城市对外联系的指标，汇总所有航段数据得到国内、国际城市总体联系量，再从中国城市和国际城市两个角度入手，分别考察中国城市对外联系空间拓展和联系的国际城市空间格局演变两个方面的特点。需要指出的是，《中国交通统计年鉴》提供了历年民航国际航线主要航段的客流货流数据，但这一数据并不都是城市之间点对点的流量数据，因此需要对数据进行处理，转化为城市之间点对点的流量数据。例如，2012 年广州—上海—名古屋这一航线旅客运输量为 181 461 人，因此需要将其分解为广州—名古屋和上海—名古屋两个航段。通过查询发现，广州和上海到名古屋每天直达航班的班次分别为 1 班和 9 班，因此对广州—上海—名古屋航线的客运量进行重新分配，其中 1/10 即 18 146 人为广州—名古屋航段的客运量，另外 9/10，即 163 315 人为上海—名古屋航段的客运量。

一、中国城市对外联系的空间拓展

　　国际航空网络一直是中国对外联系的重要支撑，20 世纪 90 年代末以来我国国际航空运输发展十分迅速。截至 2013 年底，国际航空客运量和国际航空货运量分别达到 2655 万人和 154.5 万吨，相比 1997 年的 505 万人和 29.1 万吨，分别增长了 4.26 倍和 4.31 倍①。从国际航空运输的整体地位来看，国际航空客运量占全国航空客运总量的比重变化不大，一直在 7%～10%。尤其是近五年来，国际航空客运量占比呈现出小幅下降的趋势。事实上，同时期国际航空客运量一直以较快的速度增长，只是国内航空增长势头更为迅速，导致国际航空客运量占比有所下降。此外，国际航空货运量占全国航空货运总量的比重在 1997～2010 年总体呈现增长的态势，但 2010 年以后国际航空货运量下降，导致国际航空货运量占全国航空货运总量的比重也有所下降（图 5-1）。

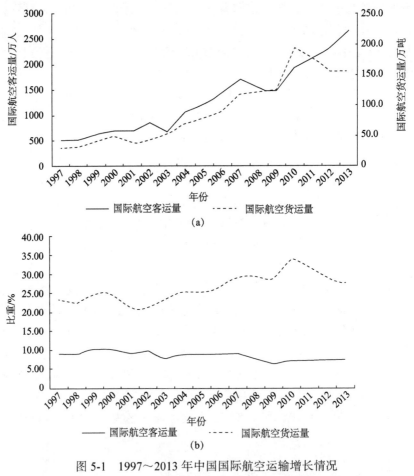

图 5-1 1997～2013 年中国国际航空运输增长情况
资料来源：《中国统计年鉴》（1998～2014 年）

①《中国统计年鉴》（1998～2014 年）。

总体上看,近年来我国国际航空运输发展势头较为迅猛,尤其是国际航空客运量增幅较大,这意味着中国城市与国际城市之间的联系也越来越紧密。具体到城市层面,根据《中国交通统计年鉴》(1998年、2003年、2008年、2013年)提供的数据,发现在1997~2012年,国内通航城市数量从11个增长至36个,通航国际目的地城市数量从32个增长至84个,所产生的国际客流总量也从458.1万人增长至2539.8万人(表5-1)。表5-1还显示了1997~2012年中国城市对外航空联系的发展大致可以分为三个阶段,第一,1997~2002年,对外航空联系呈现小幅增长的特征;第二,2002~2007年,对外航空联系实现了飞跃式的发展;第三,2007~2012年,对外航空联系恢复到低速增长的阶段。

表 5-1　1997～2012 年中国城市对外航空联系发展情况

年份	国内通航城市数量/个	通航国际目的地城市数量/个	国际旅客总量/万人	国际旅客总量增长率/%
1997	11	32	458.1	—
2002	19	38	648.7	41.61
2007	30	70	1749.7	169.72
2012	36	84	2539.8	45.16

资料来源:《中国交通统计年鉴》(1998年、2003年、2008年、2013年)

为了深化这三个阶段的具体增长情况,需要进一步从空间分析的角度对中国城市对外联系的总体格局进行分析。从通航城市的增长来看,大致有以下三个特点(表5-2~表5-5)。

(1)在发展顺序上表现出先东部沿海地区后西部地区再中部地区的特点。1997年,11个通航城市中有9个位于东部沿海地区,只有成都和昆明两个城市位于西部地区,中部地区则无城市上榜;从1997~2002年第一个五年时段来看,新增通航城市在空间分布上体现了东部沿海地区和西部地区各半的特点,但东部沿海城市总体数量仍然远高于西部城市;从2002~2007年第二个五年时段来看,新增通航城市主要分布在东部沿海地区和中部地区,西部地区新增城市仅有拉萨;从2007~2012年第三个五年时段来看,新增六个城市,其中东部沿海地区有五个,而中西部地区仅有一个。

(2)在空间上表现出双核向三核转变的格局,地区差异上呈现东部沿海为主、西部崛起、中部落后的特点。1997年,中国航空对外联系中,北京和上海是最主要的国际航空枢纽,国际航空客运量均超过100万人,其余城市的国际航空客运量与北京和上海差距巨大。这一双中心格局一直维持到2007年,当年广州成为第三个国际航空客运量超过100万人的城市,中国城市对外联系的格局从北京、上海双中心开始向北京、上海、广州三中心转变。2012 年，北京、上海和广州的国际航空客运量均突破 100 万人。但与此同时，其他城市国际航空客运量规模仍然较小，排名第四、第五的昆明和青岛国际航空客运量刚刚突破 80 万人，因此三中心的格局得到强化，特征显著。此外，从区域差异的角度来看，东部沿海地区一直是最主要的对外联系窗口。经过 15 年的发展，除了三大核心城市，东部沿海地区也涌现出青岛、厦门和大连等国际航空客运量超过 60 万人的次核心；而西部城市虽然与东部沿海城市相比存在差距，但 2012 年也涌现出昆明、乌鲁木齐和成都三个国际航空客运量超过 20 万人的城市，并且西部城市在 1997～2012 年国际联系增长的速度和幅度也明显较快，呈现出西部崛起的态势；中部城市在整体数量及客运总量上与东部沿海地区和西部地区相比存在较大差距，长沙是中部地区最大的对外联系枢纽，2012 年国际航空客运量仅仅达到 10 万人。相对于其他两个板块，中部地区整体呈现明显滞后的态势，这是因为中部城市的国际联系更多地通过北京、上海、广州三大核心城市中转。

（3）在发展速度上具有慢-快-慢的三阶段特征。空间分析进一步证实了对中国城市对外联系发展的三阶段论。首先，1997～2002 年为低速低水平发展阶段。整体对外联系水平不高，发展速度不快。主要增长体现在北京、上海双中心的发展，双极化的特点明显。其次，2002～2007 年为高速飞跃式发展阶段。整体对外联系呈现出井喷式的特点，东部沿海地区城市对外联系强度不断强化，西部地区和中部地区也有越来越多的城市建立起国际联系，中国城市对外联系的总体格局在这一时期基本形成。最后，2007～2012 年为低速高水平发展阶段。与 2007 年相比，2012 年总体对外联系格局变化不大。主要增长体现在北京、上海和广州三大核心的进一步极化，以及部分西部城市的逐步崛起上。

表 5-2　1997 年中国城市对外联系城市空间分布

中国城市		国际城市	
国际航线客流总量	城市名单	中国航线客流总量	城市名单
>100 万人	上海、北京	>100 万人	无
50 万～100 万人	无	50 万～100 万人	东京
20 万～50 万人	广州	20 万～50 万人	大阪、新加坡、首尔、曼谷、福冈、洛杉矶、名古屋
10 万～20 万人	大连、厦门、昆明	10 万～20 万人	吉隆坡、旧金山、悉尼、法兰克福、巴黎

续表

中国城市		国际城市	
国际航线客流总量	城市名单	中国航线客流总量	城市名单
<10 万人	青岛、沈阳、成都、汕头、哈尔滨	<10 万人	雅加达、伦敦、新德里、纽约、马尼拉、慕尼黑、阿姆斯特丹、仙台、罗马、釜山、莫斯科、广岛、哈巴罗夫斯克、河内、斯德哥尔摩、苏黎世、长崎、芝加哥

资料来源:《中国交通统计年鉴 1998》中对中国城市国际航空旅客数量的统计

表 5-3　2002 年中国城市对外联系城市空间分布

中国城市		国际城市	
国际航线客流总量	城市名单	中国航线客流总量	城市名单
>100 万人	上海、北京	>100 万人	首尔
50 万～100 万人	广州	50 万～100 万人	东京、新加坡
20 万～50 万人	大连、厦门	20 万～50 万人	大阪、曼谷、悉尼、福冈、名古屋、法兰克福、巴黎、洛杉矶
10 万～20 万人	沈阳、青岛	10 万～20 万人	吉隆坡、釜山、旧金山、马尼拉
<10 万人	成都、昆明、长春、福州、烟台、哈尔滨、杭州、西安、重庆、乌鲁木齐、济南、南京	<10 万人	伦敦、罗马、温哥华、仙台、大邱、莫斯科、广岛、纽约、阿姆斯特丹、雅加达、马德里、斯德哥尔摩、冈山、札幌、光州、新潟、鹿儿岛、慕尼黑、福岛、长崎、大分、新德里、迪拜

资料来源:《中国交通统计年鉴 2003》中对中国城市国际航空旅客数量的统计

表 5-4　2007 年中国城市对外联系城市空间分布

中国城市		国际城市	
国际航线客流总量	城市名单	中国航线客流总量	城市名单
>100 万人	上海、北京、广州	>100 万人	首尔、新加坡、东京、大阪
50 万～100 万人	青岛、大连	50 万～100 万人	名古屋、法兰克福、曼谷、洛杉矶

续表

中国城市		国际城市	
国际航线客流总量	城市名单	中国航线客流总量	城市名单
20万～50万人	沈阳、厦门、昆明、乌鲁木齐	20万～50万人	悉尼、福冈、巴黎、墨尔本、吉隆坡、济州岛、釜山、阿姆斯特丹、纽约、莫斯科、胡志明、温哥华、罗马
10万～20万人	深圳、成都、烟台、三亚、长春、威海、杭州、哈尔滨、长沙、延吉	10万～20万人	金边、新德里、马尼拉、广岛、大邱、河内、慕尼黑、达卡、迪拜、伦敦
<10万人	福州、南京、天津、拉萨、汕头、西安、桂林、海口、济南、郑州、武汉	<10万人	槟城、雅加达、加德满都、仙台、阿拉木图、光州、清州、乌兰巴托、冈山、塞班、墨尔本、马德里、斯德哥尔摩、札幌、伊斯兰堡、富山、普吉、仰光、布鲁塞尔、布达佩斯、新西伯利亚、比什凯克、北九州、塔什干、德黑兰、小松、米兰、马累、万象、松山、福岛、暹粒、鹿儿岛、冲绳、长崎、伊尔库茨克、曼德勒、巴厘岛、圣彼得堡、旧金山

资料来源：《中国交通统计年鉴 2008》中对中国城市国际航空旅客数量的统计

表 5-5　2012 年中国城市对外联系城市空间分布

中国城市		国际城市	
国际航线客流总量	城市名单	中国航线客流总量	城市名单
>100万人	上海、北京、广州	>100万人	首尔、新加坡、东京、大阪、曼谷
50万～100万人	昆明、青岛、厦门、大连	50万～100万人	名古屋、法兰克福、悉尼、洛杉矶、福冈、巴黎、墨尔本
20万～50万人	乌鲁木齐、沈阳、成都、杭州	20万～50万人	吉隆坡、普吉、纽约、莫斯科、胡志明、马尼拉、新德里、阿姆斯特丹、金边、迪拜、济州岛、伦敦、釜山、旧金山、罗马、温哥华
10万～20万人	长春、延吉、南京、深圳、哈尔滨、福州、长沙	10万～20万人	暹粒、广岛、米兰、加德满都、塞班、达卡、雅加达、仰光、布里斯班、慕尼黑、奥克兰、斯德哥尔摩、珀斯、西雅图、马德里

续表

中国城市		国际城市	
国际航线客流总量	城市名单	中国航线客流总量	城市名单
<10万人	烟台、天津、威海、揭阳、无锡、拉萨、重庆、合肥、武汉、牡丹江、郑州、济南、桂林、海口、南宁、宁波、西安、盐城	<10万人	大邱、札幌、冲绳、布鲁塞尔、河内、阿拉木图、冈山、槟城、伊斯坦布尔、多伦多、德黑兰、柏林、马累、加尔各答、茨城、曼德勒、杜塞尔多夫、新潟、檀香山、静冈、比什凯克、圣彼得堡、伊斯兰堡、苏黎世、小松、光州、巴厘岛、杜尚别、阿什哈巴德、高松、伊尔库茨克、科伦坡、万象、松山、清迈、鹿儿岛、平壤、岘港、富山、长崎、凯恩斯

资料来源：《中国交通统计年鉴 2013》中对中国城市国际航空旅客数量的统计

　　城市对的核心思想除了考察中国城市对外联系的空间格局，还可以分析中国城市与国际城市联系的密切程度。表 5-2～表 5-5 揭示了 1997～2012 年，中国城市主要国际航线目的地的空间分布情况，演化特征可以归纳为以下三个要点。

　　（1）从联系范围来看呈现多元化特征。1997 年，东亚、东南亚地区的城市是中国城市对外的主要联系对象，洲际联系主要与美国、欧洲的少数几个城市有所联系，整体水平不高。2002 年，洲内与东亚、东南亚地区的城市联系进一步紧密，同时与欧洲、美国的联系也有所加强，但整体对外联系格局与 1997 年相比变化不大。2007 年，中国城市大面积井喷式开启国际联系，与之相对应的是联系的国际城市格局也产生了较大的变化。当然，这种变化仍然体现在与周边国家城市的联系得到加强，除了与东亚、东南亚传统目的地城市联系数量增多，与西亚、南亚的城市也开始产生联系。同时，与欧洲和北美洲城市的联系有小幅度的增强，但并未影响整体格局。2012 年，中国城市对外联系的格局进一步发生改变，多元化的特征越发明显。相比 2007 年，区域内与周边国家城市联系得到进一步强化，洲际联系覆盖面也更为广泛，航空通达的欧洲、美国城市数量在这一阶段迅速增加，同时与大洋洲的联系也成为中国城市国际联系的新方向。总体上来说，对外联系多元化格局基本形成，中国城市对外航空联系基本覆盖了除南北极之外的全部区域。此外，值得注意的是，从中国版图向西延伸开来一直到欧洲大致形成了一条联系比较紧密的城市带，这为我国"一带一路"倡议的开展奠定了坚实的基础。

（2）从中国城市对外联系强度来看，亚太地区是联系最为紧密的区域，但与欧洲和北美洲地区的联系也在稳步提升。1997～2007年，中国城市与东亚和东南亚的城市联系强度都一直大大高于与其他区域的联系，其中与日本和韩国城市的联系尤为紧密，东京、大阪和首尔与中国城市对外联系强度一直很高。这三个城市在1997年与中国城市的国际航线客流总量就超过20万人，到2007年先后都突破了100万人。1997～2007年，中国城市洲际联系最紧密的欧洲城市，如法兰克福、巴黎，中国航线客流总量仅为东京、大阪和首尔的一半左右。2012年，东南亚的新加坡、曼谷和澳大利亚的悉尼、墨尔本也加入中国城市联系强度最高的前几名城市行列，亚太地区成为中国城市国际联系的首要目的地。尽管中国城市与欧洲和北美洲地区的联系强度一直无法与亚太地区相提并论，但在1997～2012年，联系强度也在稳步提升中，尤其是在2007～2012年增长最为迅猛。例如，2012年法兰克福和巴黎与中国城市间的客流总量突破了50万人的大关。

（3）从联系类型来看，由政治-经济联系逐步转向经济-旅游联系。1997～2002年，中国城市联系的国际城市类型主要有两类：大部分为首都城市，少部分为在全球经济中占支配地位的全球城市，如纽约；联系的政治-经济导向较为明显。2007年以来，随着联系范围的多元化，联系的国际城市类型出现了两点变化：第一，与顶级全球城市的联系得到强化，与国家首都的联系相对减弱；第二，中国国际旅游目的地大量涌现，如泰国的普吉岛。因而，中国国际联系的经济-旅游导向开始初步显现。

二、中国城市的位序规模分布

为进一步考察中国城市对外联系的极化情况，在此对1997年、2002年、2007年和2012年中国城市对外联系的航空客运量进行位序规模分布研究（图5-2）。结果表明，1997～2012年，整体表现出先极化再收敛的过程。其中，1997年中国城市对外联系的数量最少，仅有11个，同时经过取对数的位序规模分布，线性拟合度很高，但排名第二的上海的国际航空客运量接近首位城市北京，位于拟合线的上方，呈现出双中心的特点。2002年线性拟合度下降，除了双中心北京和上海造成的影响外，末端出现的两个偏离拟合线较多的点对整体拟合度下降也有较大影响。这说明在1997～2002年，一方面双中心北京、上海处于极化过程中，与后序城市差距拉大；另一方面一些新增国际通航城市刚刚涌现，处于起步阶段，对外联系强度较低，也造成了样本内城市间整体差异的扩大。2007 年，城市间差异进一步强化，首先双中心极化的现象依旧明显，其次更多处于萌芽状态的城市初步涌现，这样首位、末位城市间的巨大差异造成了整体拟合度下降，体现出极化加强的特点。2012 年，整体拟合度再次上升，城市间差异缩小，呈现由极化转为收敛的特征。其中，在双中心北京、上海之外可以明显地看到第三位的城市广州开始居于拟合线上方，接近北京、上海的发展水平，这说明 2012 年双中心的模式开始向三中心的模式转变。此外，末位城市经过五年的发展，逐步缩小了与前序城市的差距，因此整体表现出收敛的特征。

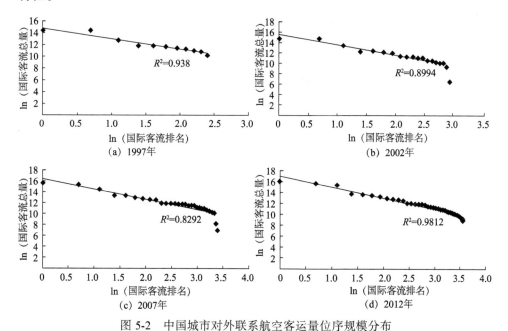

图 5-2　中国城市对外联系航空客运量位序规模分布
资料来源：《中国交通统计年鉴》（1998 年、2003 年、2008 年和 2013 年）

　　周一星和胡智勇（2002）在研究中国城市体系空间结构时借鉴区域经济学中反映市场集中化程度的赫佛因德指数，构造了一个集中化指数（CI）反映中国航空客流的集散情况：

$$CI = \frac{\sum_{i=1}^{n} p_i^2 - \frac{1}{n}}{1 - \frac{1}{n}} \qquad (5\text{-}1)$$

式中，p_i 为每年城市 i 国际旅客量占总量的比重；n 为当年存在国际航空联系的城市数。$0<CI<1$，当 CI 趋于 1 时，对外航空联系趋于集中；当 CI 趋于 0 时，对外航空联系趋于分散。

在此利用集中化指数以反映新增国际通航城市和已有国际通航城市的对比关系。如果将新增国际通航城市数量和客运量的增长看成中国城市对外联系的水平延伸，将已有国际通航城市客运量的增长看成中国城市对外联系的垂直延伸，那么集中化指数就可以看成水平、垂直两个方向发展速度的对照，集中化指数上升说明垂直扩展速度超过水平延展速度，即对外联系的增长主要依靠现有城市的增长。集中化指数下降说明水平延展速度超过垂直扩展速度，即更多的城市加入对外联系的网络中，并对网络的发展贡献了主要的作用。通过集中化指数的具体计算可以发现（图 5-3）：中国城市对外联系的集中化指数在 1997～2012 年呈现逐渐下降的趋势，从 0.24 下降到 0.19。这意味着中国城市对外联系的演化呈现从较为集中到趋于分散的特点。

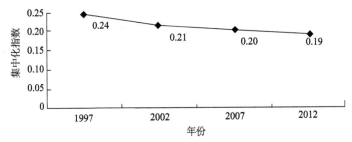

图 5-3 中国城市对外联系的集中化指数变化情况

资料来源：《中国交通统计年鉴》（1998 年、2003 年、2008 年、2013 年）

第二节 中国城市对外联系网络的结构特征

第一节中分析中国城市对外联系格局使用的是各中国城市、国际城市的总联系量，侧重揭示国内-国际城市联系的整体性特征，但无法揭示城市个体对外联系存在的差异性特征。因此，进一步的分析应当以城市对为分析单元。传统网络分析工具对研究城市间关系数据有着天然的优势，然而对于国内-国际城市联系所呈现出的点对点双向流，本身并不构成一个完备网络（刘军，2004），因此也很难用传统网络分析工具对其展开研究。为突破这一难题，本节将尝试利用现有的城市对数据构建一个中国城市对外联系的网络，以此揭示中国城市是如何与国际城市发生联系的。

一、二模网络与中国城市对外联系网络的构建

按照 Taylor（2012）在世界城市网络中城市对的研究思想，中国城市对外联系网络可以看成是若干城市对的集合，中国城市和国际城市分别隶属于两个群体，决定两个群体之间关系的是个体之间的关系，因此中国城市对外联系网络呈现出二元性（duality）的特征。社会网络分析中的二模网络为理解和分析这种二元性特征提供了理论启发和依据（刘军，2004）。在本质上，中国城市对外联系网络是中国和国际两个城市群体的关系的集合，构成该网络的基本单元是每个"城市对"之间的关系，因此二元性体现为微观-宏观（macro and micro）的关系。在社会学研究中，Breiger（1974）首先利用微观-宏观结构探讨了个人和群体之间的二元性（the duality of persons and groups）。中国城市对外联系网络的宏观结构是由微观城市个体塑造的。为更好地理解二模网络，在此构建了中国城市对外联系网络的嵌套图（图 5-4）。图 5-4 中，实线为真实联系，反映了该网络的宏观结构，从表面上看是由一组组城市对的微观关系构成的。实际上，宏观网络结构也可以由中国、国际两个群体内城市的内部虚拟关系构成。例如，城市 A 和城市 B 同时与城市 F 发生联系，与城市 G、H、I 和 J 并没有发生共同联系，所以城市 A 和城市 B 可以理解为只有一组共同的虚拟联系。二模网络的精髓就在于可以将本身并不是完备网络的一组关系转化成两组由虚拟联系构成的完备网络。

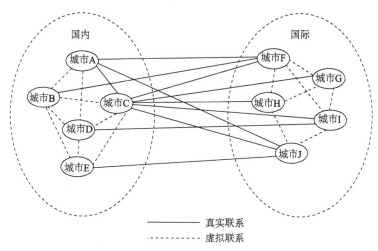

图 5-4　中国城市对外联系网络的嵌套与构建

为进一步阐述如何将二模网络转化为普通的一模网络，本书继续以图 5-4 为例，将城市间的联系矩阵化（表 5-6）。表 5-6 反映了两组城市之间的二模网

络联系，数值 1 表示两者存在联系，0 则表示没有联系。

表 5-6　二模网络矩阵示意

项目	F	G	H	I	J
A	1	0	0	0	1
B	1	0	0	0	0
C	1	1	1	1	1
D	0	0	0	1	0
E	0	0	0	0	1

经过二模网络到一模网络的转化，可以得到两个一模网络矩阵（表 5-7 和表 5-8）。

表 5-7　中国城市虚拟联系矩阵

项目	A	B	C	D	E
A	2	1	2	0	0
B	1	1	1	0	0
C	2	1	5	1	1
D	0	0	1	1	0
E	0	0	1	0	1

表 5-8　国际城市虚拟联系矩阵

项目	F	G	H	I	J
F	3	1	1	1	2
G	1	1	1	1	1
H	1	1	1	1	1
I	1	1	1	2	1
J	2	1	1	1	3

在中国城市虚拟联系矩阵中，城市 A 与城市 B 有一组共同联系，虚拟联系为 1；与城市 C 有两组共同联系，虚拟联系为 2。以此类推，得到完整的矩阵。

在国际城市虚拟联系矩阵中，城市 F 与城市 G、H、I 分别有一组共同联系，虚拟联系为 1；与城市 J 有两组共同联系，虚拟联系为 2。以此类推，得到完整的矩阵。

通过转化，中国城市对外联系的网络变成中国城市和国际城市两组虚拟网络。因此，可以分别对两组虚拟网络进行分析进而反映中国城市对外联系网络的整体结构特征。

二、中国城市对外联系网络的中心性

网络中心性是衡量网络权力结构的基本指标（刘军，2004）。正如传统一模网络利用度数中心度、接近中心度和中间中心度来分析网络的中心结构一样，二模网络也可以用类似的思路进行分析，不过需要先将二模数据转化成两个一模数据，然后才能分析各种中心性指数。为方便计算原理的表达，现将二模数据矩阵命名为 X，而将中国城市虚拟联系矩阵命名为 X^N，国际城市虚拟联系矩阵命名为 X^M。

（1）度数中心度。X 的中心度 C_D^X 可以用两个中心度 $C_D^{X^N}$ 和 $C_D^{X^M}$ 表示。$C_D^{X^N}$ 的中心度为矩阵 X^N 对角线上的值，而 $C_D^{X^M}$ 的中心度为矩阵 X^M 对角线上的值（刘军，2004）。

（2）接近中心度。对于一模网络中的一个行动者来说，该点到其他点距离之和便是其接近中心度。对于网络 X^N 而言，一个点的接近中心度为该点到矩阵其他各点的距离之和再加上该点到网络 X^M 中所有点的距离之和。也就是说，在网络 X^N 中，点 n_i 的接近中心度 $C_C^{NM}(n_i)$ 是该点所联系的矩阵 X^M 中的点到矩阵 X^N 和 X^M 中点的距离的一个函数（Faust，1997）。

$$C_C^{NM}(n_i) = \left[1 + \frac{\sum_{j=1}^{g+h} \min_k d(k,j)}{g+h-1} \right]^{-1} \quad (5\text{-}2)$$

式中，g 为 X^N 中点的数量；h 为 X^M 中点的数量；X^N 中的城市 k 与 X^M 中的城市 j 邻接。

与此类似，网络 X^M 中点 m_k 的接近中心度 $C_C^{NM}(m_k)$ 可以表示为

$$C_C^{NM}(m_k) = \left[1 + \frac{\sum_{i=1}^{g+h} \min_j d(k,j)}{g+h-1} \right]^{-1} \quad (5\text{-}3)$$

（3）中间中心度。在一模网络中，中间中心度关注的是一个行动者在多大程度上居于网络的中间，即中介性。本书虚拟的两个一模网络中，网络 X^{N} 中点的关系是基于与 X^{M} 中点的关系构成的。因此，当计算 X^{M} 中点 m_k 的中间中心度时，需要考虑 X^{N} 与 m_k 邻接的点。以 X_{ij}^{N} 表示网络 X^{N} 中两个城市 i 和 j 在网络 X^{M} 中共同邻接的城市数量。如果 X^{N} 中的一对点 (n_i, n_j) 仅仅共同联系 X^{M} 中一个点 m_k（即 $X_{ij}^{\mathrm{N}}=1$），则 m_k 的中间中心度增加一个单位，如果 (n_i, n_j) 共同联系 X_{ij}^{N} 个成员，那么 m_k 的中间中心度增加 $1/X_{ij}^{\mathrm{N}}$ 个单位。因此，m_k 的中间中心度可以表示为（Faust，1997）

$$C_{\mathrm{D}}^{\mathrm{NM}}(m_k)=\frac{1}{2}\sum_{n_i,\ n_j\in m_k}\frac{1}{X_{ij}^{\mathrm{N}}} \qquad (5\text{-}4)$$

根据上述方法分别计算 1997 年、2002 年、2007 年和 2012 年中国城市对外联系网络的三项中心度，结果得到中国和国际两组城市的中心度。

首先，中国城市对外联系网络的度数中心度如表 5-9 所示。

表 5-9　中国城市对外联系网络的度数中心度

排名	1997 年		2002 年		2007 年		2012 年	
	城市	度数中心度	城市	度数中心度	城市	度数中心度	城市	度数中心度
1	北京	0.88	北京	0.76	上海	0.63	上海	0.60
2	上海	0.63	上海	0.71	北京	0.54	北京	0.49
3	广州	0.28	广州	0.29	广州	0.39	广州	0.38
4	大连	0.13	沈阳	0.18	沈阳	0.17	昆明	0.18
5	厦门	0.13	大连	0.13	大连	0.11	成都	0.10
6	昆明	0.06	青岛	0.13	昆明	0.11	沈阳	0.10
7	青岛	0.06	昆明	0.13	乌鲁木齐	0.10	大连	0.08
8	成都	0.06	厦门	0.11	厦门	0.09	乌鲁木齐	0.08
9	沈阳	0.03	成都	0.11	青岛	0.09	青岛	0.07
10	汕头	0.03	福州	0.11	杭州	0.09	长春	0.06
11	哈尔滨	0.03	重庆	0.08	长春	0.07	厦门	0.06
12			南京	0.08	深圳	0.07	杭州	0.06
13			长春	0.05	成都	0.06	深圳	0.05

续表

排名	1997 年		2002 年		2007 年		2012 年	
	城市	度数中心度	城市	度数中心度	城市	度数中心度	城市	度数中心度
14			西安	0.05	哈尔滨	0.04	哈尔滨	0.05
15			哈尔滨	0.05	福州	0.04	武汉	0.05
16			杭州	0.05	海口	0.04	南京	0.05
17			烟台	0.03	烟台	0.03	无锡	0.05
18			乌鲁木齐	0.03	南京	0.03	福州	0.04
19			济南	0.03	西安	0.01	烟台	0.02
20					济南	0.01	天津	0.02
21					三亚	0.01	济南	0.02
22					威海	0.01	延吉	0.01
23					天津	0.01	郑州	0.01
24					拉萨	0.01	威海	0.01
25					揭阳	0.01	揭阳	0.01
26					桂林	0.01	长沙	0.01
27					武汉	0.01	合肥	0.01
28					长沙	0.01	重庆	0.01
29					延吉	0.01	拉萨	0.01
30					郑州	0.01	牡丹江	0.01
31							南宁	0.01
32							桂林	0.01
33							海口	0.01
34							西安	0.01
35							宁波	0.01
36							盐城	0.01

1997～2012 年，中国城市对外联系网络的中心性结构呈现出以下三个特点。

（1）2007 年，上海取代北京成为中国对外联系的第一枢纽，这两个城市与广州一起形成了对外联系网络的三中心结构。从 1997 年和 2002 年的度数中心度来看，北京均排名第一，分别为 0.88 和 0.76。而上海紧接其后排名第二，度数中心度分别为 0.63 和 0.71，与北京的差距在缩小。到了 2007 年上海反超北京成为度数中心度最高的城市，达到 0.63。2012 年，上海巩固了中国对外联系第一枢纽城市的地位，度数中心度达到 0.60，同时与北京的差距也在逐渐拉大。此外，广州在网络中的地位虽不及北京和上海，但其度数中心度也较高。在四个年份中，广州的度数中心度均远超其他城市，甚至在 1997 年、2007 年和 2012 年均达到排名第四城市的两倍以上。由此可见，中国城市对外联系网络呈现出以北京、上海和广州为三中心的结构。

（2）西部城市上升势头迅猛，部分城市赶超东部沿海城市成为第二梯队"领头羊"。从 1997 年和 2002 年的数据来看，北京、上海和广州以外度数中心度较高的城市主要集中在东部沿海地区，如大连、沈阳、青岛和厦门。2007 年，随着更多的城市纳入对外联系网络中，西部城市上升的势头逐渐显现。例如，昆明和乌鲁木齐就超越了沿海的青岛和厦门获得了较高的排名。2012 年，西部城市在网络中的地位进一步上升，昆明和成都分别上升到第四名和第五名，成为仅次于北京、上海和广州三中心的第二梯队"领头羊"。

（3）中心城市度数中心度逐步下降，体现了对外联系多元化发展的趋势。由 1997 年、2002 年、2007 年和 2012 年的数据对比可知，排名居于前列的城市度数中心度的绝对值下降较为明显。例如，首位城市的度数中心度从 1997 年的 0.88 下降到 2012 年的 0.60，说明更多的城市纳入对外联系的网络之后，同时也大大拓展了对外联系的国际城市数量，使得中心城市在网络中所占份额逐步减小。1997 年首位城市北京覆盖了整个对外联系的国际城市中 88% 的份额，而到 2012 年首位城市上海所占份额已减少到 60%。中国城市数量的垂直拓展也带来了联系国际城市数量的水平延伸。

其次，经过计算的接近中心度结果如表 5-10 所示。剔除 1997 年的孤立点哈尔滨（哈尔滨-哈巴罗夫斯克为孤立于整个网络外的一对城市，其接近中心度远超过 1，不准确），其余结果与度数中心度计算结果偏差不大。而接近中心度反映了网络中点与网络中心的接近程度，可见度数中心度高的点接近中心度相对也高。

表 5-10　中国城市对外联系网络的接近中心度

排名	1997 年		2002 年		2007 年		2012 年	
	城市	接近中心度	城市	接近中心度	城市	接近中心度	城市	接近中心度
1	哈尔滨	52.00	北京	0.80	上海	0.70	上海	0.69

续表

排名	1997 年		2002 年		2007 年		2012 年	
	城市	接近中心度	城市	接近中心度	城市	接近中心度	城市	接近中心度
2	北京	0.95	上海	0.76	北京	0.66	北京	0.63
3	上海	0.73	广州	0.57	广州	0.57	广州	0.56
4	广州	0.55	沈阳	0.54	沈阳	0.49	昆明	0.50
5	大连	0.47	大连	0.52	大连	0.48	成都	0.47
6	厦门	0.47	青岛	0.52	昆明	0.48	杭州	0.47
7	昆明	0.46	昆明	0.52	厦门	0.47	沈阳	0.46
8	成都	0.46	厦门	0.51	青岛	0.47	大连	0.46
9	青岛	0.45	成都	0.51	杭州	0.47	青岛	0.46
10	汕头	0.44	重庆	0.51	深圳	0.47	长春	0.46
11	沈阳	0.44	南京	0.51	成都	0.47	武汉	0.46
12			杭州	0.50	长春	0.46	厦门	0.45
13			长春	0.49	海口	0.46	深圳	0.45
14			西安	0.49	哈尔滨	0.46	南京	0.45
15			哈尔滨	0.49	烟台	0.46	哈尔滨	0.45
16			烟台	0.49	南京	0.46	天津	0.45
17			济南	0.49	西安	0.45	烟台	0.45
18			福州	0.48	济南	0.45	济南	0.45
19			乌鲁木齐	0.37	三亚	0.45	延吉	0.44
20					威海	0.45	威海	0.44
21					天津	0.45	长沙	0.44
22					桂林	0.45	合肥	0.44
23					武汉	0.45	牡丹江	0.44
24					长沙	0.45	桂林	0.44
25					延吉	0.45	西安	0.44
26					郑州	0.45	盐城	0.44
27					福州	0.43	无锡	0.44
28					乌鲁木齐	0.39	福州	0.43

续表

排名	1997 年		2002 年		2007 年		2012 年	
	城市	接近中心度	城市	接近中心度	城市	接近中心度	城市	接近中心度
29					揭阳	0.39	海口	0.41
30					拉萨	0.31	郑州	0.40
31							揭阳	0.40
32							重庆	0.40
33							乌鲁木齐	0.38
34							宁波	0.37
35							南宁	0.36
36							拉萨	0.31

区别于度数中心度，接近中心度的结果还体现出以下两个独有的特点。

（1）各城市接近中心度差值较小，反映出网络层级性不强。相对于中心城市与边缘城市在度数中心度上的差值，接近中心度差值较小。例如，首位城市接近中心度绝对值普遍是末位城市的两倍左右。而在度数中心度方面，2012 年首位城市达到末位城市的 60 倍。这说明，网络整体层级性不强，边缘城市与中心城市的距离普遍不大。尤其是在 2012 年，从第五名的成都到第二十七名的无锡，接近中心度仅从 0.47 下降到 0.44，变化很细微。

（2）从接近中心度来看，北京-上海双中心地位更为凸显。总体而言，接近中心度的差异变化不大，但北京和上海的接近中心度还是高于其他城市不少，说明在三中心结构中，北京和上海的地位更为凸显。相对而言，广州作为中心的能力要稍弱一些。

最后，中间中心度的计算揭示了中国城市对外联系网络中城市中介性的强弱，其计算结果（表 5-11）与度数中心度和接近中心度相比，既有相似性也存在一定的差异性。

表 5-11　中国城市对外联系网络的中间中心度

排名	1997 年		2002 年		2007 年		2012 年	
	城市	中间中心度	城市	中间中心度	城市	中间中心度	城市	中间中心度
1	北京	0.56	北京	0.46	上海	0.40	上海	0.43

续表

排名	1997 年		2002 年		2007 年		2012 年	
	城市	中间中心度	城市	中间中心度	城市	中间中心度	城市	中间中心度
2	上海	0.27	上海	0.37	北京	0.33	北京	0.31
3	广州	0.04	广州	0.06	广州	0.19	广州	0.20
4	大连	0.00	沈阳	0.02	乌鲁木齐	0.10	昆明	0.10
5	厦门	0.00	厦门	0.01	昆明	0.07	乌鲁木齐	0.10
6	昆明	0.00	大连	0.01	沈阳	0.02	成都	0.01
7	成都	0.00	青岛	0.01	大连	0.01	沈阳	0.01
8	青岛	0.00	昆明	0.01	厦门	0.01	杭州	0.01
9	哈尔滨	0.00	成都	0.00	杭州	0.01	大连	0.01
10	汕头	0.00	重庆	0.00	青岛	0.00	厦门	0.01
11	沈阳	0.00	南京	0.00	深圳	0.00	青岛	0.00
12			长春	0.00	成都	0.00	哈尔滨	0.00
13			哈尔滨	0.00	长春	0.00	长春	0.00
14			福州	0.00	海口	0.00	武汉	0.00
15			杭州	0.00	哈尔滨	0.00	无锡	0.00
16			西安	0.00	烟台	0.00	深圳	0.00
17			烟台	0.00	南京	0.00	南京	0.00
18			济南	0.00	西安	0.00	天津	0.00
19			乌鲁木齐	0.00	济南	0.00	烟台	0.00
20					三亚	0.00	济南	0.00
21					威海	0.00	延吉	0.00
22					天津	0.00	威海	0.00
23					桂林	0.00	长沙	0.00
24					武汉	0.00	合肥	0.00
25					长沙	0.00	牡丹江	0.00
26					延吉	0.00	桂林	0.00
27					郑州	0.00	西安	0.00
28					福州	0.00	盐城	0.00

续表

排名	1997 年		2002 年		2007 年		2012 年	
	城市	中间中心度	城市	中间中心度	城市	中间中心度	城市	中间中心度
29					揭阳	0.00	福州	0.00
30					拉萨	0.00	海口	0.00
31							郑州	0.00
32							揭阳	0.00
33							重庆	0.00
34							宁波	0.00
35							南宁	0.00

基于差异性指标，发现中国城市对外联系网络具有以下两个特点。

（1）中心城市中介性极强，承担着对外联系的桥梁作用，边缘城市无中介性。经过度数中心度和接近中心度计算所识别出的"两强一弱"，即北京、上海和广州三中心在中间中心度上有绝对的统治地位，尤其是北京和上海更是如此。1997 年，除北京、上海和广州外，其余城市的中间中心度均为 0.00。此后广州逐渐崛起，乌鲁木齐和昆明也开始出现中转功能。到 2012 年，上述五个城市的中间中心度达到其余城市的 10 倍，而样本中 2/3 城市的中间中心度仍然为 0.00。因此，大部分中国城市若要与国际城市发生联系，就必须通过中心城市进行，特别是北京和上海。这些中心城市凭借其对外联系的广度成为中国城市对外联系的桥梁。

（2）中心城市以外的城市中介能力与地理区位联系紧密。除北京、上海和广州三个中心城市以外，2012 年中间中心度相对较高的中心城市是昆明和乌鲁木齐，而昆明与乌鲁木齐分别地处我国西南和西北地区，离东南亚和中亚国家较近，因此形成与周边国家城市较为紧密的联系，成为中国城市对外联系的区域中心。此外，沈阳和大连地处我国东北，与日本和韩国距离较近，联系也较为紧密，因此表现出微弱的中介性。从总体上看，中国是一个地域辽阔的国家，地处边陲的城市相对而言与国际城市的邻近性更好，因此具备良好的建立国际联系的基础，越来越发挥出对外联系的桥头堡的作用。

由中心度分析可知，我国城市的对外联系主要由中心城市和枢纽城市承担。相应地，国际城市虚拟联系的网络也存在中心性结构。因为样本中涉及的国际城市数量远远超过中国城市，且大部分国际城市中心度不高，在此仅选取历年中心度排名前二十的国际城市进行对比，如表 5-12 所示。

表 5-12　国际城市联系网络的度数中心度

排名	1997 年		2002 年		2007 年		2012 年	
	城市	度数中心度	城市	度数中心度	城市	度数中心度	城市	度数中心度
1	新加坡	0.55	首尔	0.90	首尔	0.87	首尔	0.72
2	曼谷	0.55	曼谷	0.47	大阪	0.50	大阪	0.42
3	大阪	0.46	大阪	0.47	新加坡	0.30	东京	0.36
4	首尔	0.46	新加坡	0.42	东京	0.27	新加坡	0.33
5	吉隆坡	0.36	东京	0.32	名古屋	0.23	曼谷	0.25
6	东京	0.27	吉隆坡	0.32	福冈	0.23	济州岛	0.25
7	福冈	0.27	福冈	0.32	曼谷	0.20	普吉	0.22
8	洛杉矶	0.27	釜山	0.21	吉隆坡	0.20	名古屋	0.19
9	悉尼	0.27	大邱	0.21	釜山	0.17	吉隆坡	0.17
10	雅加达	0.27	名古屋	0.21	大邱	0.13	福冈	0.14
11	马尼拉	0.27	悉尼	0.16	仙台	0.13	暹粒	0.14
12	旧金山	0.18	洛杉矶	0.16	札幌	0.13	马尼拉	0.11
13	法兰克福	0.18	仙台	0.16	济州岛	0.13	迪拜	0.11
14	纽约	0.18	广岛	0.16	胡志明	0.13	加德满都	0.11
15	巴黎	0.18	法兰克福	0.11	巴黎	0.10	洛杉矶	0.08
16	慕尼黑	0.18	阿姆斯特丹	0.11	悉尼	0.10	巴黎	0.08
17	阿姆斯特丹	0.18	巴黎	0.11	莫斯科	0.10	釜山	0.08
18	釜山	0.18	莫斯科	0.11	洛杉矶	0.10	悉尼	0.08
19	温哥华	0.18	慕尼黑	0.11	新德里	0.10	墨尔本	0.08
20	芝加哥	0.18	罗马	0.11	塞班	0.10	胡志明	0.08

　　通过度数中心度的计算，发现中国城市对外联系网络具有以下三个特点。

　　（1）中国城市对外联系的主要对象逐渐从东南亚向东亚转移，并呈现出以首尔为核心的网络结构。1997 年，中国城市与东南亚城市之间的联系最为紧密，其中新加坡和曼谷的度数中心度并列第一，达到 0.55。此外，吉隆坡、雅加达也是中国城市排名前十的主要联系对象。2002 年，首尔迅速崛起，牢牢占据了度数中心度排名第一的位置，而大阪和东京的排名也逐步上升，和首尔一起形成的东亚城市集团取代了东南亚城市集团，成为中国城市对外联系最紧密的区域。

此后，东亚城市的中心地位得到进一步强化，首尔一直占据度数中心度最高的位置，其度数中心度远超第二名的城市，成为中国城市对外联系网络中的首要城市。同属东亚城市集团的大阪和东京也逐渐超越新加坡和曼谷，在度数中心度排名中，占据了第二和第三的位置，实现了东亚城市集团对东南亚城市集团的全面超越。

（2）中国城市对外联系扩张以强化区域内部联系为主，洲际联系相对滞后。表 5-12 显示，1997 年、2002 年、2007 年和 2012 年进入度数中心度排名前二十的城市主要来自东亚和东南亚两大城市集团，欧洲和北美城市数量不多，且呈现逐渐下降的趋势。例如，1997 年排名前二十的城市中有五个来自北美洲（洛杉矶、旧金山、纽约、温哥华和芝加哥），四个来自欧洲（法兰克福、巴黎、慕尼黑和阿姆斯特丹）。2002 年有一个北美洲城市（洛杉矶）和五个欧洲城市（法兰克福、阿姆斯特丹、巴黎、慕尼黑和莫斯科）。2007 年只剩一个北美洲城市（洛杉矶）和两个欧洲城市（巴黎和莫斯科）。而 2012 年洛杉矶和巴黎分别成为北美洲和欧洲仅存的城市，并且排名仅仅在第十五名和第十六名。这些现象表明在 1997～2012 年，洲际联系在中国城市对外联系中的地位是下降的。然而，第五章第一节也提到中国城市与欧洲和北美洲城市联系的绝对数量及规模是一直增加的，由此说明洲际联系的发展速度远远跟不上区域内部联系的扩张速度。这是因为，2002 年以来大量新增的中国城市多为二线、三线城市，相对于与欧洲和北美洲一线城市建立联系而言，这些城市与周边国家城市间建立联系的难度更低，必要性也更强。因此，中国城市对外联系网络近年来的高速扩张以强化与周边区域内的联系为主。

（3）中国城市对外联系类型越发多样化，体现了政治、经济、旅游多元驱动的结果。对比 1997～2012 年度数中心度排名前二十的城市变化情况可以发现，早期对外联系的城市以国外首都和重要经济中心城市为主如新加坡、曼谷、首尔、东京和洛杉矶等。2007 年以后，随着对外联系的重点转向东亚城市集团和东南亚城市集团，越来越多的国外二线城市和旅游城市进入排名。例如，2007 年大邱、仙台和札幌这样的日本和韩国二线城市排名在第十名左右，而 2012 年济州岛和普吉这样热门的区域旅游胜地在排名中的名次有了大幅度的提升。这说明，早期较为纯粹的政治和经济驱动下的国际联系模式正向着政治、经济和旅游多元驱动下的国际联系模式转变。

接近中心度的计算与度数中心度有着相似的结果（表 5-13），一方面首尔在 2002 年完成反超之后一直占据着接近中心度排名第一的位置，进一步强化了首尔作为核心城市的地位；另一方面，东亚城市集团和东南亚城市集团主要中心城市依然占据接近中心度排名靠前的位置，欧洲和北美洲城市则相对滞后。

表 5-13　国际城市联系网络的接近中心度

排名	1997 年		2002 年		2007 年		2012 年	
	城市	接近中心度	城市	接近中心度	城市	接近中心度	城市	接近中心度
1	新加坡	0.94	首尔	0.96	首尔	0.90	首尔	0.86
2	曼谷	0.94	曼谷	0.82	大阪	0.81	新加坡	0.77
3	大阪	0.91	大阪	0.82	新加坡	0.76	大阪	0.76
4	首尔	0.91	新加坡	0.81	东京	0.74	曼谷	0.75
5	吉隆坡	0.89	东京	0.78	名古屋	0.73	普吉	0.75
6	东京	0.87	吉隆坡	0.78	福冈	0.73	东京	0.75
7	福冈	0.87	福冈	0.78	曼谷	0.72	吉隆坡	0.74
8	洛杉矶	0.87	釜山	0.74	吉隆坡	0.72	暹粒	0.73
9	悉尼	0.87	大邱	0.74	仙台	0.71	迪拜	0.73
10	旧金山	0.85	名古屋	0.74	胡志明	0.71	名古屋	0.72
11	法兰克福	0.85	悉尼	0.74	巴黎	0.71	马尼拉	0.70
12	纽约	0.85	洛杉矶	0.74	悉尼	0.71	洛杉矶	0.70
13	巴黎	0.85	仙台	0.73	洛杉矶	0.71	巴黎	0.70
14	慕尼黑	0.85	广岛	0.73	新德里	0.71	悉尼	0.70
15	釜山	0.85	法兰克福	0.72	塞班	0.71	墨尔本	0.70
16	温哥华	0.85	巴黎	0.72	莫斯科	0.69	胡志明	0.70
17	芝加哥	0.85	慕尼黑	0.72	釜山	0.68	新德里	0.70
18	雅加达	0.81	罗马	0.72	大邱	0.67	莫斯科	0.67
19	马尼拉	0.81	旧金山	0.72	济州岛	0.67	济州岛	0.67
20	阿姆斯特丹	0.79	阿姆斯特丹	0.65	札幌	0.67	福冈	0.65

　　接近中心度的分析结果也进一步揭示出中国城市对外联系网络的两个新特点。

　　（1）接近中心度普遍较高且差值较小，反映出网络层级性不强。与中国城市接近中心度差值较小相似，国际城市接近中心度差异也较小。同时，与中国城市不同的是，国际城市接近中心度普遍较高，1997 年、2002 年、2007 年和2012 年排名前二十的国际城市接近中心度基本达到 0.65 以上。这说明，整个网络中各国际城市与中心城市联系都较为紧密，网络差异性小体现了网络不存在较明显的层级。

（2）接近中心度进一步识别出各区域内的中心城市。以 2012 年数据为例，在度数中心度中排名前三的首尔、大阪和东京同属于东亚地区，表明东亚城市集团是中国城市对外联系的首要对象。但在接近中心度排名上，首尔以 0.86 排名第一，新加坡以 0.77 排名第二，大阪以 0.76 排名第三，曼谷以 0.75 排名第四，前四名分别有两个东亚城市和两个东南亚城市。同理，巴黎为欧洲中心城市，洛杉矶则为北美洲中心城市。

中间中心度反映了城市中介性的强弱，如表 5-14 所示。

表 5-14　国际城市联系网络的中间中心度

排名	1997 年		2002 年		2007 年		2012 年	
	城市	中间中心度	城市	中间中心度	城市	中间中心度	城市	中间中心度
1	曼谷	0.10	首尔	0.24	首尔	0.29	首尔	0.22
2	首尔	0.08	曼谷	0.06	莫斯科	0.09	莫斯科	0.12
3	新加坡	0.07	大阪	0.05	大阪	0.08	曼谷	0.06
4	大阪	0.05	新加坡	0.04	新加坡	0.05	新加坡	0.06
5	吉隆坡	0.02	莫斯科	0.04	曼谷	0.03	大阪	0.05
6	东京	0.01	吉隆坡	0.03	新西伯利亚	0.03	普吉	0.04
7	福冈	0.01	东京	0.02	加德满都	0.02	东京	0.04
8	雅加达	0.01	福冈	0.02	东京	0.02	济州岛	0.03
9	马尼拉	0.01	釜山	0.02	吉隆坡	0.02	吉隆坡	0.02
10	洛杉矶	0.01	名古屋	0.02	名古屋	0.02	加德满都	0.02
11	悉尼	0.01	仙台	0.02	福冈	0.02	金边	0.02
12	旧金山	0.00	广岛	0.02	仙台	0.01	暹粒	0.02
13	法兰克福	0.00	大邱	0.01	胡志明	0.01	迪拜	0.02
14	纽约	0.00	悉尼	0.01	釜山	0.01	名古屋	0.01
15	巴黎	0.00	洛杉矶	0.01	巴黎	0.01	马尼拉	0.01
16	慕尼黑	0.00	法兰克福	0.00	悉尼	0.01	福冈	0.01
17	釜山	0.00	巴黎	0.00	洛杉矶	0.01	洛杉矶	0.01

续表

排名	1997 年		2002 年		2007 年		2012 年	
	城市	中间中心度	城市	中间中心度	城市	中间中心度	城市	中间中心度
18	温哥华	0.00	慕尼黑	0.00	新德里	0.01	巴黎	0.01
19	芝加哥	0.00	罗马	0.00	塞班	0.01	悉尼	0.01
20	阿姆斯特丹	0.00	旧金山	0.00	大邱	0.01	墨尔本	0.01

整体结果显示，中间中心度与度数中心度和接近中心度有较高的相似性，但也存在以下两点不同。

（1）大部分中心城市同时具备良好的中介性，但也存在少数城市拥有特殊的中介性优势。与度数中心度和接近中心度的计算结果相比，首尔从 2002 年以后就是排名最高的城市，且相对于其他城市，在中间中心度上有着巨大的优势。同样，曼谷、新加坡、大阪等度数中心度和接近中心度较高的城市中间中心度的排名也居于前列。莫斯科则可以列入特例城市的范畴。莫斯科度数中心度和接近中心度一般，但拥有很强的中间中心度，尤其是 2002 年以后稳步上升，并在 2007 年上升至第二名，中介性仅次于首尔。这是因为中国一线城市（主要是北京）与不少俄罗斯城市存在联系，但大多数中国二线、三线城市与俄罗斯二线城市之间并没有联系，莫斯科就成为连接中国城市和俄罗斯城市的主要桥梁，具备很高的中介性。

（2）中间中心度较低，说明缺乏具备全球影响力的核心城市。样本城市的中间中心度数值普遍较低，2002 年以来中间中心度最高的首尔，其历年中间中心度一直在 0.22～0.29。这说明，首尔在网络中不具备很强的全球影响力，而其余城市的全球影响力更是微弱。在全球尺度上，中国城市的对外联系分为亚洲、北美洲、欧洲等几个区域，与这些区域的联系组合成整体格局。一般区域中心城市的影响力仅限于区域内部，真正具备跨区域全球影响力的城市还不存在。

三、中国城市对外联系网络结构的可视化表现

网络中心性的分析可以解释中国城市对外联系网络中每个城市的中心度，

进而可以判断出处于中心位置的中国城市和国际城市。除此之外，为了更直观地展示网络中各个城市所处的位置及相互之间的关系，还可以通过网络可视化的技术手段将具备二模属性的中国城市对外联系网络展示出来。具体而言，UCINET 软件中提供了丰富的可用于网络分析的扩展，而 NetDraw 是其中最常见的一种网络可视化工具（Hanneman and Riddle，2005）。本书将利用 NetDraw 工具对二模网络进行可视化。图 5-5～图 5-8 中，用圆点的大小表示各个城市的度数中心度数值，用线的粗细表示城市间航空联系强度。为精确地体现网络中城市的聚类性，本书还将借助 NetDraw 中多维量表（multidimensional scaling，MDS）工具识别相互关联度较高的城市（刘军，2004）。

第一，1997 年的数据显示，中国城市对外联系网络呈现北京-上海双中心结构（图 5-5），其余城市地位相对边缘化。北京凭借政治中心地位拥有更广泛的联系范围，成为中国对外联系的首要窗口，上海的地位仅次于北京，是联系日本和韩国方向的次中心。具体来看，1997 年，北京毫无疑问联系了数量最多的国际城市，与国外首都城市联系尤其较多，如莫斯科、罗马、河内、马德里和斯德哥尔摩等城市，体现了北京作为首都的政治优势。上海对外联系的广度要明显弱于北京，与北京相比，上海的主要联系方向集中在日本和韩国，尤其集中在日本二线城市，如名古屋、广岛和长崎。广州与东南亚城市有较为密切的联系，但缺乏与欧洲、北美洲和日本、韩国城市的联系。其余城市普遍只与 1～2 个国际城市发生联系，整体处于边缘的地位。在国际城市方面，整体中心度水平均不高，没有特别突出的中心城市显现。

第二，2002 年的数据显示，伴随着上海对外联系的迅速发展，北京-上海双中心结构进一步强化（图 5-6）。广州与东南亚地区的联系更加紧密，扮演着中国对外联系"南大门"的角色。具体来看，2002 年上海的中心性已经赶上北京，两者对外联系的覆盖范围也相近，因此网络整体上呈现均衡的双中心结构。北京维持了政治中心的功能，强调与国外首都的联系，而上海进一步强化了与日本和韩国城市间的联系。2002 年，广州与东南亚地区的联系进一步得到巩固，联系范围基本覆盖了东南亚主要国家，联系强度与 1997 年相比也有稳定的提升。因此，广州在网络中的地位虽然不及北京-上海双中心，但相比其余城市明显要高出一个层次，大致上体现为一个弱中心的地位，扮演着中国对外联系"南大门"的角色。在国际城市方面，首尔的核心地位开始体现，从圆点的大小来看，首尔中心度比其他国际城市大不少，体现了其在中心性上的优势地位。同时，首尔吸引了 90%以上的中国城市，是名副其实的中国城市对外联系的首要对象。

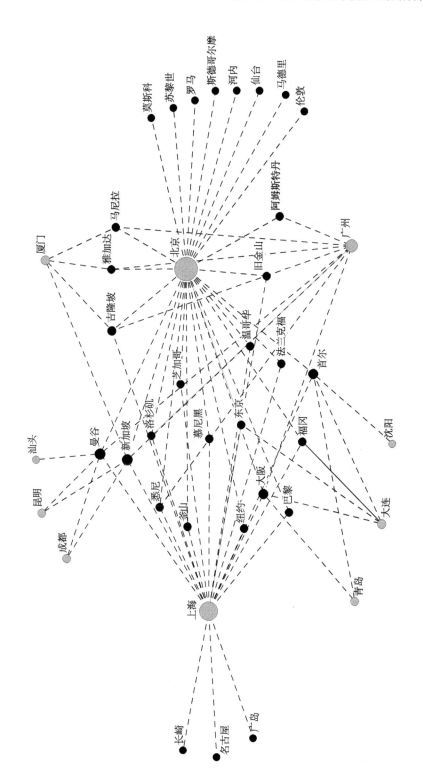

图5-5　1997年中国城市对外联系网络结构

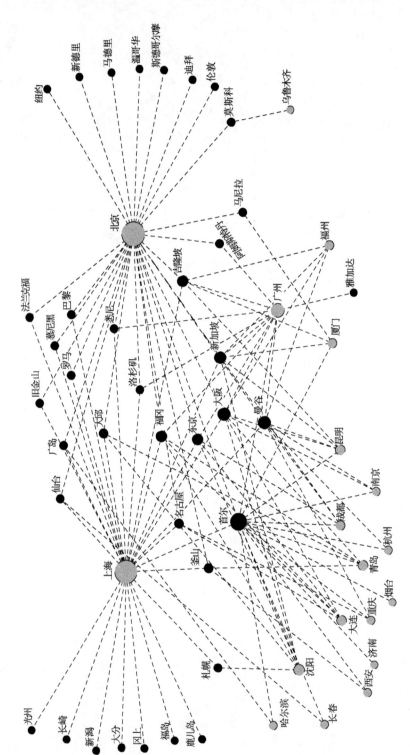

图5-6 2002年中国城市对外联系网络结构

　　第三，2007 年的数据显示（图 5-7），中国城市对外联系的参与度和联系国际城市的广度都有了大幅度的提高。从结构上来看，北京-上海的双中心结构被北京-上海-广州的三中心结构所取代，在国际城市方面，首尔单中心结构进一步强化，乌鲁木齐和昆明作为区域中心的地位逐步凸显。具体来看，上海取代北京成为中心度最高的城市。而广州进一步拓展了其联系范围，在强化与东南亚地区联系的同时，也逐步与其他区域的城市建立联系，成为网络的另外一个中心，并与北京和上海形成三足鼎立的网络结构。北京和上海依然延续与强化着 1997 年和 2002 年对外联系的结构，即北京作为政治中心强调对外联系的广度，上海作为经济中心强调与周边地区高强度的联系。此外，乌鲁木齐和昆明凭借其地缘优势，逐步成为对外联系的区域中心。其中，乌鲁木齐逐渐与中亚城市建立起较为密切的联系，而昆明与达卡、曼德勒和万象等位于南亚、东南亚的二线城市建立起联系。乌鲁木齐和昆明的崛起一方面强化了自身辐射各自区域的能力，另一方面也拓展了中国城市对外联系网络的覆盖范围。在国际城市方面，首尔的中心地位相对于 2002 年有了更明显的提高。由图 5-7 可知，右上角最外围的中国城市大多为 2002～2007 年新开辟国际联系的城市，而首尔成为这些城市开拓国际联系的第一选择对象。

　　第四，2012 年的数据显示（图 5-8），网络本身依然体现为北京-上海-广州的三中心加乌鲁木齐-昆明的双区域中心结构。但网络的复杂性相对于 2007 年有了大幅度的提升。具体来看，上海拉开了与北京的差距，从中心度到联系的广度和强度都全面超越北京，成为中国对外联系的第一枢纽。北京的增长幅度相对较小，尤其是与国外首都的联系在达到一定水平后基本停滞，这说明，纯粹的政治联系在中国城市对外联系网络中的地位越来越低。广州的中心地位相对于 2007 年得到了进一步的巩固。除了东南亚以外，广州对外联系的范围还向南延伸到澳大利亚和新西兰，向西延伸到主要欧洲城市，向东也开辟了直达洛杉矶的联系，第一次覆盖到了亚洲、欧洲、北美洲主要国家。乌鲁木齐和昆明区域中心的作用也有了长足的发展。乌鲁木齐与中亚主要国家的首都都建立了联系，还将联系的范围拓展到伊朗和俄罗斯。昆明则被定位为中国与东南亚、南亚城市联系的次中心，如科伦坡、清迈、加尔各答等城市被逐渐纳入昆明的联系范围。此外，与 2007 年相比，更多的中国城市开始拓展对外联系，这些城市主要位于沿海地区，如大连、青岛、南京、杭州、厦门、深圳等城市先后发展了三对以上的国际联系。成都在内陆城市中是唯一对外联系发展良好的城市，与沿海第二等级的城市处于同一层次。而从国际城市方面来看，首尔依然是单中心，但随着其他城市的崛起，首尔单中心的地位处于下降趋势。例如，大阪与中国城市的联系数量越来越多，分布也越来越广，与首尔的差距因此变得越来越小。

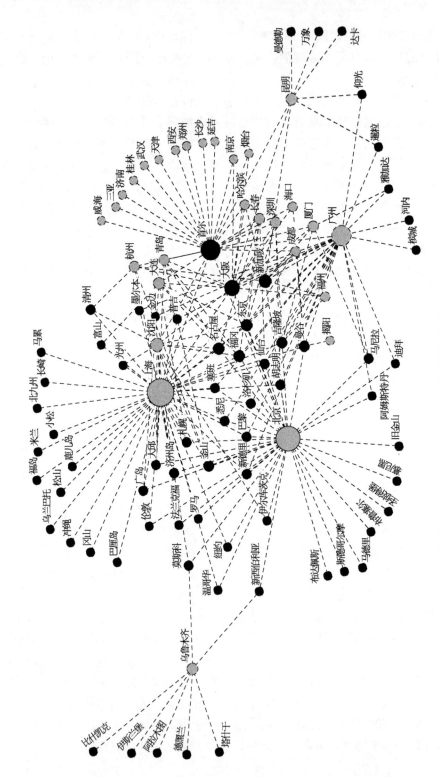

图5-7 2007年中国城市对外联系网络结构

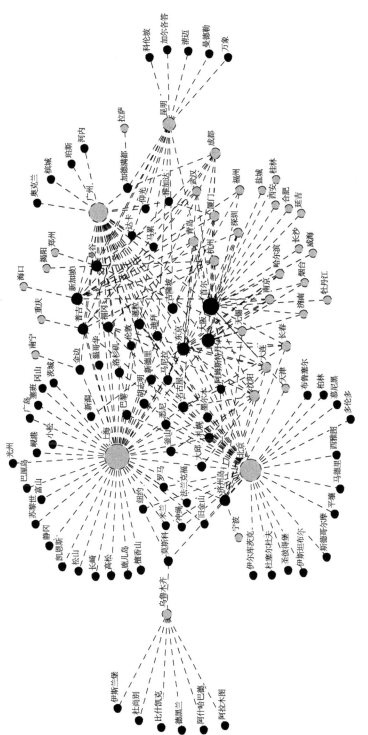

图5-8 2012年中国城市对外联系网络结构

第三节　本 章 小 结

中国城市对外联系从 20 世纪 90 年代开始起步，经过十几年的发展，对外联系的广度和强度都得到了大大的强化。具体体现在三个方面：第一，发展顺序上表现出先沿海后西部再中部的特点；第二，发展水平上表现出从北京-上海的双中心结构向北京-上海-广州的三中心结构变化，地区差异上呈现沿海为主、西部崛起、中部塌陷的特点；第三，发展速度上存在慢-快-慢的三阶段特征。1997～2002 年为低速低水平发展阶段；2002～2007 年为高速飞跃式发展阶段；2007～2012 年为低速高水平发展阶段。从对外联系对象的情况来看，也体现出三个特点：第一，联系范围越发呈现多元化特征；第二，亚太地区是联系最为紧密的区域，与欧美地区的联系也在稳步提升；第三，联系类型由政治-经济联系逐步转向政治-经济-旅游联系。

通过借鉴社会网络分析中二模网络的概念和分析方法，建构出中国城市对外联系的网络。该网络可以具体分解为中国和国际两个部分，因此网络的特点也体现出二元性。其中，中国城市部分主要有四个特点：第一，上海取代北京成为中国对外联系的第一枢纽，北京、上海和广州一起形成了对外联系网络的三中心结构；第二，西部城市上升势头迅猛，部分城市赶超东部沿海城市成为第二梯队"领头羊"，体现了网络多元化发展的趋势；第三，中心城市中介性极强，扮演着对外联系桥梁的角色，边缘城市则无中介性；第四，城市中介能力与地理区位联系紧密。国际城市部分体现出三个特点：第一，中国城市对外联系的主要对象逐渐从东南亚向东亚转移，形成了以首尔为核心的网络结构；第二，中国城市对外联系扩张以强化区域内部联系为主，洲际联系发展滞后；第三，中国城市对外联系类型越发多样化，体现了政治、经济、旅游多元驱动的结果。

第六章
中国城市网络结构特征与演化规律

中国城市的对外联系整体呈现强化的趋势，以北京和上海为代表的中心城市越来越多地融入世界城市网络中（张凡和宁越敏，2015），在全球经济中发挥着越来越重要的作用（Timberlake et al.，2014）。全球化重塑了全球城市体系，也深深地影响了中国与世界的联系格局，但全球化对中国城市的冲击远不止这些。相对而言，中国还处在全球化影响的初期，大量城市还不具备有效的全球连接性，少数中心城市承担了对外联系的功能而成为门户城市（Ma and Timberlake，2008）。这些少数的门户城市通过广泛参与到全球化进程进一步强化自己在全国城市网络中的地位。因此，在全国尺度上，中国城市之间的相互联系和空间组织也在发生改变。正如 Dematteis（1997）所强调的，在全球化时代，国家尺度上城市网络的重要性依然很高，因为国家城市网络依然是国家尺度上城市空间组织的主要形态，对区域的发展起着重要作用。

本章将重点关注在全球化及城市化双重影响下，中国城市网络的结构特征与演化规律。中国城市网络的本质是中国城市之间的相互关系，因此，准确地衡量这种相互关系并进一步分析由关系产生的城市网络是本书研究的重要目标。为此，本章选取 1997 年、2002 年、2007 年和 2012 年的《从统计看民航》，再从中选取全国主要航段航空客运量的数据，以此作为测度城市间关系密切度的主要指标，并借助社会网络分析的有关工具对中国城市网络的结构展开分析。

第一节　中国民航运输发展历程

1978 年以来，改革开放开始深入到经济社会的各个领域，中国民用航空运输的发展也开始经历重大的变迁。具体来看，可以分为两个阶段。

第一，政企分离，走市场化的道路。1980 年 8 月 4 日，《人民日报》发表"民航要走企业化的道路"的社论，为民航此后的发展指明了方向。1987 年　1

月 30 日，国务院批准中国民用航空总局《关于民航系统管理体制改革方案和实施步骤的报告》，中国民用航空总局实施了以政企分开，管理局、航空公司、机场分设为主要内容的体制改革（李曙光，2008）。1987～1992 年分别在北京、上海、广州、成都、西安、沈阳设立民航华北、华东、中南、西南、西北、东北六个地区管理局，主管所辖地区的民用航空事务。在各省（自治区、直辖市）建立省（自治区、直辖市）局，各省（自治区、直辖市）局根据授权承担部分政府职能，同时绝大部分省（自治区、直辖市）局与机场合一，实行企业化运营，从而形成中国民用航空总局—地区管理局—省（自治区、直辖市）局三级行政管理体制。1987～1992 年，通过将原六个地区管理局的航空运输与通用航空业务、资产和人员分离出来，我国先后组建了中国国际航空股份有限公司、中国东方航空集团有限公司、中国南方航空集团有限公司、中国北方航空公司、中国西南航空公司和中国西北航空公司六大骨干航空公司。自此，中国民用航空市场化改革走出了第一步。

第二，政企彻底分离、政资分离和行业重组。根据中央完善社会主义市场经济体制和深化国有资产管理体制改革的要求，中国民用航空总局在 2002～2004 年进行了"航空运输企业联合重组、机场属地化管理"为主要内容的第二阶段改革。对中国民用航空总局直属的 9 家航空公司进行联合重组，成立了中国航空集团有限公司、中国东方航空集团有限公司和中国南方航空集团有限公司，由国务院国有资产监督管理委员会管理。对中国民用航空总局直接管理的航空运输服务保障企业进行改革重组，分别成立了中国航空器材集团有限公司、中国航空油料集团有限公司和中国民航信息集团公司，由国务院国有资产监督管理委员会管理。除北京首都国际机场和西藏区内机场外，中国民用航空总局直属的机场全部移交地方政府管理。中国民用航空总局行业管理部门进行了机构、职能的调整，将中国民用航空总局—地区管理局—省（自治区、直辖市）局三级行政管理，改为中国民用航空总局—地区管理局—中国民用航空总局省（自治区、直辖市）安全监督管理办公室两级行政管理。2005 年，《国内投资民用航空业规定（试行）》正式发布施行，放宽了对所有权的限制，鼓励民营资本进入民航业，目前已有多家民营航空公司参与国内市场竞争。放松航线准入、航班安排和设置运营基地的管制。放松价格管制，航空公司以政府确定的基准价为基础，在规定的浮度内自主确定价格，对旅游航线、多种运输方式竞争激烈的短途航线和独家经营航线，完全实行市场价格。

1992 年中国民用航空政企正式分离走市场化的道路以来，中国民用航空运输的发展开始步入快车道。年度民航客运量从 1992 年的 2886 万人增长至 2012 年的 3.19 亿人（图 6-1）。

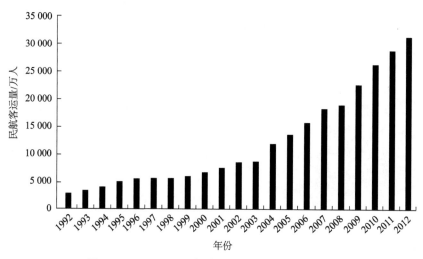

图 6-1　1992～2012 年中国民航客运量增长情况
资料来源：《中国统计年鉴》（1993～2013 年）

从民航客运量的增长与经济增长的耦合来看（图 6-2），中国民航客运的发展势头基本与经济增长相适应。当中国经济年增速高于 10%时，中国民航客运量基本都能维持在 15%以上的增速。1997～2002 年，在亚洲金融危机的冲击下，中国国民经济增长放缓的同时，也导致民航客运量的增速降低。2008 年，在又一轮全球经济危机的冲击下，再次导致国民经济和民航客运量增长的同步放缓。

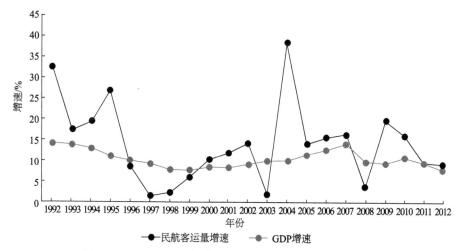

图 6-2　1992～2012 年中国民航客运量与经济增长的耦合
资料来源：《中国统计年鉴》（1993～2013 年）

　　此外，中国对外开放的进程也推动了中国民用航空运输的发展。从外商直接投资这一指标来看（图6-3），1992～2012年，外商直接投资的增长呈现出波动式上升的特点。外商直接投资从1992年的110亿美元增长至2012年的1117亿美元，实际增幅与民航客运量的增幅相近。同时，外商直接投资增长的波动与民航客运量增长的波动也较为匹配。外商直接投资在1997～2000年明显经历了一段时间的负增长，与此同时，民航客运量的增长也趋于平缓。2008年以后外商直接投资呈现一定的波动，民航客运量依然维持一定的增长，但增长的势头也呈现显著的波动。

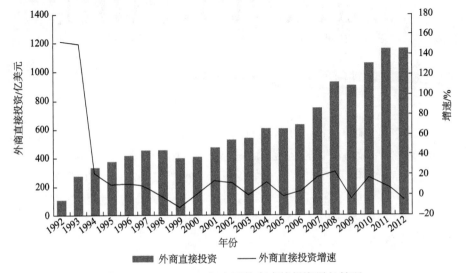

图6-3　1992～2012年中国外商直接投资增长情况
资料来源：《中国统计年鉴》（1993～2013年）

第二节　研究数据与方法

　　航空联系数据是城市间关系的直接反映，在城市网络研究中有着不可比拟的优势（Keeling，1995），在国内外的实践中发挥着重要作用（Derudder and Witlox，2005；Derudder et al.，2007；Jin et al.，2008）。航空联系数据本身也存在多种类型，如采用国际民用航空组织（International Civil Aviation Organization，ICAO）发布的"航段起讫点统计"（on-flight origin and destination）数据作为衡量城市间联系的指标（Smith and Timberlake，2001；Choi et al.，

2006）。Derudder 和 Witlox（2008）认为 ICAO 的数据存在一定的问题，建议通过使用营销信息数据转移（marketing information data transfer，MIDT）等其他数据库的统计资料进行补充。不论是何种数据，城市航空联系的数据必须建立在起讫点数据的基础上。

考虑到分析对象为中国城市，因此需要寻找针对航空联系的相关数据。这些数据也可分为两种类型：第一，城市之间的航线数量。航线联系本身比较容易获得，可以通过航班时刻表或者相关民航统计，在不少研究中也有所应用（王姣娥等，2009；王海江和苗长虹，2015）。航线本身只能体现城市之间是否存在联系，加入航班数虽然可以在一定程度上反映联系的强度，但航班的上座率各不相同，因此单纯的航线联系或者叠加航班数的航线联系本身不能精确地反映城市间的真实联系。第二，城市之间的旅客量或货运量的数据。旅客量或货运量更接近城市间的真实联系，在实际研究中也有所应用（党亚茹和宋素珍，2013；潘坤友，2007），但数据相对复杂，相比于航线数据较难获取。

本章为更精确地度量城市间的航空联系，选取客运量数据进行分析。数据来源于 1997 年、2002 年、2007 年和 2012 年《从统计看民航》中对全国主要航段的客运量统计。为尽可能地反映城市网络的整体特征，而非重点考察主要核心城市，在此将上述统计中的全部城市纳入分析中，样本城市的数量达到 80 个。为方便网络分析的展开，本书将数据构建在一个 80×80 的矩阵中（表 6-1），以 2012 年航空客运数据为例，北京和上海之间的航空旅客数量为 6 840 325 人。

表 6-1　中国航空联系数据样式　（单位：人）

	北京	上海	深圳	广州	成都	…	…
北京	0	6 840 325	3 063 092	3 520 252	3 720 195		
上海	6 840 325	0	3 847 136	3 618 033	2 393 310		
深圳	3 063 092	3847136	0	0	1 652 684		
广州	3 520 252	3618033	0	0	2 246 879		
成都	3 720 195	2393310	1 652 684	2 246 879	0		
…							
…							

城市网络研究的数据是不同于城市属性数据的关系数据，因此在数据处理环节，除简单的统计分析以外，适合关系型数据的社会网络分析方法正在得到越来越多学者的认同和应用。相对于传统研究方法关注某个社会行动者的属性，

社会网络分析将分析视角从个体转向关系及关系嵌入其中的关系网络结构，这一点与城市网络分析的观点不谋而合。Smith 和 White（1992）认为，社会网络分析为正式地描述和检验复杂互动关系理论提供了一个强有力的工具，而将社会网络分析（作为一种工具）与世界城市网络分析（作为一种概念框架）相结合更被称为一桩"完美的婚姻"（Smith and Timberlake，2001）。社会网络分析为城市网络分析提供了很多分析的维度和概念。利用这种分析方法，学者不仅可以对城市网络的总体结构进行分析（如网络密度、连通性、结构洞等），还可以对网络中城市之间多种模式的流、交换和联系进行分析（如关系的性质、小群体等），进而解释城市之间这种复杂的连接模式。

按照社会网络分析中的整体网和个体网两个分析层次，以及城市网络研究的特点，本书拟采用中心度分析、网络度（networkability）分析和凝聚子群分析等模型进行实证分析。

关于中心度、网络密度和凝聚子群已经在第四章第一节进行了介绍，本节仅针对网络度和 QAP（quadratic assignment procedure，二次指派程序）相关性进行重点介绍。

1）网络度

虽然中心度可以衡量网络的中心性，但它只考虑有无联系，不考虑联系的强度（Carrington et al.，2005）。事实上，在基于航空联系的城市网络中，城市间航空联系的绝对量对于网络的结构同样有重要影响。本书借鉴 Lee（2009）对中心度计算的改进方法，在分析中心性的同时，引入网络度这一概念，综合考虑关系的强度对网络的影响。

网络度是一个复合的指标，计算网络度必须先考虑两个基本的指标，即局部中心度（local centrality）和联系度（connectivity）。局部中心度是在中心度的基础上考虑到联系的数值，一个城市的局部中心度 L_i 可表示为

$$L_i = \frac{t}{n-1} \times \sqrt{\frac{F_i}{m}} \qquad (6\text{-}1)$$

式中，n 为网络中城市的总数量；t 为与城市 i 直接联系的城市数量；m 为网络中所有城市对之间的平均航空联系量；F_i 为城市 i 的对外航空联系。

两个城市之间的联系度 C_{ij} 则是从两个城市各自的局部中心度出发，用中心度来修正实际航空联系得到的更为准确的城市间联系。

$$C_{ij} = \frac{f_{ij}}{m} \times L_i \times L_j \qquad (6\text{-}2)$$

式中，m 为网络中所有城市对之间的平均航空联系量；f_{ij} 为城市 i 和城市 j 之间的航空联系量；L_i 和 L_j 为城市 i 和城市 j 的局部中心度。

网络度 N_i 则是对一个城市所有联系度进行求和得到的复合指标：

$$N_i = \sum_{j=1}^{n} \left\{ \frac{f_{ij}}{m} \times L_i \times L_j \right\} \tag{6-3}$$

式中，m 为网络中所有城市对之间的平均航空联系量；f_{ij} 为城市 i 和城市 j 之间的航空联系量；L_i 和 L_j 为城市 i 和城市 j 的局部中心度。

2）QAP 相关性分析

QAP 是一种对两个网络的相似性进行对比的方法，即对分别代表两个网络的矩阵中的各个元素进行比较，给出两个矩阵之间的相关系数，同时对相关系数进行非参数检验（刘军，2014）。参照马述忠等（2016）对农产品贸易网络分析的实证研究，本书也将采用 QAP 相关性分析，对比不同年份中国城市网络的相似性，从而考察城市网络结构演化的特点。

第三节 中国城市网络的整体结构特征

一、中国城市网络的整体结构

网络密度是衡量网络总体特征的重要变量，是网络中实际存在的联系总数与理论上可能存在关系总数的比值，它表示整个网络的内聚性（cohesion）程度（Scott，2012）。即使在网络规模一定的情况下，网络密度的不同仍会给网络中的行动者和整个网络的运行绩效带来重要影响。一般认为网络密度越大，网络成员间的合作行为越多，信息流通越容易，网络的绩效越好（罗家德，2005）。通过对 1997 年、2002 年、2007 年和 2012 年中国城市网络整体密度的计算（表 6-2），发现在 1997～2012 年，中国城市网络整体密度呈现稳定增长的趋势，网络密度值从 1997 年的 0.1416 增长至 2012 年的 0.3469。城市网络中存在联系的城市对的数量也相应增长，从 1997 年的 390 对联系增长至 2012年的 956 对联系。以上两个数值均体现了中国城市网络中城市间的相互联系越来越紧密。从网络发育的速度来看，中国城市网络发育呈现出跳跃式的特点。

2002～2007 年是中国城市网络发育的主要爆发期，网络密度值增加了 0.1067，网络联系总数增加了 294 对，而 2002 年以前及 2007 年以后网络密度和网络联系总数基本呈现稳定的小幅增长。

表 6-2　中国城市网络联系密度演变情况

年份	网络密度	网络联系总数/对
1997	0.1416	390
2002	0.1981	546
2007	0.3048	840
2012	0.3469	956

资料来源：利用 UCINET 软件对 1997 年、2002 年、2007 年和 2012 年网络进行计算所得

二、中国城市网络的中心性结构

网络中心度的计算可以反映出城市网络的中心性结构，并识别出网络中的中心城市。

首先，分析度数中心度的变化。一个城市的度数中心度越高，说明该城市联系的城市数量就越多，在网络中的支配性就越强，体现出的网络权力就越大。表 6-3 显示了中国城市网络度数中心度的演变，主要具有以下几个特点。

（1）北京-上海-广州三中心结构的确立。1997～2012 年，中国城市网络中北京、上海和广州三个城市的度数中心度一直位居前三名，同时中心度也大幅领先于其他城市。具体来看，北京作为政治中心，度数中心度一直位居首位，从 1997 年的 67.86 增长至 2012 年的 75.95，且呈现小幅增长的态势，这说明北京与大约 75% 的中国城市存在联系。1997～2012 年，上海的度数中心度增长势头更为迅猛。1997 年，上海的度数中心度低于广州，位居第三。2002 年开始，上海的度数中心度就反超广州，2012 年达到 72.15，接近于北京，表明上海与约 72% 的中国城市存在联系。

（2）各城市的度数中心度整体呈增长态势，表明网络中的城市联系越发紧密。1997 年，北京、上海、广州三个中心城市的度数中心度在 58.93～67.86。2012 年，这一数值区间上升至 68.35～75.95。同时，排名第二十名的城市的度数中心度也从 1997 年的 10 左右上升至 2012 年的 30 左右，即联系的城市数量从占所有城市的 10% 左右上升到 30% 左右，表明整体上各城市的度数中心度呈现上升趋势。

（3）西部城市上升势头迅猛，体现出网络权力的空间转移。2007年，前二十名城市中只有四个西部城市（成都、昆明、西安和重庆），并且整体排名不高，位于中下游。其后，西部城市发展势头加快。2012年，成都取代深圳成为网络中仅次于北京、上海和广州的中心城市，西安、重庆和昆明也都进入前十名。相应地，不少东部城市的排名出现了下滑，如海口从1997年的第十一名下滑到2012年的第十九名，温州则跌出了前二十名。随着西部城市的崛起，网络中心正在逐步向西部转移。

表 6-3 中国城市网络度数中心度的演变

排名	1997年		2002年		2007年		2012年	
	城市	度数中心度	城市	度数中心度	城市	度数中心度	城市	度数中心度
1	北京	67.86	北京	69.84	北京	64.95	北京	75.95
2	广州	67.86	上海	61.91	上海	52.58	上海	72.15
3	上海	58.93	广州	60.32	广州	52.58	广州	68.35
4	深圳	35.71	深圳	47.62	深圳	43.30	成都	55.70
5	成都	33.93	成都	38.10	成都	42.27	深圳	50.63
6	武汉	28.57	西安	34.92	昆明	38.14	西安	49.37
7	昆明	26.79	昆明	33.33	西安	35.05	重庆	49.37
8	厦门	26.79	长沙	33.33	长沙	35.05	昆明	44.30
9	西安	26.79	厦门	30.16	重庆	34.02	长沙	41.77
10	长沙	25.00	杭州	30.16	武汉	31.96	厦门	37.98
11	海口	19.64	武汉	28.57	杭州	29.90	杭州	37.98
12	桂林	19.64	重庆	26.98	南京	28.87	武汉	37.98
13	重庆	17.86	海口	26.98	厦门	24.74	南京	35.44
14	南京	16.07	青岛	25.40	青岛	23.71	郑州	35.44
15	福州	16.07	南京	22.22	沈阳	23.71	青岛	31.65
16	杭州	14.29	沈阳	19.05	郑州	22.68	太原	31.65
17	温州	14.29	福州	19.05	海口	21.65	大连	30.38
18	沈阳	10.71	温州	19.05	济南	20.62	三亚	30.38
19	乌鲁木齐	10.71	桂林	19.05	天津	19.59	海口	29.11
20	郑州	10.71	济南	19.05	福州	18.56	福州	29.11

其次，分析接近中心度的变化。接近中心度反映了某个城市与网络中心的接近程度。从计算结果来看（表 6-4），接近中心度的数值普遍高于度数中心度，但排名与度数中心度的排名相差不大。排除与度数中心度的相似性，接近中心度依然能反映一些额外的特点。

（1）所有城市整体接近中心度水平较高，说明网络具有较强的凝聚性。前二十名城市的接近中心度相比度数中心度普遍高出不少。1997～2012 年，所有城市的接近中心度都在 50 以上，最高的中心城市达到 70 以上。同时，城市之间接近中心度的差值较小，说明网络中的城市普遍与中心城市有很好的连接性，体现出网络具有较强的凝聚性。

（2）西部城市接近中心度的上升势头起步较早，说明强化与中心城市的联系是西部城市对外联系扩张的首要步骤。西部城市在 2007 年以后才在度数中心度上有大幅提升，但接近中心度增长的势头从 2002 年就开始了。2002 年，成都、西安和昆明就进入前十名，2007 年重庆的排名也有了较大的提升。这一现象恰巧刻画了西部城市崛起的路径，即通过与主要中心城市建立联系来完成初始的扩张，与中心城市建立完善的联系之后再逐步与二线、三线城市强化联系，最终在网络中心性上超越东部城市。

表 6-4   中国城市网络接近中心度的演变

排名	1997 年		2002 年		2007 年		2012 年	
	城市	接近中心度	城市	接近中心度	城市	接近中心度	城市	接近中心度
1	北京	75.68	北京	76.83	北京	74.05	北京	80.61
2	广州	75.68	广州	71.59	上海	67.83	上海	78.22
3	上海	70.00	上海	70.79	广州	67.83	广州	75.96
4	成都	60.22	深圳	63.00	成都	62.99	成都	69.30
5	武汉	57.73	成都	61.77	深圳	61.01	深圳	66.39
6	昆明	57.14	西安	60.58	西安	60.63	西安	66.39
7	厦门	57.14	长沙	60.00	长沙	59.88	重庆	66.39
8	西安	57.14	昆明	58.88	重庆	59.88	昆明	63.20
9	长沙	56.57	武汉	57.27	昆明	59.15	长沙	63.20
10	桂林	54.90	厦门	56.76	武汉	57.06	武汉	61.72
11	深圳	54.37	杭州	56.76	杭州	56.40	厦门	60.77
12	海口	53.33	重庆	56.76	南京	56.07	郑州	60.31
13	郑州	51.85	海口	56.76	郑州	55.43	杭州	59.85
14	重庆	51.38	青岛	54.31	厦门	54.80	太原	59.40

续表

排名	1997 年		2002 年		2007 年		2012 年	
	城市	接近中心度	城市	接近中心度	城市	接近中心度	城市	接近中心度
15	福州	51.38	桂林	54.31	海口	53.89	南京	58.96
16	温州	51.38	郑州	54.31	济南	53.59	青岛	58.52
17	南京	50.91	贵阳	52.94	兰州	53.30	济南	58.52
18	杭州	50.91	南京	52.50	福州	53.01	大连	58.09
19	乌鲁木齐	50.45	济南	52.50	贵阳	52.72	三亚	58.09
20	贵阳	50.45	沈阳	51.64	太原	52.72	福州	57.66

最后，分析中间中心度。中间中心度反映了城市在网络中的中介能力。相对于度数中心度和接近中心度，中间中心度计算的结果差异较大（表 6-5），主要具有以下几个特点。

（1）中间中心度的变化体现了网络中心城市的动态演化过程。相对于度数中心度和接近中心度，北京、上海和广州在中间中心度上并没有早早确立优势，而是经过长时间的演化到 2012 年才最终确立了三中心的网络结构。1997 年广州排名第一，北京和上海位居其后。2002 年北京-上海-广州的位序初步成型。但到 2007 年，随着昆明和乌鲁木齐的崛起，上海和广州的中间中心度有较大幅度的下滑，并被昆明和乌鲁木齐超越。2012 年北京-上海-广州的位序再次成型，三个城市在中间中心度上也首次大幅领先于其他城市，巩固了三中心的网络结构。

（2）中间中心度整体水平偏低且差异性较大，说明网络中少数中心城市承担了主要中介功能。与度数中心度和接近中心度相比，除前几名城市外，其余城市的中间中心度整体水平较低。例如，1997 年只有四个城市的中间中心度超过 10，而 2012 年只剩三个城市的中间中心度超过 10。同时，1997～2012 年排名十四名以后的城市中间中心度均不足 1。这说明在网络中，只有少数城市具有较强的中介性。与度数中心度和接近中心度相比，昆明和乌鲁木齐两个城市中间中心度较高，体现了较强的中介性，这与云南和新疆的区域城市体系有着密切的联系。新疆地广人稀，城市分布较为分散，需要支线航空来支撑城市之间的联系。云南受地形条件的限制，需要航空运输方便城市之间的联系。因此，昆明和乌鲁木齐扮演着区域中心的角色，承担区域内城市与中国其他城市联系的中转功能。

表 6-5　中国城市网络中间中心度的演变

排名	1997 年		2002 年		2007 年		2012 年	
	城市	中间中心度	城市	中间中心度	城市	中间中心度	城市	中间中心度
1	广州	32.46	北京	28.04	北京	29.16	北京	23.76
2	北京	29.03	上海	18.32	昆明	16.50	上海	19.23
3	上海	15.55	广州	18.21	乌鲁木齐	12.42	广州	12.74
4	昆明	10.83	昆明	13.56	广州	12.31	成都	6.74
5	成都	8.66	深圳	7.63	上海	12.10	西安	6.38
6	乌鲁木齐	3.74	乌鲁木齐	6.38	成都	10.15	乌鲁木齐	5.82
7	深圳	3.04	西安	5.94	西安	5.93	重庆	4.28
8	厦门	2.94	成都	5.25	深圳	5.02	深圳	3.19
9	西安	2.39	长沙	1.59	长沙	4.72	昆明	2.68
10	武汉	1.49	厦门	1.54	武汉	2.91	厦门	1.97
11	福州	1.43	武汉	0.91	重庆	2.46	杭州	1.50
12	长沙	1.41	杭州	0.70	呼和浩特	2.30	长沙	1.16
13	沈阳	0.47	沈阳	0.67	太原	1.23	郑州	1.04
14	海口	0.43	青岛	0.65	厦门	1.04	青岛	0.89
15	桂林	0.31	海口	0.55	沈阳	0.79	武汉	0.77
16	哈尔滨	0.18	郑州	0.52	南京	0.76	南京	0.71
17	重庆	0.11	重庆	0.50	兰州	0.69	太原	0.50
18	温州	0.09	福州	0.47	青岛	0.65	哈尔滨	0.46
19	南京	0.09	南京	0.39	郑州	0.61	呼和浩特	0.45
20	杭州	0.08	桂林	0.27	杭州	0.60	济南	0.37

上述三种中心度的计算共同揭示出中国城市网络的中心性结构，并识别出主要中心城市。为更直观地反映网络的整体结构，本书采用 GIS 地图可视化的方法来表现网络中城市之间的联系。图 6-4~图 6-7 是 1997 年、2002 年、2007 年、2012 年的中国城市网络联系格局，将其进行综合分析，揭示出 1997~2012 年中国城市网络的动态演化，其特点如下。

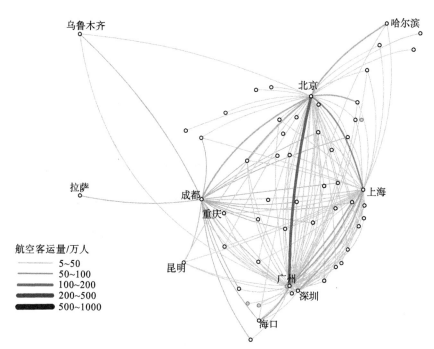

图 6-4　1997 年中国城市网络结构示意图
资料来源：《从统计看民航 1998》

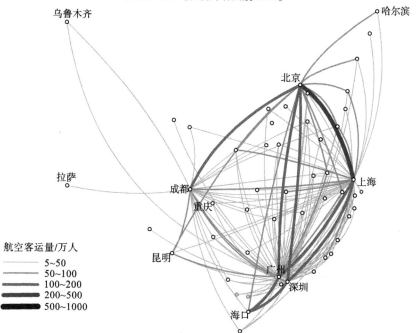

图 6-5　2002 年中国城市网络结构示意图
资料来源：《从统计看民航 2003》

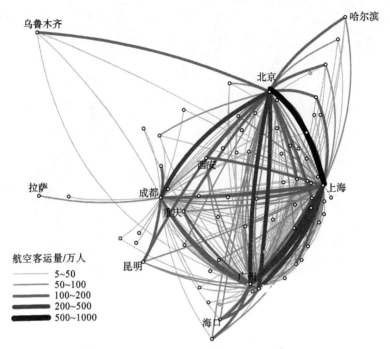

图 6-6   2007 年中国城市网络结构示意图

资料来源：《从统计看民航 2008》

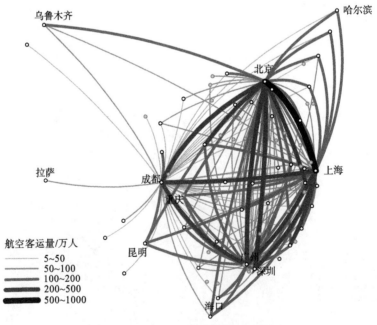

图 6-7   2012 年中国城市网络结构示意图

资料来源：《从统计看民航 2013》

　　第一，网络中城市联系的强度呈现逐步稳定增长的态势。1997~2012年，中国城市间相互联系的强度越来越大。1997年，城市之间的联系相对稀疏，大部分城市之间仅仅建立了初步的联系，航空客运量较低，全年仅有北京和广州之间的航空客运量达到100万人以上。这是因为北京是首都，而广东在1997年已经历近20年的对外开放，经济发达，因此北京与广州之间的联系超过北京与上海之间的联系。2002年，北京、上海、广州、深圳和成都几个主要城市之间的联系明显增强，其中北京和上海成为网络中联系最紧密的一对城市，航空旅客数突破了200万人。反映出上海以建设世界城市为目标，经济实力有了很大提升，上海在中国城市网络中的地位开始与其人口规模相匹配，并与北京形成中国城市网络的双中心。但其他城市之间的相互联系依然较为薄弱。2007年，网络中城市之间的联系度又有了大幅度的提升。除了主要城市之间的联系进一步增强之外，也出现了不少新增城市对。2012年，网络联系度进一步完善，主要城市之间的航空客运量均突破100万人，上海和北京之间的联系则突破500万人。之前联系相对薄弱的二线、三线城市也相继与中心城市强化了联系。

　　第二，网络结构呈现出从三中心三角结构向四中心钻石结构的演化特征。尽管中心度计算结果表明北京、上海和广州是网络的三个中心。但如图6-5~图6-7所示，成都自进入21世纪以来快速崛起。2002年时，以北京、上海、广州、成都为核心，已初步显现出四中心的钻石结构。2007年和2012年这一特点进一步强化，尤其是2012年，随着成都在中心度上超越深圳，四中心的钻石结构也成为事实。三中心三角结构向四中心钻石结构的转变体现了中国城市网络结构的进一步稳定。学术界对中国区域发展的第四极有过许多探讨（Brown，2010），就航空联系的角度而言，成都更有可能凭借其在网络中连接性的优势，成为带动区域发展的第四极。

　　第三，东部领先、西部崛起和中部相对滞后的中国区域格局基本形成。从发展的角度看，网络中城市的发展呈现出梯度化的特点，网络重心也在不断偏移中。首先，东部城市最先崛起。1997~2002年，东部城市尤其是沿海城市开始进入发展的快车道，城市的整体联系度有了大幅的提升。2007年和2012年，东部城市在网络中的优势进一步强化，呈现东部领先的态势。其次，西部城市从2002年也相继开始崛起，以成都、重庆、昆明和乌鲁木齐的快速发展为代表。随着2012年成都超越深圳成为网络的第四中心，西部城市拉近了与东部城市的差距。最后，中部城市整体呈现下滑的趋势。1997年和2002年，以武汉和长沙为代表的中部城市在网络中相对拥有较高的连接性。但2007年以后，随着东部城市的一路领先和西部城市的慢慢崛起，中部城市在航空网络中的地位有所下降。但值得一提的是，在中部城市下滑的整体背景下，郑州凭借其良好的区位优势和全力打造航空港的具体举措，实现了逆潮流的增长，逐渐成为中部"领头羊"城市。

三、城市网络度与中心度的对比

城市网络度是一个复合的指标，是在中心度的基础上考虑联系强度对城市连接性的影响。为了与中心度进行对比和区分，本书将2012年的数据进行了重新整理，提取出度数中心度、局部中心度和网络度三项指标，对前二十名的城市进行了排序（表6-6）。

表6-6 2012年城市网络度指标与中心度指标的排序

排名	城市	度数中心度	城市	局部中心度	城市	网络度
1	北京	75.95	北京	2.36	北京	1320.28
2	上海	72.15	上海	2.28	上海	866.35
3	广州	68.35	广州	1.67	深圳	695.74
4	成都	55.70	成都	1.13	广州	537.73
5	深圳	50.63	深圳	1.02	成都	405.83
6	西安	49.37	西安	0.85	西安	249.06
7	重庆	49.37	重庆	0.83	天津	178.00
8	昆明	44.30	昆明	0.74	重庆	174.69
9	长沙	41.77	杭州	0.58	昆明	141.55
10	厦门	37.98	长沙	0.55	厦门	141.22
11	杭州	37.98	厦门	0.53	杭州	90.39
12	武汉	37.98	武汉	0.49	青岛	82.31
13	南京	35.44	天津	0.47	长沙	77.43
14	郑州	35.44	南京	0.45	武汉	58.80
15	青岛	31.65	郑州	0.41	南京	46.78
16	太原	31.65	青岛	0.37	海口	46.48
17	大连	30.38	三亚	0.37	乌鲁木齐	45.45
18	三亚	30.38	大连	0.34	沈阳	41.34
19	海口	29.11	海口	0.34	三亚	40.83
20	福州	29.11	太原	0.28	大连	40.71

由表 6-6 可以发现以下几点特征。

第一，局部中心度与度数中心度所反映出的排名相差不大，说明用度数中心度反映网络中心结构是准确的。考虑加入城市间客流作为权重之后所计算的局部中心度与度数中心度前八名城市排名完全相同。前二十名中只有杭州和天津、三亚的排名有了提升。其中，杭州从第十一名提升到第九名。而天津则有了大幅度的提升，从原先二十名开外提升到第十三名，这说明杭州和天津在航空联系量上有着巨大的优势。尤其是天津，度数中心度不高说明其联系的城市数量有限，但较高的局部中心度说明其通过有限的航线数量贡献了很高的旅客数量。

第二，网络度与度数中心度所反映出的排名差异较大，更能体现城市连接度的综合质量。网络度是根据局部中心度重新校准的城市间的联系强度的总和。度数中心度强调联系的数量，而航空客运量强调联系的质量，两者皆存在一定的片面性。网络度则很好地结合了联系的数量与质量，体现了城市连接性的综合质量。具体来看，北京和上海依然拥有远超其余城市的网络度，但深圳超越广州，进而成为网络度排名第三的城市。这说明北京和上海是网络真正的核心，无论是联系的数量，还是联系的质量都很强。在网络度排名上有提升的城市还有天津、青岛、海口、乌鲁木齐和沈阳，这些城市都是靠质量来弥补数量的不足。其中，天津跃升幅度最大，相对于在局部中心度上排名第十三，网络度上天津排名第七，再次完成了飞跃。此外，网络度排名更高的城市中除乌鲁木齐位于西北地区外，其他城市均为东部城市，说明东部城市的中心度被西部城市赶上或超越，但东部城市依然在网络中拥有更高的联系质量，这也与城市的经济发展水平相匹配。

四、中国城市网络中的子群结构

中心度的分析是针对网络整体结构，偏重于研究城市在网络中的地位与权力，而凝聚子群的分析能反映整体网络中的子网络结构（刘军，2004），揭示城市在网络联系中的主要对象。本章选取 2012 年的数据，参考赵新正（2011）中子群分析的方法，对中国城市网络中的子网络结构进行分析，以探讨哪些城市之间拥有更紧密的联系。

为满足凝聚子群分析的需要，本章先对 2012 年网络的矩阵数据进行二值化处理。临界值的选取是二值化的关键，经过统计性运算发现，网络中所有城市的平均航空联系量为 79 218 人，标准差为 361 323 人。因此，本章从平均值开始尝试划定临界值，但以平均值作为临界值，划分出的子网络数量会太多而无法说明问题，在此首先尝试以平均值加一个标准差、加两个标准差、加三个标准差作为临界值进行聚类。分析结果显示，当临界值为平均值加三个标准差时，子群的数量减少到17组。为了得到更高水平的聚类结果，另外三个临界值 c_1、c_2、c_3 分别取平均值与三个标准差之和、平均值与四个标准差之和，以及平均值与五个标准差之和，从而划定三个层次的凝聚子群。

第一个层次 c_1 的临界值为 1 163 687。通过 UCINET 软件对网络中的子群进行识别，得到17组子群（表6-7），这17组子群存在以下两个特点。

首先，子群整体上呈现围绕北京-上海双中心结构的特点。从17组子群的组成城市来看，全部17组子群中都至少包含北京和上海中的一个城市，其中有13组子群同时包含北京和上海这两个城市。这说明，北京和上海是网络中子群结构形成的核心，也体现了北京和上海对其他城市的控制力。

其次，围绕双中心形成了"2+4"式的网络核心城市。第1~6组子群包含四个城市，更能反映中国城市网络中最核心的城市群体。除北京和上海双中心外，还涌现出四个出现频率较高的次中心城市，包括广州、深圳、成都和重庆。因此，两个中心城市加四个次中心城市构成了中国城市网络中的"2+4"核心城市群体。

表6-7　中国城市网络 c_1 层次凝聚子群

序号	子群包含城市			
1	北京	上海	广州	成都
2	北京	上海	广州	西安
3	北京	上海	广州	厦门
4	北京	上海	广州	重庆
5	北京	上海	深圳	成都
6	北京	上海	深圳	重庆
7	北京	上海	青岛	
8	北京	上海	大连	
9	北京	上海	沈阳	
10	北京	上海	武汉	
11	北京	上海	长沙	
12	北京	上海	哈尔滨	
13	北京	上海	长春	
14	北京	广州	杭州	

续表

序号	子群包含城市		
15	北京	深圳	杭州
16	北京	成都	昆明
17	上海	广州	三亚

第二个层次 c_2 的临界值为 1 524 510，通过 UCINET 软件对网络中的子群进行识别，得到 6 组子群（表 6-8），子群数量的精炼更有助于发现核心城市群体之外的城市特点。其中，在 c_2 层次的凝聚子群中，前三组子群依旧体现了网络中的两个中心城市和四个次中心城市。而第 4 组子群的北京-上海-西安和第 5 组子群的北京-上海-大连，则体现了西安和大连与中心城市的联系紧密程度要高于其余城市，西安和大连可以被看成再次一级的区域中心城市，分别为西北地区和东北地区的区域核心。此外，区域中心城市的基本特征也可以理解为区域内部与国家中心城市联系最密切的城市，通过这种联系的强化，将网络的流动性引向所在区域，成为区域的增长极。

表 6-8　中国城市网络 c_2 层次凝聚子群

序号	子群包含城市			
1	北京	上海	广州	成都
2	北京	上海	广州	重庆
3	北京	上海	深圳	成都
4	北京	上海	西安	
5	北京	上海	大连	
6	北京	广州	杭州	

第三个层次 c_3 的临界值为 1 885 883，通过 UCINET 软件对网络中的子群进行识别，得到 3 组子群（表 6-9）。c_3 层次的凝聚子群通过进一步凝练，其子群数量浓缩到 3 组，体现出中国城市网络中的区域结构。

表 6-9　中国城市网络 c_3 层次凝聚子群

序号	子群包含城市		
1	北京	上海	广州	成都
2	北京	上海	深圳	
3	北京	上海	杭州	

第一，第1组子群再次将"2+4"的中心和次中心城市提炼成"2+2"的中心结构。北京和上海依然是全国的中心城市，广州和成都虽然是次中心城市，但因两城市依托的分别是在中国经济格局中占据重要地位的珠三角和成渝两大城市群。因此，广州和成都在次中心中地位更为突出，具有全国性影响力，最有希望成为未来新崛起的国家性的中心城市。

第二，第2组和第3组凝聚子群中，深圳和杭州的地位开始显现出来。长三角和珠三角城市群在全国性的城市网络中占据主导地位，杭州和深圳的崛起体现了在这两个核心城市群中，上海和广州的单中心之外已经有第二中心的涌现。在未来的中国城市网络中，长三角和珠三角城市群将表现出多中心的结构特点。

第四节　中国城市网络结构与演化特征探讨

一、中国城市网络结构特征的探讨

通过对中国城市网络整体结构的分析，发现中国城市网络整体上仍然呈现出等级结构，其中北京、上海、广州和成都是四个全国性的中心城市，在空间上分别成为北、东、南、西的支点，共同构建起中国城市网络的骨架。此外，杭州、深圳、重庆、昆明和乌鲁木齐等次一级的区域中心城市进一步充实了中国城市网络的整体密度，强化了城市之间网络化的联系格局，也使得中国城市网络表现出东部沿海极化和西部崛起的空间特点。需要指出的是，中国城市网络所呈现出的空间结构特征是由城市间关系数据反映的，是城市间相互作用的结果。从中国城市的一般属性数据（如人口、经济等）出发，很难对网络的流动性结构进行定量化解释。在此主要从中心城市发展、网络区域差异和城市群空间格局三个角度对中国城市网络结构特征进行定性探讨。

第一，在等级化特点依然明显的城市网络中，中心城市拥有很高的地位并发挥着重要作用。尽管北京、上海、广州和成都在中国城市网络中都发挥着全国中心城市的作用，但它们存在角色的差异和分工的不同。其中，成都是近年来崛起的中心城市。2007年以后，成都在网络中的地位逐渐提高，并在2012年超越深圳成为网络中的第四中心。成都在网络中的崛起从表面上看是航空客运发展迅猛，与中国其他城市建立起更紧密的联系，但实质上并非仅仅是航空运输发展的结果，而是中国城市化和经济全球化双重影响下空间的重构过程。航空运输和经济发展是相辅相成的关系，航空运输能促进经济的增长（Bell and Feitelson，1991；Nooteboom，1999；Debbage，1999），同时经济的增长也产生了更多的航空运输需求（Marazzo et al.，2010）。至于两者的先后关系需要根据具体情况进行考虑（Kasarda and Green，2005）。成都作为中国西部的重要经济中心，近年来的发展与国家政策层面推动西部地区发展和西部地区逐渐融入经济全球化的过程密切相关。一方面，在国家政策层面，为了促进经济相对落后的西部地区的发展，中央政府从 2000 年左右先后出台了一系列的政策和发展战略。其中，西部大开发战略明确将东部沿海地区的剩余经济发展能力，用以提高西部地区的经济和社会发展水平。此后，在中国新一轮改革开放转型实施的区域开放开发战略中，以成都和重庆为核心的成渝城市群是西部大开发的重要平台，是长江经济带的战略支撑，也是国家推进新型城镇化的重要示范区。"一带一路"倡议也明确了成都作为内陆开放型经济高地的地位。一系列的中央政策和国家战略大大推动了成都的经济发展，以成都为重要核心的成渝城市群逐渐成为继长三角、珠三角和京津冀之后，带动区域发展的第四增长极（程前昌，2015）。另一方面，经济全球化的影响逐渐从沿海地区向内陆扩散，成都开放型经济得到了长足的发展，在全球经济和全球城市体系中的地位显著提高。根据 GaWC 对世界城市进行的排名 "The World According to GaWC 2012"，成都排名大幅上升，位居高度自足的世界城市中靠前的位置。从实际情况来看，成都近年来开放型经济发展成果显著。全球化影响下的一个重要标志就是融入全球生产网络中。沿海地区较早地参与到全球分工体系，实现了全球生产网络的地方嵌入。以计算机产业为例，上海和苏州是中国最主要的笔记本电脑生产基地（李健，2011）。而近年来，西部地区的成都和重庆承接了新一轮的笔记本制造从沿海向内陆的转移（表 6-10）。2011 年，沿海地区的苏州和上海都达到了笔记本产量的峰值，分别生产了 9192 万台和 10163 万台笔记本电脑。此后，苏州和上海的产量开始锐减，而重庆和成都的产量开始增长，2013 年，成都和重庆的笔记本产量均超过 5500 万台。由此可见，近年来成都经济发展迅速，在全国乃至全球经济体系中的作用越来越重要。因此，成都与其他城市的联系也越来越紧密，在全国城市网络中的地位得到提升，进而成为全国性的中心城市。

表 6-10　四个城市历年笔记本产量对比　　　　（单位：万台）

年份	城市			
	苏州	上海	重庆	成都
2013	6 821	8 101	5 593	5 916

续表

| 年份 | 城市 | | | |
	苏州	上海	重庆	成都
2012	7 479	9 804	4 161	4 385
2011	9 192	10 163	2 547	—
2010	8 429	9 388	—	—
2009	6 995	7 320	—	—
2008	4 474	5 768	—	—
2005	2 016	2 176	—	—

资料来源：2005 年及 2008～2013 年苏州、上海、重庆和成都的国民经济和社会发展统计公报。其中，重庆从 2011 年，成都从 2012 年起有上述统计

此外，北京和上海长久以来一直是全国的中心城市，但彼此也存在分工不同。作为首都，北京主要承担政治中心的功能。作为中国对外开放重要的窗口，上海主要承担经济中心的功能。因此，北京和上海在中国城市网络中的联系特征有所区别。其中，北京与省会城市之间的政治联系更紧密，而上海与沿海经济发达城市之间的经济联系更紧密。表 6-11 揭示了 2012 年双方联系格局的特点：北京与几个省会城市的客流量均超过上海与这些省会城市的客流量，如北京与西安之间的客流量达到 262 万人，而上海与西安的客流量为 173 万人；北京与武汉的客流量为 175 万人，而上海与武汉的客流量为 122 万人；北京与昆明的客流量为 199 万人，而上海与昆明的客流量为 112 万人。这一现象是北京政治中心功能的体现。反之，上海与经济中心深圳的客流量为 385 万人，超过北京与深圳的客流量 306 万人；上海与青岛的客流量为 189 万人，超过北京与青岛的客流量 129 万人；上海与厦门的客流量为 245 万人，超过北京与厦门的客流量 134 万人，体现了上海与其他经济中心城市联系更紧密的特点。

表 6-11　2012 年北京和上海航空联系的差别化特征　（单位：万人）

类型	城市	与北京联系	与上海联系
省会城市	西安	262	173
	武汉	175	122
	昆明	199	112
沿海经济发达城市	深圳	306	385
	青岛	129	189
	厦门	134	245

资料来源：《从统计看民航 2013》

　　图 6-8 和图 6-9 显示了 2012 年北京和上海航空客流的空间分布，体现了北京和上海作为政治、文化中心和经济中心在城市网络中不同的联系特点。北京的联系范围覆盖面更广，与全国较多省会城市均建立了航空联系，在空间上形成较为均匀分布的特点。上海的联系范围不及北京，且主要联系集中在与沿海城市的联系，与中西部城市的联系明显弱于北京。

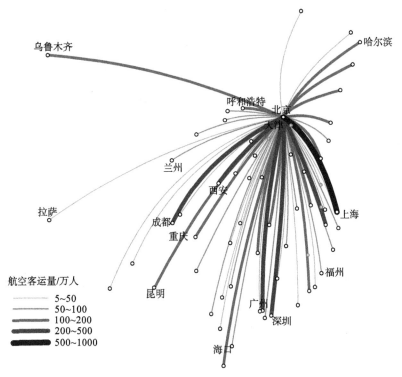

图 6-8　2012 年北京航空客流空间分布
资料来源：《从统计看民航 2013》

　　第二，城市间的横向联系不断加强。虽然中国城市网络仍然表现出较强的等级性特征，但是不同于行政管理的垂直等级体系，网络中的横向联系也在发育中。最典型的案例是北京和上海与内陆省会城市之间的联系。北京作为行政中心，在长期计划经济体制下是我国城市体系中最高等级的城市，与北京建立联系是其他城市的首要选择。上海是在市场经济条件下崛起的中国经济中心城市，在计划经济时代与其他中国城市，尤其是内陆城市联系较少。上海与内陆城市联系的强化可以在很大程度上体现中国城市网络中横向联系的发展。表 6-12 显示，1997～2012 年，北京和上海与西部省会城市之间的联系均有显著的加强。虽然北京与西部城市的联系强度总体上仍高于上海与西部城市的联

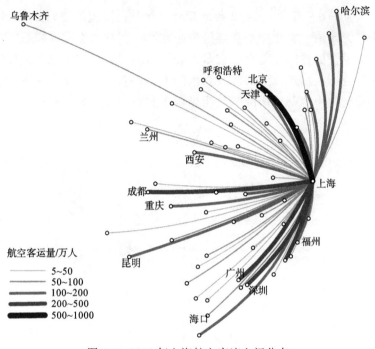

图 6-9　2012 年上海航空客流空间分布

资料来源：《从统计看民航 2013》

系强度，但上海与西部省会城市之间的联系增长幅度更大。北京仅与昆明和贵阳的联系增幅略超过上海，而上海与成都、西安、重庆和兰州的联系增长要明显快于北京与这些城市联系增长。同时，上海还新增了与乌鲁木齐和银川的航空联系。上海在网络中的地位提升体现了中国城市网络横向联系的快速发展。

表 6-12　北京和上海与西部省会城市航空旅客人数增长情况

城市	2012 年航空旅客人数/万人		1997 年航空旅客人数/万人		增长幅度/%	
	北京	上海	北京	上海	北京	上海
成都	372	239	58	30	541.4	696.7
西安	262	173	67	33	291.0	424.2
昆明	199	112	30	23	563.3	387.0
重庆	187	195	25	21	648.0	828.6
乌鲁木齐	172	75	26	0	561.5	—
贵阳	95	89	10	10	850.0	790.0

续表

城市	2012 年航空旅客人数/万人		1997 年航空旅客人数/万人		增长幅度/%	
	北京	上海	北京	上海	北京	上海
兰州	85	50	14	5	507.1	900.0
银川	84	25	6	0	1300.0	—

资料来源:《从统计看民航 1998》和《从统计看民航 2013》

第三,中国城市网络也存在明显的区域差异,部分地区被相对边缘化。从 1997 年以来中国城市网络发展的整体情况来看,除了中国城市网络四中心钻石结构逐渐形成之外,中部地区和东北地区逐渐走向相对边缘的地位。以武汉、长沙和郑州为代表的中部城市在历年网络中心度计算中,排名呈现逐步下滑的趋势。以沈阳、大连、长春和哈尔滨为中心的东北城市在历年网络中心度计算中,排名一直相对靠后。这主要与两个方面的原因有关。一是航空客运视角研究的局限性。众所周知,近年来中国高速铁路得到了迅速的发展,高速铁路网络的覆盖范围也越来越广,这对中部地区城市航空联系的发展具有一定的制约作用。航空客运适合远距离运输,这一特点促进了东部沿海地区与西部地区之间航空联系的发展。对于中部地区而言,地理中心位置反而使得其对航空客运的需求降低,转而更多地依赖高速铁路网络,由此导致以航空流测算的中部城市地位的下滑。二是地方产业特点的影响。东北地区长久以来是我国的工业基地,东北主要城市的产业结构依然以第二产业,尤其是重工业为主。这种相对单一,对外开放程度偏低的产业结构无法长期有效地促进东北地区对外航空联系的需求,导致东北城市在中国城市网络中地位的相对偏低。

第四,中国城市网络的结构特征影射了中国城市群的空间格局。城市群作为我国城市区域化及区域城市化的新空间态势,受到中央政府的高度重视。"十一五"规划提出,要把城市群作为推进城镇化的主体形态。"十二五"规划提出,以大城市为依托,以中小城市为重点,逐步形成辐射作用大的城市群,促进大中小城市和小城镇协调发展。"十三五"规划提出,加快城市群建设发展;增强中心城市辐射带动功能。城市群本质上是城镇化水平较高地区城镇体系的一种空间形态,城市群之间的联系可以反映宏观尺度的城镇体系空间格局。借鉴宁越敏和张凡(2012)所界定的 13 个大城市群,并汇总这 13 个大城市群所包含城市的航空联系,最终得到航空联系视角下的城市群关联网络。图 6-10 中,线条的粗细体现了城市群之间联系的强度。从联系的特点来看,城市群相互联系的空间格局验证了中国城市网络四中心钻石结构特征。北京、上海、广州和成都所对应的京津冀、长三角、珠三角和成渝城市群是中国相互联系最为紧密的城市群。其中，长三角与京津冀、长三角与珠三角之间的联系强度最大，均超过 1000 万人。而京津冀与珠三角、京津冀与成渝、成渝与长三角、成渝与珠三角之间的联系强度次之，均超过 500 万人。但四大城市群与其他城市群之间的相互联系薄弱得多，而其他城市群之间的相互联系在城市群网络中更处于相对边缘的地位。因此，航空联系虽然不能体现区域内部城市之间的联系，但是能很好地反映区域城市体系之间的联系，体现出全国宏观尺度下的核心-边缘的区域空间结构。

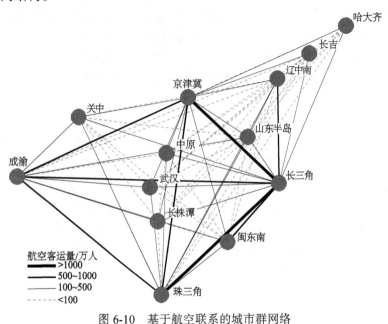

图 6-10　基于航空联系的城市群网络

二、中国城市网络演化特征的探讨

通过对 1997～2012 年中国城市网络中中心城市变化、联系的空间格局、子群结构的研究，揭示了中国城市网络结构的多样特征，在此进一步分析中国城市网络的演化规律。

首先，采用社会网络分析的 QAP 相关性检验，对四个年份中国城市网络之间的相关性进行检验，如表 6-13 所示。

表 6-13 1997～2012 年中国城市网络的 QAP 相关性

项目	2012 年	2007 年	2002 年	1997 年
2012 年	1.000			
2007 年	0.750	1.000		
2002 年	0.594	0.707	1.000	
1997 年	0.500	0.577	0.759	1.000

注：以上相关系数均在 1%的显著水平下显著

由表 6-13 可得到以下结论。

第一，1997～2012 年，中国城市网络结构发生了显著变化。2012 年与 2007 年中国城市网络的相关性为 0.750，而 2012 年与 1997 年中国城市网络的相关性仅为 0.500。这表明，经过 15 年的发展，中国城市网络的空间结构已经发生了较大幅度的变化。

第二，1997～2012 年中国城市网络结构的演化是一个渐进的过程。对于任何一个时期的中国城市网络而言，与邻近时期城市网络的相关系数最高，而随着时间间隔的延长，城市网络的相关性呈现递减的特点。以 2012 年的城市网络为例，其与 2007 年的城市网络相关性最高，相关系数达到 0.750，与 2002 年城市网络的相关系数下降到 0.594，与 1997 年城市网络的相关系数仅为 0.500。同样，2007 年的城市网络与 2002 年的城市网络，2002 年的城市网络与 1997 年的城市网络均具有较高的相关性，相关系数均超过 0.700。这从侧面说明，中国城市网络保持着较强的自稳定性，其演化是一个渐变的过程。

其次，从中心-边缘视角探讨中国城市网络演变的规律。图 6-11 把所有样本城市分成三类：一是中心城市；二是将度数中心度排名前二十的其他城市作为网络中次一级的区域中心城市；三是将剩余其他城市作为边缘城市，由此归纳出中国城市网络演化的特征。

第一，从三中心向四中心的逐渐过渡。1997～2007 年，中国城市网络由北京、上海和广州组成三中心。2012 年，随着成都的崛起，城市网络三中心向四中心转变，形成了菱形的钻石结构，网络的空间形态更趋稳定。

第二，从区域中心分布的变化来看，受东部地区经济率先起飞的影响，区域中心首先向东部地区集聚，2007 年后随着中西部地区的发展，区域中心城市数量有所增加，东部地区和中西部地区发展水平的差异缩小。具体来看，1997～2002 年发展的第一阶段，区域中心城市向东部沿海地区集聚。1997 年，在 17 个区域中心城市中，8 个为东部地区城市，6 个为西部地区城市，3 个为中部地区城市；2002 年，东部地区区域中心城市数量为 10 个，增加了 2 个，西部地

区和中部地区区域中心城市数量分别为 5 个和 2 个，分别减少了 1 个。2002～
2007 年发展的第二阶段，东部地区区域中心城市数量保持稳定，中部地区区域
中心城市增加了郑州，西部地区区域中心城市数量减少了 1 个；2007～2012 年
发展的第三阶段，成都升格为全国中心城市；东部地区区域中心城市的数量减
少了 1 个，2007 年中的沈阳退出了区域中心城市行列；西部地区区域中心城市
数量为 3 个；中部地区区域中心城市因增加了太原其数量增加到 4 个。

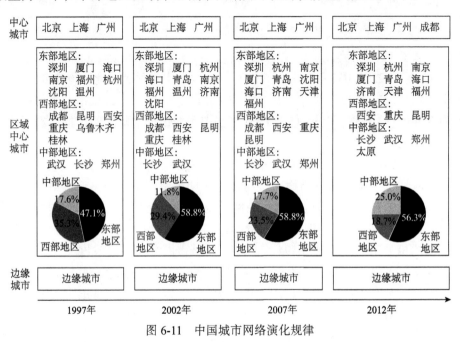

图 6-11　中国城市网络演化规律

第五节　本 章 小 结

　　本章从中国航空客运联系的角度，对中国城市网络的结构特征和演化规律
进行了系统分析，揭示了中国城市体系网络化的结构特征与演变规律。中国城
市网络整体上依然呈现出较为明显的等级化特点，存在北京、上海、广州和成
都此类全国中心城市，但也体现出横向联系逐步发育的特点。具体来看主要有
以下三个特点。

　　第一，中国城市网络呈现出从三中心三角结构向四中心钻石结构演化的特
征。1997～2007 年，北京、上海和广州一直是中国城市网络的三个中心，其中

北京为政治中心，与各省会城市保持较密切的联系；上海是经济中心，与沿海经济发达的非省会城市联系更为紧密；广州则是珠三角的中心城市，历来是中国对外开放的南大门，与各地亦有紧密的联系。但这三个城市均位于沿海地区，反映了我国城镇化进程中沿海与内陆的区域发展差异。随着成都近年来的快速崛起，2012年，其网络中心度超越深圳，与北京、上海、广州共同形成了菱形的钻石结构。作为内陆城市，成都的崛起是我国重视区域平衡发展的结果，表明中国城市网络的空间结构进一步趋于稳定。从成都的发展态势来看，很有可能凭借其在网络中连接度的优势，成为带动区域发展的第四极。李晓江（2012）在对中国城镇化空间布局的研究中，将整个成渝城市群作为中国区域发展的第四极，也提出了相应的钻石结构。而本章的分析是从城市间航空联系角度入手，判别出成都是单独的第四极。考虑到重庆近年来经济发展速度加快，中国经济增长的第四极有可能由成都和重庆共同组成，如同中国经济增长的第三极实际上由广州和深圳共同组成一样。

第二，城市间航空联系的强度呈现逐步增长的态势，城市间关系日趋复杂化，网络横向联系处于渐进式的发育中。1997～2012年，伴随城市间航空客流的稳定增长，城市相互间联系更为紧密。早期联系主要集中在沿海主要中心城市之间及西部中心城市与沿海中心城市之间。其后，最高等级的联系逐步向下扩散到区域中心城市和边缘城市。在市场化条件下，城市间的联系除了高等级行政中心与低等级行政中心之间的垂直联系之外，基于经济活动的城市间横向互补协作关系也在发展中，呈现出越来越紧密的特点。特别是2008年以来，出现了沿海劳动密集型产业向内陆转移的趋势，进一步加强了沿海城市与内陆城市的联系。

第三，东部领先、中西部紧随的中国区域发展格局基本形成。从发展的角度看，网络中各大地带城市的发展呈现出梯度转移的特点，网络重心也在不断偏移中。首先，在全球化的推动下，东部沿海地区城市最先崛起，促进了城市间的横向联系加强。其次，从2002年开始，在西部大开发的背景下，以成都、重庆、昆明和乌鲁木齐为代表的西部城市在网络中的地位得到提升。从航空客流网络的视角，中部地区因地理位置居中，其主要城市在网络中的地位一度有所下降。但在2007年以后，中部省会城市郑州、太原的度数中心度有所上升。特别是郑州、武汉发挥地理位置居中的优势，其航空货运发展较快。

第七章
全球生产网络、航空网络与地方发展
——以郑州为案例

　　20世纪后半叶开始的全球化进程是由跨国公司主导的。20世纪90年代初，冷战结束后，由于世界上大多数国家为发展经济实施对外开放政策，影响资本跨国流动的障碍被逐步消除，资本的全球流动更加顺畅，处于"近于一种游牧状态"（Amin and Robins，1990），以致有学者认为全球化时代导致地理终结。按此种观点，地理空间被构造成由"全球流"组成的动态系统，而不是由地理区位决定的静态系统（Castells and Henderson，1987）。本书第四章至第六章对中国城市网络的研究已揭示中国城市与国际城市之间及中国城市之间的关系是如何变化的，定量分析的结果完整地刻画出城市之间联系的广度与强度，勾勒出"流动空间"影响下中国城市网络空间格局重塑和动态演化特征。然而，学术界对"流动空间"的理论也持有不同观点，一些学者认为资本主义生产方式是由社会经济关系决定的，并牢牢根植于区域生产综合体中，在全球产生持久性的不平衡发展（Amin and Thrift，1992；Dicken et al.，1997；Lever，1997；Storper，1997；Swyngedouw，1997）。对以上两种不同观点，笔者认为网络分析的重要性在于它可以反映全球化、城市化、市场化影响下中国城市网络的演化过程。但是网络分析也存在局限性，全球化过程中的地方"黏附性"无法直接通过网络分析得以体现。在"滑溜溜的空间"中，"地方黏着"现象依然存在（Markusen，1996），并成为全球网络中的节点。Castells（2010）反思了全球网络的背后逻辑，认为网络社会最主要的空间特点就是全球和地方之间通过网络相互连接，这种连接是有选择性的，是根据地方对于全球网络的价值来确定的。这意味着，全球网络的根本逻辑是网络选择了某些地方作为承载网络功能和价值的载体。实质上，对一个城市/区域而言，"流动性"反映了在资本全球化主导下，随着交通和通信技术的发展，距离的摩擦作用减弱，该城市/区域被纳入一个全球性的流动网络中；而"黏附性"则反映了在这个全球性的网络中，该城市/区域为了竞争高度流动的资本，从基础设施、社会、文化、政治等多个方面打造综合竞争力的过程。因此，"流动性"与"黏附性"表面上看是对立的，实质上却是一个统一的整体，反映了全球化在空间上两个不同但彼此相关的形塑过程。

城市是人类活动集聚的空间，本质上不是行为主体。城市网络是各种连接城市的网络集合，每种网络都有各自的行为主体，其形成机理及演化规律也不同（Pflieger and Rozenblat，2010）。航空网络就是城市相互联系的一种网络形态。为了解释城市网络背后所蕴含的全球与地方的关系，厘清城市如何构建自身的网络区位优势，需要寻找一个合适的切入角度。在全球化时代，依托航空网络产生的国际航空货物流反映了全球要素在供应商、生产商和消费者之间的空间分配，这一空间分配过程在多尺度下受到众多因素的影响，进而也促进了区域经济的发展（Coe et al.，2004），而全球生产网络的框架可以用来解释这一空间分配过程的内在机理和经济效应（Henderson et al.，2002）。因此，本章将从全球生产网络和航空网络两个角度入手探讨相互耦合机理，并通过国际案例的梳理给予佐证，再结合郑州航空港建设的国内案例，建构有中国特色的全球化与地方互动发展的分析框架。

第一节　全球生产网络、航空网络驱动地方发展的理论基础与案例

一、全球生产网络与地方发展的战略耦合机理

经济全球化以重塑国际劳动分工的形式使生产要素在全球范围内得到重新配置，在全球层面上实现产业扩张和重组，产生新的全球性生产、交换、消费和分配体系，并逐步形成全球性的生产消费系统。在这样一个全球性的系统中，经过跨国公司、国际组织、政府及企业等行动者的努力，通过多重生产环节、多层次空间尺度的联系，形成遍及全球的生产网络（李健，2011）。在全球化的研究中，地方响应一直是 20 世纪 70 年代以来经济地理学关注的一个重点（Firn，1975）。学术界从两个角度对该问题展开了研究：第一，从外商直接投资对区域的影响开展实证研究；第二，从马克思主义政治经济学的资本积累与区域不平衡发展展开理论探讨（Watts，1981；Massey，1984）。早期的研究秉

承马克思主义的批判性，更多地关注全球化对地方发展产生的负面影响。例如，用"分厂经济"（branch plant economy）来表述外部资本控制下的地方发展过程，地方仅仅是生产空间，缺少经营的决定权和研发功能（Watts，1981）。Harvey（1982）指出，全球资本与地方本身就存在不平等的关系，资本的天然属性就是剥削和利用地方所能提供的劳动力禀赋。也有学者指出，伴随着跨国公司的企业重组，地方越来越主动地融入全球化的进程，使跨国公司越来越根植（embedded）到地方经济中，与地方企业的关系越来越紧密（Morgan，1997）。但有些分析并没有观察到这种根植性，反而使跨国公司的外部控制力进一步加强（Phelps et al.，2003）。例如，原先在英国的工厂相继大量转移到综合成本更低的东欧国家（Dawley，2007）。究其分歧产生的原因在于，跨国公司的投资与地方是否形成良好的互动。

20 世纪 90 年代后，全球生产网络的研究框架被引入跨国公司与地方发展关系的研究中。全球生产网络的研究框架跨越地方的界限渗透到地方的发展过程中，将地方发展纳入全球化范畴内考虑，地方在全球生产网络中的价值在于其自身禀赋是否能满足跨国公司生产的需要（Coe et al.，2004）。在这个过程中，地方的目标包括完成国内生产总值增长的最大化，就业数量和质量的最大化，促进地方技术的发展，吸引跨国公司的高级功能（如总部、研发等）；而跨国公司的目标是按最有利于区位布局的原则，将地区总部、研发、制造等各项功能在全球进行配置以实现利润最大化、成本最低化的目标（Hood and Young，1979）。由此可见，虽然双方的目标并不完全一致，地方和跨国公司均谋求各自在全球化过程中实现自身利益最大化，两者之间存在一个相互博弈的过程，但最终因相互依赖性，双方有可能妥协，进而形成双方都可以接受的结果。近年来，一个新的概念被引入这种全球-地方相互博弈过程的分析中，即地方战略耦合（strategic coupling）。战略耦合延续了全球生产网络的研究路径，是指在外部全球经济中的行动者与地方行动者之间，通过就各自的战略利益相互协调、斡旋并达成一致的动态过程（Yeung，2009）。战略耦合具备以下三个重要的特点（Coe and Hess，2011）：一是参与的行动者有意识地通过相互协调形成发展战略；二是具备时空的偶然性，是参与的行动者基于共同目标而形成的一个临时性的联盟（temporary coalition）；三是超越了领土的界限，将不同空间尺度上的行动者整合起来。城市研究中的城市政体（urban regime）模型就城市更一般的发展情况表达了相同的观点。城市政体概念的提出者Stone（1993）认为，在市场经济条件下，城市权力由地方政府和私人部门共同掌握，若两者之间能达成"合作性"的制度安排，就有可能形成推进城市经济发展或治理的城市政体，组成正式或非正式的促进发展联盟（pro-growth

coalition）。但正如何丹（2003）所指出的那样，城市政体更多地体现为概念的表述，或者只是一个模型，较少涉及城市经济发展中城市政体形成、发展和演化的讨论。

Coe 和 Hess（2011）认识到了战略耦合的过程和特点，但他们仍然没能跳出全球生产网络和地方相对立的立场，更多地分析战略耦合中的负面性，重点关注全球生产网络和地方关系之间的摩擦（frictions）与破裂（ruptures）。MacKinnon（2012）则更正面地看待两者之间的关系，提出一个更积极的分析框架。他理性地看待摩擦与破裂，在耦合概念的基础上提出了去耦合（decoupling）和再耦合（recoupling）两个新概念。去耦合是指跨国公司从地方撤资的退出机制，而再耦合是跨国公司与地方重新建立联系，开始新一轮耦合的过程。在这种重新认识的基础上，MacKinnon（2012）提出了一个全球生产网络与地方耦合的新的分析框架（表 7-1）。在该分析框架中，全球生产网络与地方发展之间的耦合存在八个维度，以分别对应不同的场景。

表 7-1   全球生产网络与地方发展耦合的主要分析维度

序号	维度	情景
1	地方有利条件	有特色的/一般的
2	地方类型	来源地/流入地
3	耦合类型	有机的/战略的/结构性的
4	耦合程度	完全-有限-没有
5	去耦合的概率	低-高
6	权力关系	对称的/非对称的
7	地方发展成果	发展-附属
8	再耦合的深度	深-浅

资源来源：根据 MacKinnon（2012）整理

第一，地方有利条件是指地方所具备的吸引全球资本的天然属性。有特色的地方相对于禀赋一般的地方更能吸引全球性的跨国公司，因此地方有利条件可以理解为耦合发生的基础条件。第二，地方可分成两种类型，既可以是跨国公司的来源地，也可以是外商直接投资的流入地。第三，在战略耦合的基础上又补充了两个类型：有机耦合和结构性耦合。前者是针对跨国公司来源地的耦合类型，一般常见于像硅谷这样的地方。跨国公司起源于这样的地方，经过动态的发展过程之后，一般在这些起始地内保留总部和研发等高级功能，而将生产扩散到其他地方。后者是用来描述跨国公司和地方之间不平等关系下的耦合，一般是指跨国公司占绝对主导地位，拥有绝对的控制权，地方仅贡献廉价的劳动力或者场地资源。结构性耦合的概念与分厂经济有一致的特点。第四，从物质联系和制度关系的角度对耦合程度进行考察，可以分为完全耦合到有限耦合再到没有耦合。第五，去耦合的概率考虑的是跨国公司和地方之间相互摩擦的情况，如果两者之间的利益冲突越来越大，发展目标变得不可协调，则去耦合的概率会加大。第六，权力关系是指在战略耦合中行动者之间的权力支配关系是对称的还是非对称的。第七，地方发展成果是建立在权力关系基础上的。如果全球力量和地方力量之间是对称的权力结构，就会促进地方的协调发展。如果全球力量和地方力量之间是非对称的权力结构，代表全球资本的跨国公司在其中起主导地位，那么地方也可能会沦为跨国公司的附属品。这一点也可以与区域的发展（development of a region）和区域中的发展（development in a region）两个概念相对应（Morgan and Sayer，1983）。第八，再耦合的深度是指在全球-地方两股力量关系破裂去耦合之后，重新建立的耦合关系将受到历史经历和新的机遇两个方面因素的影响。再耦合的深度也可以有深有浅。大体上，这样一个分析框架可以解释不同类型的地方和全球生产网络发生关联到耦合的过程机理。

二、航空网络对区域经济的拉动作用

全球生产网络分析框架的优点在于可以将分布在全球不同区域内的一系列涉及众多行为主体的生产活动整合起来，并提供了可量化分析的工具（Sturgeon and Florida，2000）。然而全球生产网络的分析框架着眼于跨国公司和地方之间的关系，没有研究运输条件在促进全球化进程中所起的作用。事实上，正是以集装箱运输和互联网为代表的运输/通信方式革命使运输成本得到极大的下降，同时使产品的全部或部分生产分布于世界不同地点有可能得以实现，这种可能性不受制于技术、组织和成本因子的影响，从而产生了新国际劳工分工（乔继明，1995）。

集装箱运输分为海运和空运两种形式，前者适合于单位重量价值低的货物运输，后者适合于单位重量价值高的货物运输。城市之间通过航空货运产生商品流是当前经济全球化的重要特征之一，因为全球化时代时间和速度成本正逐渐取代运输成本，成为全球商品流通中首要考虑的因素。据 ICAO 的统计[①]，2013

---

① 参见 http://www.icao.int/Meetings/ICAO-McGill2013/Documents/1-Djibo.pdf[2018-11-10]。

年航空运输量仅占全球贸易量的 0.5%，但附加值却占到 35%。航空运输为两类商品快速高效的流通提供了物质保障。一类是对时间极度敏感的商品，如生物医药产品；另一类是兼具高附加值、高科技含量、体积重量小的商品，如手机、计算机等电子产品（Ensign, 2014）。航空运输及由此形成的航空网络在城市、区域经济发展中发挥着越来越重要的作用。

Bell 和 Feitelson（1991）指出，在每一个城市体系中，高效的交通网络都有两个最基本的效果——使商品和服务的流通更加便捷，使劳动力的流动更及时、更有效。这对于更需要频繁交流和直接接触的现代生活与生产来说至关重要。在信息革命时代，面对面的接触在经济活动中依然十分重要。Nooteboom（1999）认为，便捷的交通可以最大限度地缩短空间、认知和文化距离，从而成为知识交换的关键。Debbage（1999）尝试将航空运输融入主流城市与区域发展研究议题中。他重点考察了美国南卡罗来纳州和北卡罗来纳州各个机场客流量与区域经济发展的关系，尤其是对航空运输及行政和辅助（administrative and auxiliary）就业的影响，因为行政和辅助就业涵盖了研发、金融服务、会计、法律服务、市场营销、公共关系等生产性服务业部门，这些服务业的分布能很好地反映知识经济的区位选择特点，即对航空运输，尤其是航空连接性有很强的需求。实证研究表明，南卡罗来纳州和北卡罗来纳州地区机场的客流量与当地行政和辅助就业水平确实存在很强的相关性，航空连接性已经成为城市和区域发展的重要竞争优势。

曹允春（2001）考察了中枢机场在区域经济发展中的作用，阐述了航空运输与区域经济发展的内在联系，认为人类社会从农业社会发展到工业社会再到现在的知识经济社会，交通运输一直是经济发展的先导与催化剂。他认为，现代社会已经发展到知识、信息经济社会，资本和劳动力已经不再是推动经济发展的主要动力，取而代之的是知识和信息。通过知识和信息加工，经济各部门和社会各领域大大增强了工作效率与创新能力，大量高附加值、体积小、重量轻的产品涌现，如计算机、手机等，这些产品生命周期短，更新换代快，对时间和市场很敏感，航空的优势刚好可以满足这类产品的运输（表 7-2）。实际上，当代社会不仅是知识、信息经济社会，也是全球化进程极为活跃的时代。全球化过程催生了新国际劳动分工，生产过程扩展到全球尺度，空间分布呈现分散化的特点。航空运输所具有的快捷、安全、跨度大的优势，成为现代企业在全球经济时代保证正常运行必不可缺的保障。航空联系下的区域之间物理距离虽然没有变化，但相对距离却大大缩小，区域之间产生愈发紧密的联系，这种联系促进了区域经济的快速增长。

表 7-2　不同阶段交通对区域发展的推动作用演变

经济社会类型	农业社会	工业社会	知识、信息经济社会
经济发展推动力	资源	资本、劳动力	知识、信息
物质流通特点	生活、生产资料的交换	高度商品经济，大规模商品的流通	高附加值时间敏感型商品流通
主要交通运输方式	水路	铁路、公路	航空

资料来源：曹允春（2001）

宋伟和杨卡（2006）从原生效益、次生效益、衍生效益和永久性效益四个方面入手，分析了民用航空机场对城市和区域经济发展的影响，认为航空服务水平和航空网络的组织对城市及区域经济的影响与日俱增。曹允春和谷芸芸（2007）将航空运输对宏观经济的影响划分为四种类型。①直接影响：航空运输本身所产生的影响，包括航线服务和航站服务；②间接影响：对与航空运输业紧密相关企业的影响，如物流企业、临空制造业，以及航空指向明显的服务业；③诱发影响：对为航空、物流服务的相关产业产生的影响；④催化影响：由于航空运输效率提高、物流成本下降后对其他相关产业产生的影响。例如，1995年美国联邦快递（FedEx）在菲律宾苏比克湾建立了亚太营运中心，促进了苏比克地区的工业发展，一些跨国公司纷纷在此投资设厂，形成了一个以 IT 企业为主的产业集群，地区生产总值从 1995 年的 2000 多万美元增长至 2001 年的10 亿美元（唐颖昭，2008）。管驰明（2008）认为，中国机场的空间分布与航空运输需求的空间分布存在一定的偏差。首先，对比分析了 20 世纪 50 年代末和 2005 年中国机场空间分布的特点，发现机场空间分布存在密度增大、分散化和通达性提高的特点。其次，重点分析了影响机场空间布局的因素，发现经济发展水平是影响航空客运和货运的最重要因素，入境旅游人次、进出口贸易和三次产业增加值三项指标对航空运输也存在一定的影响。这一结果反映了航空运输是派生需求，航空旅行的需求是由经济、贸易、政治、旅游等活动催生的，航空货运则是由两地之间物资交换的供需关系所决定的。因此，航空运输主要取决于地区经济发展水平、对外经贸联系程度及旅游业的发展。同时，预见到随着经济的发展，区域之间的经贸联系更加紧密，外出商务、旅游休闲增加，将产生更多的航空客货需求。总体上，中国航空业正处在一个快速增长的上升期，但受限于数据来源问题，在分析航空运输与经济发展的相互关系时，大多数研究以省域为分析的空间单元，分析尺度过大，未直接与机场所在的城市进行关联分析。这一研究的缺陷在早期机场数量少，主要位于省会城市的情况下还不明显，但随着社会经济和民用航空的发展，中国的机场数量越来越多，空间分布越来越密，以省为分析单元显然无法精确地反映机场真实的空间分布和区位。

综上所述,要素与经济活动主体在区域空间上的集聚是推动区域经济发展的根本力量。航空网络中的区位优势对于地方的意义在于促进人流、物流、信息流向地方集聚,并形成自我增强的集聚效应,发挥流入效应、流出效应和乘数效应,从而形成产业集群,驱动经济发展(河南省社会科学院课题组,2016)。在全球化时代,这一区位优势显得尤为重要。尤其是对内陆和边缘地区而言,在全球性的网络中占据枢纽位置是其融入全球化进程和加速经济发展的重要支撑。

三、全球生产网络与航空网络双重驱动下的国际城市案例

全球城市和世界城市网络的研究从生产性服务业企业的集聚来考察城市的地位和彼此间的联系(Taylor,2004)。因此,受到广泛关注的是如伦敦、纽约、东京等在全球经济中占支配的城市(Sassen,1991)。但第四章的研究结果表明,如果从全球航空客运网络的角度进行考察,其顶级城市则是巴黎和法兰克福。全球航空货运网络展现了另一图景(表7-3),香港是世界排名第一的航空货运枢纽城市,上海、首尔、迪拜、东京等世界城市也占有重要地位。然而,也有一部分非世界城市依托自身发达的航空网络优势参与全球分工,成为全球航空货运网络中的重要节点。例如,美国孟菲斯、路易斯维尔等航空货运枢纽城市,它们虽然在 GaWC 中的排名不高[①],但在全球航空货运网络中却拥有很高的地位。表 7-3 显示,人口规模和经济规模在美国排名中游的孟菲斯和路易斯维尔两个城市在航空货运上具有世界领先的水平。其中,孟菲斯 2009 年的航空货运量达到 369.71 万吨,位居世界第一,2014 年也仅以微弱的劣势排在香港之后,位居世界第二。而路易斯维尔在 2009 年和 2014 年,航空货运量都位居世界第七。

表 7-3　2009 年和 2014 年世界主要航空货运枢纽城市航空货运量统计

排名	2009 年			2014 年		
	城市	航空货运量/万吨	同比增长/%	城市	航空货运量/万吨	同比增长/%
1	孟菲斯	369.71	0.0	香港	441.12	5.9

---

① 参见 http://www.lboro.ac.uk/gawc/world2012.html[2018-11-12]。

续表

排名	2009 年			2014 年		
	城市	航空货运量/万吨	同比增长/%	城市	航空货运量/万吨	同比增长/%
2	香港	338.53	−7.5	孟菲斯	425.85	2.9
3	上海	254.34	−2.3	上海	318.14	8.6
4	首尔	231.30	−4.6	首尔	255.77	3.8
5	巴黎	205.45	−9.9	安克雷奇	248.22	2.5
6	安克雷奇	199.46	−15	迪拜	236.76	3.1
7	路易斯维尔	194.95	−1.3	路易斯维尔	229.31	3.5
8	迪拜	192.75	5.6	东京	213.24	5.6
9	法兰克福	188.77	−10.6	法兰克福	213.21	1.8
10	东京	185.20	−11.8	台北	208.87	6.2

资料来源：2009 年和 2014 年国际机场协会（Airport Council International，ACI）年度货运统计报告（Cargo Traffic 2009 Final，Cargo Traffic 2014 Final）

孟菲斯和路易斯维尔在航空货运上的崛起分别与两大国际物流资源整合服务商美国联邦快递（FedEx）和美国联合包裹服务公司（UPS）有着密切的联系（Bowen，2012）。本节将以孟菲斯和美国联邦快递为案例具体论述航空经济推动城市融入全球生产网络，促进区域经济发展的过程。

按货运周转量计算，美国联邦快递是世界上最大的快递承运商和包裹运送公司，2013 年货运周转量达到 161.27 亿吨·公里，遥遥领先于第二名（表 7-4）。美国联邦快递很好地结合了航空物流与地面物流，构建起成熟的物流网络。而航空网络作为其物流网络的核心，成为全球商品流的现实载体，不仅从地理空间上改变了全球贸易的布局，也深深地影响了网络枢纽城市的经济发展。孟菲斯依托美国联邦快递的全球枢纽节点的地位，在全球化时代能够与全球经济快速接轨，催生了地方产业集群和区域经济的发展。

表 7-4　2013 年世界十大货运航空公司货运周转量

排名	企业	货运周转量/亿吨·公里
1	美国联邦快递	161.27
2	美国联合包裹服务公司	105.84
3	阿联酋航空公司	104.59
4	国泰航空有限公司	82.41

续表

排名	企业	货运周转量/亿吨·公里
5	韩国大韩航空公司	76.66
6	德国汉莎航空股份公司	72.18
7	新加坡航空有限公司	62.40
8	卢森堡国际货运航空	52.25
9	卡塔尔航空公司	49.72
10	中华航空股份有限公司	48.13

资料来源：国际航空运输协会（International Air Transport Association，IATA）每年发布的全球航空运输统计（World Air Transport Statistics）第 58 版（2013 年统计数据），网址为 https://www.iata.org/publications/store/Pages/world-air-transport-statistics.aspx

美国联邦快递从 1973 年在孟菲斯设立枢纽开始逐步构建其航空货运网络。最初的网络只由 11 个城市组成，枢纽只有孟菲斯一个，其余布局在当时美国主要的工业城市，如罗切斯特、纽约等。其后，经过严密的市场调研，美国联邦快递将网络扩展到美国 26 个城市，并逐渐将服务渗透到各个行业。20 世纪 70 年代的石油危机给美国联邦快递带来了机遇，公司使用小货机依靠夜间航班更加灵活高效地发挥了运输能力，一举在市场上取得成功，而这种运输方式间接促进了美国向轻工业和服务业的转型（Bowen，2012）。随着 70 年代末美国航空管制的放松，航空货运业得到了长足的发展，日益增长的业务量使得美国联邦快递需要更多的地方性枢纽来缓解孟菲斯的压力。为此，美国联邦快递相继开通了其他几大区域枢纽，如纽瓦克、奥克兰、印第安纳波利斯、安克雷奇、达拉斯-沃斯堡、迈阿密和格林斯伯勒。在整个网络系统中，孟菲斯是绝对的核心和超级枢纽，其余几大枢纽为区域枢纽，覆盖不同区域。其中，印第安纳波利斯枢纽是这些枢纽中最重要的一个，它拥有比孟菲斯更有利的区位条件，更接近美国东北的工业中心，同时是主要铁路和高速公路的交汇处。最新的格林斯伯勒枢纽是美国联邦快递在 2010 年建立的。在这一枢纽的选址过程中，格林斯伯勒和同在北卡罗来纳州的金斯顿产生了竞争。北卡罗来纳州政府通过政府财政的力量在金斯顿建立了大型的物流园希望吸引美国联邦快递的到来，但格林斯伯勒凭借处于洲际公路交会处的区位优势和充足的地方劳动力市场两大优势成功击败了金斯顿。

美国联邦快递使得孟菲斯的国际货运枢纽功能得到提升，依托国际货运功能，众多产业开始向孟菲斯集聚。首先，是对时间极度敏感的生物医药制造业、高附加值和高科技含量的信息产业在孟菲斯落地，以辉瑞制药、葛兰素史克、惠普等为代表的生物医药制造、信息产业纷纷在孟菲斯设立工厂，逐渐形成专门化的产业集群。然后，围绕生物医药制造和信息产业，其他产业也加入孟菲斯航空经济区中，形成了以物流服务、生物医药制造、信息产业、汽车和配件制造及网络零售商为主导产业的航空产业集群。表 7-5 显示，孟菲斯航空经济区拥有九个产业类型，虽分属制造业、物流服务、金融业等不同领域，但其制造业、网络零售商都需要依托快捷的航空运输。

表 7-5　孟菲斯航空经济区产业类型和代表企业

产业类型	主要企业	经营业务
生物医药制造	辉瑞制药（Plizer Pharmaceuticals）	药品制造
	史克必成（SmithKline Beecham）	药品制造
	葛兰素威康（Glaxo Wellcome）	药品制造
	葛兰素史克（Galaxo）	药品制造
	强生制药（Johnson&Johnson）	药品制造
	先灵葆雅（Shering Plough）	药品制造
医疗器械	史密斯-内菲尔（Smith and Nephew）	医疗器械制造
	莱特医疗技术（Wright Medical Technology）	医疗器械制造
	波士顿科学（Boston Scientific）	医疗器械制造
	百特医疗用品（Bsxter Heathcare）	医疗器械制造
	美敦力医疗器械（Medtronic Sofamor）	医疗器械制造
	通用电子医疗设备（GE Medical）	医疗器械制造
网络零售商	威廉姆斯-索拿马（Williams-Sonama）	家用品零售
	TBC 集团	汽车备胎零售
	弗莱明零售（Fleming Corp.）	汽车零售
	克罗格超市集团（Kroger）	综合零售
信息产业	通贝（Thomas and Betts）	屏蔽五类系统
	惠普（Hewlett Packard）	综合 IT 服务
	西门子（Siements）	综合 IT 服务
汽车和配件制造	康明斯引擎（Cummins Engines）	汽车零部件
	马自达（Mazda）	汽车制造
服装体育用品制造	锐步（Reebok）	服装制造
	耐克（Nike）	服装制造

续表

产业类型	主要企业	经营业务
物流服务	西尔斯物流（Sears Logistics Service）	物流服务
	英迈国际（Ingram Micro）	供应链服务
信息咨询	鹰域信息咨询公司（Eagle Vison）	咨询和信息服务
金融业	雷曼兄弟国际有限公司（Brother International）	银行业、国际投资

资料来源：耿明斋和张大卫（2015）

从孟菲斯发展的经验，可以总结出以下几点启示。

第一，航空货运提供了快捷运输的保障。孟菲斯航空经济的发展离不开高效、可靠的航空运输作为保障。例如，世界最大的角膜银行——国家眼科银行中心（The National Eye Bank Center）坐落于孟菲斯，依靠的就是美国联邦快递在孟菲斯强大的航空快递运输服务，以便于角膜可以尽快运到需要的地方。而如史密斯-内菲尔、美敦力医疗器械、莱特医疗技术等医疗器械制造企业选择孟菲斯也是因为其四通八达的物流服务（Kasarda and Lindsay，2011）。孟菲斯拥有的国际首屈一指的货运机场，为当地企业提供了更低的运营成本和更灵活的运作方式。

第二，行业领导企业的入驻。孟菲斯是美国联邦快递的全球枢纽和总部所在地，美国联邦快递对孟菲斯地方经济的增长起到了重要作用。其中，对地方经济的直接和间接贡献从 1995 年的 71 亿美元上升到 2004 年的 111 亿美元，直接和间接带动的就业人口从 1995 年的 4.3 万人上升到 2004 年的 6.7 万人（Bowen，2012）。美国联邦快递的成功不仅仅在于其航空货运能力，作为国际物流整合商，美国联邦快递还开创了诸多领先的服务方式，成为物流行业巨擘。例如，美国联邦快递推出时限服务，承诺任何服务可在 24 小时内到达北美洲任何地方，48 小时内到达全球主要城市。由此可见，行业领导企业对促进地方的发展有巨大的贡献。

第三，多式联运带来物流的整合。孟菲斯地理位置优越，处于美国大陆的中心位置，这是孟菲斯与其他城市建立联系的自然基础。同时，孟菲斯拥有良好的高速公路、铁路、水路网络。其中，在公路运输上，40、55、22、240 和269 五条高速公路在孟菲斯会集；在铁路运输上，NS、BNSF、UP、CSX 和 CN五条一级铁路也交会于孟菲斯；在水路上，孟菲斯港是密西西比河的第二大、美国第四大内陆港口，每年的货运量超过 1900 万吨。因此，便利的综合交通优势，使得孟菲斯能在航空货运的基础上进一步拓展运输方式，形成多式联运的综合交通枢纽。

第二节　全球复合网络中的新节点
——郑州航空港区崛起的分析

一、中国航空货运发展概况与郑州航空货运的异军突起

不论是从理论分析来看，还是从现实国际案例演化过程来看，航空网络推动区域发展都是一个长期的历史过程，该过程首先表现出的特点就是航空运输量的快速增长和航空运输联系的迅速稠密化（耿明斋和张大卫，2015）。第六章对中国城市间航空联系的分析也同样证明了该规律。但第六章侧重从航空客流的角度对中国城市间航空联系进行分析，未涉及中国航空货运发展的问题。同时，在基于航空客运的中国城市网络中，受高速铁路快速发展的影响，中部地区在网络中处于相对边缘化的位置。然而，中部地区的地理中心位置在航空货运中却可能转化为重要的区位优势。例如，孟菲斯之所以成为美国联邦快递的中心枢纽，地理中心性是其中一个重要因素。本节首先梳理中国航空货运的发展历程，然后分析郑州航空货运异军突起的现象，并延伸分析到航空货运主导下郑州航空港的崛起过程。

航空货运的发展离不开市场化的推动。1979 年美国放松了航空管制，20世纪 90 年代欧洲运输实现自由化，都在不同程度上促进了这两个区域航空货运的高速增长及航空货运网络的不断完善（叶倩等，2013）。中国民航业自 1978年改革开放以来也经历了多次的改革。真正实现市场化变革是 2002 年国务院颁布的 6 号文件《民航体制改革方案》，该文件明确提出，改革的主要目标是：政企分开，转变职能；资产重组，优化配置；打破垄断，鼓励竞争；加强监管，保证安全；机场下放，属地管理；提高效益，改善服务。通过企业集团化、机场属地化、空管一体化和监管市场化推进民航政资分离、政企分开。这一轮改革之后，中国航空货运市场开始了突飞猛进的发展（图 7-1）。中国民用航空局的统计显示，2003～2014 年，中国航空货运量从 219 万吨增长至 594 万吨，增幅达到 171%。从增长速度来看，随着民航市场化改革完成，2003～2010 年中国航空货运量实现了快速增长。2010～2013 年受全球金融危机的冲击，航空货运量呈现停滞状态，2011 年甚至有小幅下降。2014 年开始，航空货运市场又呈现出增长的趋势。

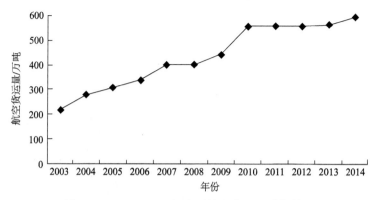

图 7-1　2003～2014 年中国航空货运量增长情况

资料来源：根据中国民用航空局《民航行业发展统计公报》（2003～2014 年）整理

　　从城市之间的航空货运联系来看，1997～2012 年也呈现出联系越来越紧密的特点（图 7-2 和图 7-3）。总体上，1997～2012 年，随着航空货运量的增加，航空货运网络越来越稠密，这一点和航空客运网络的发展态势相同。但航空货

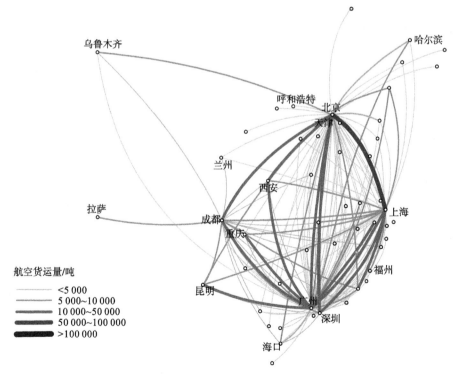

图 7-2　1997 年国内航空货运网络结构

资料来源：《从统计看民航 1998》

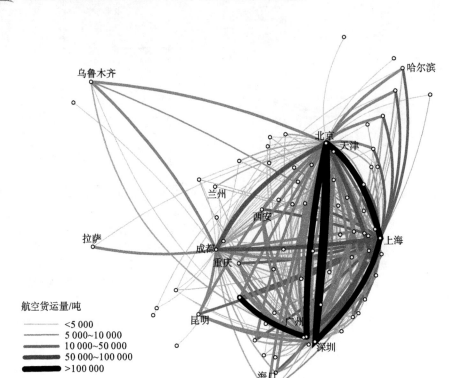

图 7-3　2012 年国内航空货运网络结构

资料来源：《从统计看民航 2013》

运网络也有其自身的特点。首先，1997 年以来，北京和上海之间的联系就一直是最强的。其次，北京、上海、广州、深圳是网络中四个最重要的节点，成都在货运网络中的地位低于深圳，因此航空货运网络结构呈现由北京、上海、广州、深圳组成的偏三角形结构。最后，与航空客运网络相比，东北城市（沈阳和哈尔滨）和乌鲁木齐、拉萨在网络中与其他城市的连接更密切。其中，与东北城市（沈阳和哈尔滨）联系最为密切的城市是北京和上海；北京和成都是乌鲁木齐重要的连接对象；因青藏高原地势险要，成都承担了全国与拉萨之间主要的货流联系。

　　尽管中国航空货运整体上呈现出增长的态势，但各个地区和城市航空货运的发展情况并不相同。2014 年，全国运输机场完成航空货运量 1356.08 万吨，其中东部地区完成 1028.60 万吨，占全国的 75.85%。2014 年，上海、北京、广州三大城市的机场航空货运量之和达到 695 万吨，占全国所有机场航空货运量的 51.3%[①]。深圳和成都航空货运起步较晚，但 2014 年的航空货运量均超过 50

① 2014 年全国机场生产统计公报. http://www.caac.gov.cn/XXGK/XXGK/TJSJ/201511/t20151102_8866. html[2019-01-10].

万吨，增速较快。在排名前列的其他城市中，郑州机场的出现十分引人注目。这是因为，航空货运与经济发达程度关系密切，航空货运量排前的城市大多为东部沿海开放城市，如北京、上海、广州、深圳、杭州、厦门、南京。郑州地处中部地区，在全国层面并非属于经济很发达的城市，但航空货运发展近年来却十分迅速，2014 年航空货运量达到 37 万吨，与杭州和南京等沿海城市不相上下（图 7-4）。

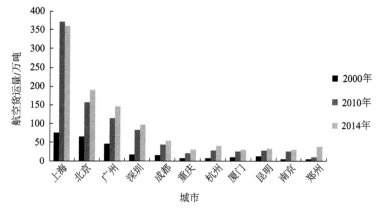

图 7-4　2000 年、2010 年和 2014 年主要城市机场航空货运量比较

资料来源：根据中国民用航空局公布的《全国机场生产统计公报》（2000 年、2010 年和 2014 年）整理

近年来，郑州航空货运步入快速发展阶段。图 7-5 是若干城市航空货运量发展速度比较。该图分为两个时间段：2000～2010 年，发展速度较快的依然是南京、上海和深圳，郑州增速中等，并没有显示出特别的优势；2010～2014 年，郑州的增速呈现出火箭般上升的态势，总增幅达到 332%，年均增幅超过 80%，

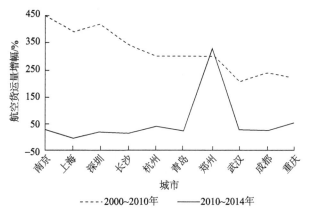

图 7-5　主要城市航空货运量发展速度对比

资料来源：根据中国民用航空局公布的《全国机场生产统计公报》（2000～2014 年）整理

四年间的总增幅超过 21 世纪前十年的总增幅。而同时期，其他城市增长速度就要低很多。东部沿海地区城市普遍增长趋于停滞，上海甚至出现了负增长。西部地区同样崛起中的成都和重庆虽然也有较快的增长，但增幅远远不如郑州。

二、全球生产网络与地方耦合——以富士康为案例

航空经济实质上是借助航空运输这种快速的运输方式，依赖于全球化垂直分工体系和网络化产业组织形式而衍生出的一种新型经济形态（耿明斋和张大卫，2015）。对于郑州而言，航空经济若想取得突破性发展其前提条件还是主动融入全球化，实现全球生产网络与地方的耦合。学术界有关战略耦合的理论可以解释全球生产网络与地方发展的一般机理，但面对中国的实际情况，还需要考虑更多的特殊性。长期以来，中国融入全球生产网络靠的是以丰富的劳动力数量和较低的劳动力成本、低价土地和能源资源、亲商服务政策环境等为代表的商务成本比较优势（高柏，2006）。中国的这种模式大胆地引进市场力量，并积极利用比较优势吸引外资以发展本国产业，成为"世界工厂"（李健，2011）。

可见，外资的进入对中国融入全球化起着重要作用，推动了区域经济的增长。外商直接投资具有乘数效应，同时当时的外资以制造业为主，需要地方政府建设配套基础设施，使得固定资产总投资得以数倍方式增长，这是沿海地区经济增长速度保持在两位数以上的重要原因（宁越敏，2004）。然而，中国的对外开放和外资进入是非均衡发展的。这一方面与中国经济开放的总体格局密切相关，中国对外开放先后经历了经济特区—沿海开放城市—沿海经济开放区—内陆的跨区域、多层面、多形式的态势；另一方面也是由中国地形地貌特点决定的，东部以平原为主，面向太平洋，最有利于对外联系。因此，中国东部地区成为对外开放的首先获益者。2000～2014 年，中国实际利用外商直接投资主要分布在东部沿海地区，且整体呈现从南往北，由沿海向内陆扩散的趋势。珠三角、长三角、环渤海三个地区是外商直接投资的主要接受地。2008 年以后，受全球金融危机及沿海劳动力成本上升的双重影响，沿海地区主动调整产业结构，而中西部地区亦主动承接沿海地区劳动密集型产业的转移，出现外商直接投资向中西部地区转移的趋势，中西部地区开始逐渐融入全球生产网络中，从而使中国区域经济的空间格局发生变化。

然而，2008 年以后在中西部地区的外商直接投资与先前在沿海地区的表现有所不同。其最重要的特征是并非所有劳动密集型产业同时向中西部地区转移，

转移的产业主要是电子产品装配制造业，而服装、鞋类等消费品产业有向东南亚国家转移的趋势。这是因为电子产品属于单位重量附加值较高的产品，适宜航空运输，而一般消费品仍需要利用运价较低的海运。因此，2008 年以后外商直接投资优先布局在中西部地区具有较好机场条件的一些省会城市。

河南地处中原地区，在 20 世纪 90 年代初开始的我国全面对外开放格局中不具有区位优势，经济发展主要依靠国内市场。由于外向型经济不发达，长期以来，河南丰富的农村剩余劳动力只能向东部沿海地区输出（杨传开和宁越敏，2015）。作为河南省会的郑州具有同样的情况。据《郑州统计年鉴》（1998～2006 年），1997～2005 年，郑州年实际利用外资长期徘徊在 2 亿～3 亿美元。其中，2000～2002 年，郑州年实际利用外资甚至不足 1 亿美元。对郑州乃至河南而言，只有融入经济全球化，将外部资源为己所用才能保持长期的经济快速增长。

从郑州的地方特色来看，它在全球价值链分工体系中对于代表全球资本的跨国公司具有一定的吸引力。这主要体现在以下几个方面：第一，区位优势。郑州地处我国两大铁路干线京广线和陇海线交汇之地，是我国重要的铁路枢纽。第二，郑州所在的河南是我国第一人口大省，平原面积广，拥有丰富的劳动力和土地资源。第三，1997 年郑州新郑国际机场的建成使郑州具备航空货运优势，航空经济发展条件良好。这些特点决定了郑州融入全球生产网络的发展路径，既适合承接沿海地区劳动密集型产业的转移，同时适合发展依托航空货运的高端制造业（张占仓和蔡建霞，2013）。对郑州而言，所缺的是融入全球化的机遇。而在波特构筑的竞争力钻石模型中，机遇恰恰是一个重要的外部条件（波特，2002）。2008 年爆发的全球金融危机对我国沿海地区经济的发展产生了一定的冲击，但对郑州和西部一些城市而言反而成为新一轮发展的机遇。这是因为，沿海地区快速的经济发展导致劳动力成本不断上升，资源、环境压力不断加大，迫使沿海地区主动谋求经济转型之路。2010 年深圳市政府工作报告提出，加快转变发展方式，推动经济增长从外需拉动向内外需协调拉动转变，从要素驱动向创新驱动转变①。按照这一新的发展思路，劳动密集型产业就要大规模地向外转移。

触发郑州转型的机遇来自富士康科技集团（简称富士康）的企业发展战略调整。富士康是鸿海精密集团在中国投资兴办的高新科技企业，主要从事计算机、通信、消费性电子等产品的研发制造，是全球最大的消费性电子产品的代工企业。2010 年，位于深圳的富士康发生多个员工坠楼事件后，富士康总裁郭

---

① 参见 http://www.sz.gov.cn/zfbgt/zfgzbg/201108/t20110817_1720466.htm[2018-12-01]。

台铭决心大举西进，寻求企业新的区位以谋求更持久的发展。河南省政府得知后主动与富士康联系。2010 年 5 月，省长郭庚茂率 18 个各职能部门负责人组成的团队赴深圳与富士康负责人会商[①]，在答应尽快解决富士康提出的设厂有关条件后，如尽快在郑州设立保税区，富士康下决心将苹果（Apple）的主力产品 iPhone 4S 手机生产线从深圳搬迁至郑州。2010 年 7 月，富士康与河南有关方面签约，其后富士康郑州科技园正式奠基，创造出令人称羡的富士康速度和河南速度。2013 年，富士康在郑州的手机生产线达到 116 条，员工总数高峰期超过 30 万人，平时也在 25 万人以上。当年生产手机 9645 万部，同比增长 40.8%，实现电子信息产业增加值 1722 亿元，同比增长 42.3%，出口成品手机 8446 万部，实现进出口总值 271.26 亿美元。2014 年，富士康智能手机产量已突破 1 亿部，约占全球智能手机总产量的 1/8，工业增加值和进出口等指标也进一步提升[②]。

富士康带来的不仅仅是智能手机的生产线和大量的就业岗位，还促进了郑州智能终端设备制造产业集群的形成。2014 年，郑州航空港区智能终端产业园正式开园，吸引了包括天宇、中兴、酷派等国内智能手机制造商，以及高通、展讯等手机核心零部件配套厂商的入驻，当年就有 16 家企业实现了投产，非苹果智能手机产量达到 2400 万部。为促进智能终端产业的发展，郑州航空港区重点打造了四个支撑平台以配合龙头企业富士康的发展（表 7-6）。

表 7-6　郑州航空港区智能终端产业集群发展情况

龙头企业	富士康
支撑平台一	手机产业园一期、二期共 24 万平方米已建成投入使用
支撑平台二	河南省智能终端检测公共服务平台已完成选址，并在手机产业园过渡性开展业务
支撑平台三	天宇智能终端供应链平台已实现与深圳点对点直通
支撑平台四	实验区获批河南省智能终端（手机）及零部件出口基地
主要企业	中兴、正威、酷派、天宇等 119 家手机整机与配套企业入驻，16 家已正式投产

资料来源：根据 2015 年 12 月郑州航空港区实地调研整理

在富士康的带动下，郑州开始全面融入世界经济体系。2010 年，郑州实际利用外商直接投资略低于 20 亿美元，2011 年起每年实际利用外商直接投资超过 30 亿美元（图 7-6）。与此同时，郑州进出口总额也有快速增长。2010 年以前，郑州的外贸出口值一直徘徊不前，从 2010 年起迅速增加，从 51.6 亿美元

---

① 卢展工会见郭台铭. http://news.shangdu.com/101/20101201/7_132545.shtml[2010-12-10].
② 本部分数据是笔者 2015 年 12 月赴郑州调研期间由郑州航空港区管理委员会提供.

上升到 2015 年的 570.3 亿美元（图 7-7）。郑州的对外贸易依存度（又称对外贸易系数，即进出口额占国内生产总值的比重）在 2010 年前一直徘徊在 10% 以内，2011 年超过 20%，2012 年后超过 40%，位居中西部城市的前列。

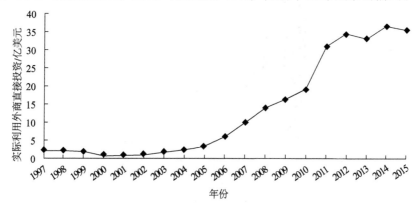

图 7-6　1997～2015 年郑州实际利用外商直接投资情况

资料来源：根据《郑州统计年鉴》（1998～2016 年）相关数据整理

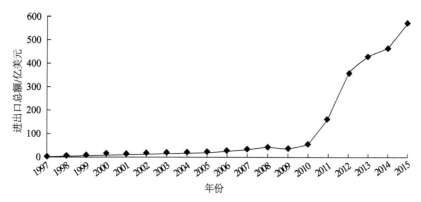

图 7-7　1997～2015 年郑州进出口总额

资料来源：根据《郑州统计年鉴》（1998～2016 年）相关数据整理

富士康之所以能与郑州实现完美的耦合主要有以下三个原因。

第一，富士康在全球价值链中的分工地位决定了其对劳动成本的高度敏感性。科技进步和新兴产业的崛起使得产品内分工层次在全球经济化浪潮的影响下日益加深，这种发展趋势极大地拓展了国际劳动分工的范围和深度，形成了以价值链为核心的全球生产网络。在全球价值链的分工中，富士康作为负责代工生产与组装的企业，处于全球价值链的低端环节（图 7-8）。该环节技术含量低，是典型的劳动密集型生产，主要集中在具有劳动力比较优势的发展中国家和地区（李健，2011）。

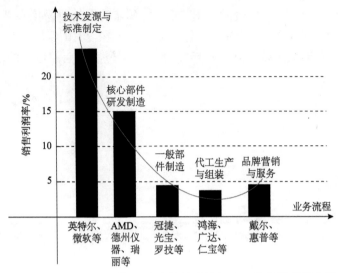

图 7-8　按企业销售额利润率计算的计算机产业价值链微笑曲线

资料来源：李健（2011）

　　因为富士康处于全球价值链的低端，利润率较低，所以富士康对劳动力成本就表现出很强的敏感性。表 7-7 显示了富士康的扩张过程，可以发现它基本按照劳动力成本导向型的模式进行区位选择。1988 年，富士康正式进入中国大陆，在当时的对外开放前沿深圳建立了第一个生产基地。1993 年，伴随着上海浦东新区的开发开放，长三角成为新的对外开放前沿，富士康也转移到长三角，在昆山建立富士康昆山科技园。进入 21 世纪以后，富士康加快在全国的扩张过程，2001～2005 年先后在北京、上海、杭州、烟台、天津建立了相应的生产基地。2005 年以后随着沿海地区劳动力成本的上升，富士康逐渐在内陆和沿海二线城市建立科技园，2008 年扩张到嘉兴，2009 年扩张到西部地区的成都和重庆。2010 年以后随着沿海地区劳动力成本的进一步上升和全球金融危机导致的贸易萎靡，富士康逐步又在内陆的一般省会城市，甚至一般地级市建立生产基地，其中郑州就是在 2010 年正式与富士康建立合作关系的。表 7-7 显示出 2013 年这些城市月平均工资水平，可以看出富士康的扩张过程与劳动力成本有着直接的关系。2013 年，沿海地区一线城市的人均月工资普遍超过 5000 元。由于内陆地区的工资水平低于沿海地区，除成都和重庆等西部地区经济发达城市达到每月 5000 元的水平外，其余城市工资水平普遍在每月 3000～4000 元。由此可见，富士康的扩张基本是在劳动力成本导向的基础上，沿着沿海一线城市—沿海二线城市—内陆中心城市—内陆一般省会城市—内陆一般地级市这样的路径发展的。实际上，即便是富士康位于沿海城市的工厂，仍然使用大量中西部地区的劳动力。2010 年，富士康在全国的员工达 100 多万人，其中来自河南的员工占 19%。对富士康来说，在河南建厂，员工可以回家做贡献①。郑州正是把握住了富士康从沿海高成本地区向内陆低成本地区转移的发展趋势，以自身充足和相对较低的劳动力成本成功吸引富士康进入郑州发展，并通过富士康-郑州这样的耦合关系成功地将地方发展融入全球生产网络中，对地方的经济增长、就业增长和产业集聚产生了不可估量的影响。

表 7-7　富士康劳动力成本导向型的扩张

城市	进入年份	2013 年人均月工资/元	城市	进入年份	2013 年人均月工资/元
深圳	1988	6753	成都	2009	5760
苏州	1993	6024	重庆	2009	5174
东莞	1995	4435	郑州	2010	4416
北京	2001	9423	长沙	2010	5606
上海	2003	8414	衡阳	2011	3749
太原	2003	5043	宁波	2012	6249
烟台	2004	4992	南阳	2012	3590
杭州	2004	6485	鹤壁	2012	3304
中山	2004	4898	长春	2013	5210
天津	2005	7016	贵阳	2013	5329
淮安	2006	4603	六盘水	2014	4800
佛山	2006	5151	临沂	2014	4693
惠州	2007	4884	菏泽	2014	3755
秦皇岛	2007	4788	安庆	2014	4150
营口	2007	4082	南宁	2016	5562
武汉	2007	7977	兰州	2016	5183
嘉兴	2008	5641	廊坊	2016	5394

资料来源：根据《中国城市统计年鉴 2014》和富士康网站成长历程板块整理

　　第二，郑州的区位优势及航空货运的便利条件满足了富士康在电子产品制造方面的需求。所有的企业在生产过程中都需要物理空间和交通通达性，并对

---

① 卢展工会见郭台铭. http://news.shangdu.com/101/20101201/7_132545.shtml[2011-01-05].

应于不同的交通运输方式，其中高附加值的电子产品是典型的以航空运输为主的产品。由于电子产品价值高，从购买的角度来看，被送达的物品总成本中，全部物流成本所占的份额极少（Glaeser and Kohlhase，2004）。从富士康在全国范围内的生产布局来看，2010 年以后已经将主要的生产活动迁移到内陆地区，但不同区位之间也存在差异化的分工。例如，郑州以生产智能手机为主，而成都和重庆就以生产笔记本电脑为主。相对于笔记本电脑，智能手机体积更小、重量更轻，同时苹果手机本身的品牌效应带来了更高额的附加值。所以从产品特点来看，富士康对智能手机制造的选址需要考虑航空运输的便利性。因此，富士康与郑州在智能手机制造方面形成耦合绝不仅仅是因为劳动力成本。笔者在 2015 年 12 月前往郑州航空港区实地调研时，当地政府在介绍富士康落地郑州时就强调了航空优势在其中扮演的积极作用。当时富士康进入河南有两个区位选择，第一是洛阳，第二是郑州。洛阳是重工业基地，产业基础好，但郑州的交通区位优势起到了决定性作用，促使富士康最终落地郑州。同时，郑州为了配合富士康智能手机的生产和运输方式，在紧邻郑州新郑国际机场的地方设立了出口加工保税区，为富士康产品直接出口提供了便利的条件。富士康在郑州新郑综合保税区生产的产品完成后，凭借保税区的出口税率减免优势，进一步控制了成本，而几乎零成本的地面物流配合高效的航空物流，使富士康在整个生产运输环节大大降低了成本和时间。

第三，地方政府在政企联盟形成中发挥了重要作用。2010 年 11 月 30 日，河南省委书记卢展工会见富士康总裁郭台铭时说，河南从上到下，对于富士康进入河南满腔热情，因为富士康的进驻会给河南带来很多变化。同时，郭台铭也表示，富士康投资有一个共识，即地理位置固然重要，但投资环境更重要。富士康在中国大陆有 100 多万工人、26 个厂区，我们也会进行相互比较，河南的行政效率高，服务效率高，官员做事速度快、认真负责、做事清廉的作风让我们钦佩。郭台铭坦诚，过去，外界对于河南人有很多传说，也有一些不好的，但通过这次合作，让我见识到，河南人能干、认真、诚信，投资很愉快[①]。郭台铭在另一场合也说，对于环境成本，中国是全世界最优秀的，中国政府对投资，对工厂的积极服务世界第一。地方政府的积极服务大大降低了企业的各项交易成本，地方政府创造的投资环境成为企业考虑布局时的决定性因素。由于政府与企业的不断互动，增强了彼此间的信任，双方的合作已从一般意义上的战略耦合上升到政企之间的联盟。需要指出的是，在此的地方政府呈现中国特有的省、市两级政府共同参与的特点：与富士康进行洽谈的是河南省政府，因

---

① 卢展工会见郭台铭. http://news.shangdu.com/101/20101201/7_132545.shtml[2011-01-05].

为涉及招商引资的重大政策需要省政府出面与中央职能部门洽谈，而负责项目建设的具体事宜如征地、招工等则可由郑州市政府负责。

三、航空经济引导下的郑州航空港区发展

航空港经济是依托航空运输业发展起来的一种经济形态，利用航空这一快捷的运输方式，迅速将生产要素集聚与分散，是开放型经济发展的一个新模式。航空运输可以便捷地将缺乏海港的内陆与世界经济体系相联系，发展航空港经济有可能成为破解内陆地区开放难题的一个重要突破口。郑州位于中国内陆地区，天然的地缘劣势成为制约郑州开放型经济发展的瓶颈。要想实现开放型经济的大发展，将开放型经济作为内陆地区的发展动力，必须破解这一制约瓶颈，弥补其地缘劣势，最终消除商品、资本、人员要素向内陆地区流动的各种人为障碍，实现要素内外双向流动。因此，郑州选择航空港经济发展模式，通过建立郑州航空港经济综合实验区,发挥航空经济的拉动作用来促进地方的发展（张占仓和蔡建霞，2013）。

2007 年 10 月，为加快郑州国际航空枢纽建设，河南省委、省政府批准设立郑州航空港区。2010 年引入富士康后，郑州航空经济开始进入实质性起飞阶段。2010 年 10 月 24 日，经国务院批准正式设立郑州新郑综合保税区。2011 年 4 月，根据中央机构编制委员会办公室批复精神，经河南省委、省政府批准设立郑州新郑综合保税区（郑州航空港区）管理委员会，为省政府派出机构。2012 年 11 月 17 日，国务院批准《中原经济区规划》，提出以郑州航空港为主体，以综合保税区和关联产业园区为载体，以综合交通枢纽为依托，以发展航空货运为突破口，建设郑州航空港区。2013 年，国务院批准《郑州航空港经济综合实验区发展规划（2013—2025 年）》，标志着全国首个国家级航空港经济综合实验区正式设立。

郑州航空港区位于郑州主城区东南方向 25 公里，集航空、高速铁路、城际铁路、地铁、高速公路于一体，是可实现"铁、公、机"无缝衔接的综合枢纽。郑州航空港区批复面积 415 平方公里，通过产城融合的发展模式，将成为郑州大都市区发展的一个新增长极。

郑州航空港区管理委员会为河南省政府派出机构，机构规格为正厅级，实行"市管为主，省级扶助"的领导体制和"两级三层"的管理体制：两级即河南省负责宏观指导规划、决策管理、协调服务及与国家机关联络沟通；郑州市负责组织领导、具体实施、督促落实。三层分别为省郑州航空港区领导小组、

市郑州航空港区领导小组、郑州航空港区党工委和管理委员会。

　　航空经济带来了郑州及河南经济的腾飞。2014 年，郑州航空港区各项经济指标持续快速增长（表 7-8），生产总值为 412.9 亿元，相比 2010 年增长了 13.7倍；工业总产值为 2173.0 亿元，相比 2010 年增长了 36.5 倍；财政预算收入为 21.2 亿元，相比 2010 年增长了 13.1 倍；固定资产投资为 400.9 亿元，相比 2010年增长了 6.7 倍；进出口总值为 379.2 亿美元，约占 2014 年河南全省的 58.3%[①]；各主要经济指标增速均高于全省、全市增幅，继续领跑河南全省 180 个产业集聚区与郑州全市 4 个开发区。2015 年这些主要经济指标再度上扬，郑州航空港区经济实现飞跃式发展。

表 7-8　郑州航空港区主要经济运行指标

指标	2010 年	2014 年	2015 年 1～10 月
生产总值/亿元	28.0	412.9	390.0
财政总收入/亿元	4.5	195.0	265.4
财政预算收入/亿元	1.5	21.2	24.1
固定资产投资/亿元	52.0	400.9	400.9
工业总产值/亿元	58.0	2173.0	1920.0
进出口总值/亿元	0.1	379.2	383.4
旅客吞吐量/万人	870.8	1580.5	1456.0
航空货运量/万吨	8.6	37.0	31.3

　　资料来源：根据 2015 年 12 月郑州航空港区实地调研整理

　　郑州航空港区大力发展航空物流、高端制造业、现代服务业三大主导产业，具有航空特色的产业集群初步形成，已取得以下主要成果。

　　第一，航空物流蓬勃发展。郑州新郑国际机场于 1997 年正式通航，2008年被中国民用航空局确定为中国八大区域性枢纽。在客货运输方面，2015 年郑州新郑国际机场运营的客运航空公司 32 家，货运航空公司 17 家，通航城市达91 个，开通客货运航线 169 条。其中，国内全货运航线 4 条、国际全货运航线28 条，后者的数量大大超过前者，显示了郑州在国际货运方面的优势。全货机周航班量达到 85 班，全货机通航城市 33 个，国内城市包括成都、上海、天津、石家庄、南京、杭州、厦门、武汉、深圳、广州等；国际城市包括莫斯科、阿姆斯特丹、芝加哥、安克雷奇、首尔、巴库、哈恩、纽约、新西伯利亚、达卡、

---

　　① 根据《河南统计年鉴 2015》相关数据折算。

莱比锡、卢森堡、法兰克福、吉隆坡、迈阿密、慕尼黑、米兰等。特别是,郑州新郑国际机场引进欧洲最大的全货机航空公司——卢森堡国际货运航空公司,共同打造"空中丝绸之路"双枢纽战略,即郑州成为卢森堡国际货运航空公司在本土以外的另一个关键枢纽,目前其航线辐射范围覆盖中国十多个省份和欧洲大部分地区。

第二,高端制造业发展势头良好。其一,智能终端(手机)产业快速集聚。以富士康为龙头,坚持集群式引进,不断完善产业链条,建立研发、检测、信息、资金等平台体系,努力打造配套完备的智能终端产业业态。截至 2015 年,已有以富士康为首的包括中兴、正威、天宇等 119 家手机整机与配套企业入驻,其中 16 家已正式经投产,初步形成了智能终端产业集群。其二,生物医药产业培育初见成效。2015 年,郑州航空港区有生物医药企业 11 家。作为国家级生物医药产业基地先导区的郑州台湾科技园已签约企业 67 家,其中院士项目 2 个,国家"千人计划"专家项目 4 个。新引进的代表性项目有中泽新概念生物制剂产业园、百桥国际生物医药产业园、河南美泰宝生物制药有限公司等,总投资为 227.3 亿元。其三,精密制造产业集群加速集聚。已有友嘉精密机械产业园、明匠机器人研发制造服务基地等四个项目签约入驻,总投资为 98.4 亿元。大数据产业集群发展势头良好。中国移动数据中心、云和互联网产业园、云海科技园产业基地等 5 个项目已开工,总投资为 210 亿元。航空制造维修产业加快发展。总投资 25 亿元的穆尼飞机制造项目已经签约入驻。

第三,现代服务业态发展迅速。郑州新郑综合保税区跨境电商服务平台日处理能力达到 100 万单,保税物流中心总建筑面积为 17.4 万平方米,可满足 800 万件货物存储。已有唯品会、京东国际等 52 家电商企业与支付宝、财付通等 7 家支付企业入驻[1]。

为更好地发挥航空经济带来的流入效应、流出效应和乘数效应(陈萍,2013),郑州地方政府全力打造郑州航空港区的要素平台,主要举措包括以下两个方面:第一,围绕进出口贸易打造海关和口岸平台,包括建立 12 个直属海关的区域通关机制,打造保税货物结转试点,获批口岸签证权,建立电子口岸综合服务中心,建成进口肉类指定口岸等;第二,围绕航空货运核心业务,打造多式联运的物流平台。主要包括开展保税航油业务,推动郑欧班列开通且班次不断加密,获得通往 13 个国际城市航空快件总包直封权,依托海陆空联运的方式尽快开展生鲜肉类产品业务,使传统"港口分拨"变为"腹地分拨"等[1]。

---

① 本段数据资料是笔者 2015 年 12 月赴郑州调研期间由郑州航空港区管理委员会提供。

郑州通过航空港区的建设实质上加速了全球化时代要素在内陆地区的空间流动，最大的意义是以开放性获取了流动性。这样可以充分发挥航空运输这种最便捷的交通运输方式，高水平地承接国内产业转移，加速融入全球产业链和产业分式体系，在更广领域、更高层次上参与全球经济合作。

第三节　从全球生产网络到航空大都市——一个耦合的框架

一、全球化、城市化相结合的城市空间组织——航空大都市

郑州的案例说明了在全球化时代，内陆开放条件一般的城市可以通过强化自身在生产成本及交易成本方面的优势，配合航空货运的物流优势，从产业的角度融入全球生产网络，从而促进地方经济社会的发展。以富士康为龙头的企业进入郑州，再到地方智能终端产业集群的形成，郑州完成了融入全球化进程的第一步。然而当前中国也正经历着快速城市化的过程，改革开放以来中国实现了城市化的飞跃发展，城市化水平从 1980 年的 19.39%增长到 2010 年的49.95%，并在 2011 年首次突破 50%，由此迈入城市时代（宁越敏，2012）。中国的城市化进程不仅仅表现为农村人口向城市的简单集聚，也包含了城市空间组织形式的变化，而该过程与城市化背后的动力机制密不可分。宁越敏（1998，2012）从政府、企业和个人三个行为主体的角度探讨了中国城市化的动力机制，认为在三者的共同作用下中国城市化体现出两个特点。第一，资本流向比较收益高的地区，20 世纪 90 年代表现为沿海地区城市化的快速发展。第二，地方政府在城市化进程中的作用尤为突出。中央政府更多地考虑宏观经济问题，地方政府则更关心地方发展。以上两个特点表明，城市化进程在很大程度上受到以跨国公司为代表的全球力量和以地方政府为代表的地方力量的共同推动，这也与全球生产网络和地方发展的战略耦合不谋而合。因此，对郑州而言，融入全球化的过程与推进城市化的过程实质上是相互联系、相互依存的。郑州在城市化进程中的空间组织形式也必将打上全球化和航空经济的烙印。在成功引入富士康作为郑州新兴产业的龙头企业，并形成相应的产业集群以后，郑州在城市发展中进一步选择了航空大都市作为全球化和航空经济落地的具体战略方针，聘请航空大都市概念的创始人美国北卡罗来纳大学卡萨达（Kasarda）为顾问，就具体的发展模式进行了探讨。

Kasarda 和 Appold（2014）认为，交通运输对城市发展存在五个波次的冲

击，其中第五波冲击就是航空运输的效应。在这轮浪潮中，机场成为城市经济增长的主要驱动力，这是因为 21 世纪以来航空运输业经历了其他任何交通方式都无法比拟的高速发展。Kasarda 从预言航空港将成为区域经济发展的第五波推动力开始，不断探索机场与城市发展的关系，并最终提出了航空大都市的发展理念。航空大都市即以机场为中心，以土地利用为调控手段，合理布局各类基础设施和各种经济实体，进而形成一个功能完善的大都市（Kasarda and Lindsay，2011）。航空大都市的意义在于发挥机场作为连接地方与全球的纽带优势，围绕机场布局经济活动以有效降低贸易和商务成本，提高生产效率并开拓市场，进而在国际劳动分工中提升竞争力和参与效率。航空大都市就是物联网的城市化身，代表着全球化的必然结果在城市中的体现，是速度经济时代不可避免的产物。

航空大都市将各类要素以机场为核心有机地整合起来，形成相互联系、协调发展的整体，城市的空间结构及其承担的功能也要发生相应的改变（耿明斋和张大卫，2015）。在该过程中，城市扩张路径也呈现出不同于传统城市化或郊区化的空间演变特征。传统城市空间扩张以中央商务区为中心逐步向郊区扩张，再向近郊蔓延。但随着航空大都市的崛起，城市空间的扩张会产生蛙跳式（leapfrog）的发展，形成以机场为核心的机场城市（airport city）。

从郑州城市空间扩展的案例来看，其空间组织演变的过程正好符合上述机场城市的发展模式（图 7-9）。郑州的城市空间扩展存在明显的"两步走"发展路径。第一步，郑东新区是郑州为更好地应对中国加入世界贸易组织带来

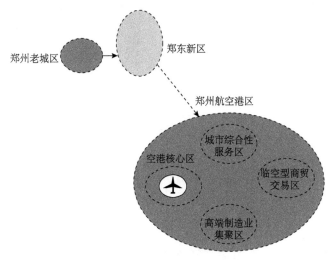

图 7-9　郑州城市空间组织演变

的机遇和挑战，尽快适应经济全球化的发展潮流，稳步推进城市化进程，提升城市品位，为将郑州建设成为国家区域中心城市而采取的首个重要举措。郑东新区的发展脱离了原来市区的框架，在紧邻市区东部建设了一个全新的城市新区，构建起郑州大都市区的基本空间格局。第二步，随着郑州航空港区的成立，郑州第二轮空间扩张就按照航空大都市的发展规律，从郑东新区大幅度地跳跃到远离市区的机场周边地区发展。首先，建立了围绕机场的空港核心区；然后，在北面形成以居住、商务功能为主的城市综合性服务区，南面形成以智能终端制造产业为核心的高端制造业集聚区，而空港核心区以东为侧重贸易、会展的临空型商贸交易区。

二、郑州航空港区发展的三重耦合模型

郑州案例加深了对全球生产网络、航空网络与区域发展相互关系的理解。从本质上看，这是全球化和城市共同驱动地方发展的案例，战略耦合很好地解释了以富士康为代表的企业与以郑州航空港区为代表的地方政府之间的互动关系，而航空大都市为企业和地方政府的战略耦合提供了空间载体，也符合全球化和城市化发展的潮流。图 7-10 是从全球化和城市化双重驱动的角度解释郑州航空港区发展的三重耦合模型。

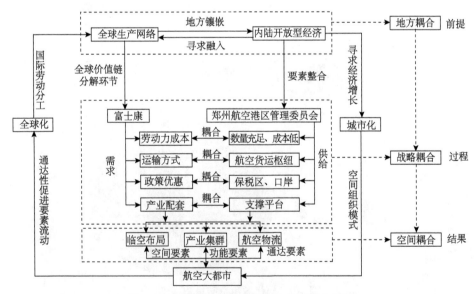

图 7-10　郑州航空港区发展的三重耦合模型

（1）全球化和城市化的地方耦合。一方面，全球化的发展推动了国际劳动分工，劳动过程呈现碎片化和去技术化，生产过程被空间分解，形成全球生产网络。全球生产网络是一个动态发展的概念，包括网络联系的不断"稠化"和节点数量的不断增多，在空间范围内呈现流动性扩散的特点（李健，2011）。但在扩散过程中，这种流动性还需要地方的黏附性才能完成全球生产网络在地方的镶嵌。另一方面，在中国城市化的进程中，以郑州为代表的内陆城市发展水平相对滞后。在全球化时代，郑州需要依托开放型经济引进国际资本寻求经济增长，从而推动城市化进程。但郑州的内陆地缘劣势成为制约其开放型经济发展的瓶颈。因此，在宏观层面上，全球化和城市化需要在郑州进行耦合。

（2）跨国公司和地方政府的战略耦合。全球化和城市化是宏观层面的背景，也是驱动力，要实现地方耦合，本质上需要依托具体的行动者。在全球生产网络与地方的战略耦合研究中，一般以跨国公司代表全球资本，而代表地方的行动者往往多样化，可以是地方企业、地方政府或民间组织等（MacKinnon，2013）。在中国，地方政府在区域发展中扮演者不可替代的重要角色。对郑州而言，以富士康为代表的跨国公司和以郑州航空港区为代表的地方政府是战略耦合的双方主体。首先，富士康在全球生产网络的价值链分解环节处于低端地位，利润率较低，属于典型的劳动密集型产业类型。这决定了富士康在全球扩张中具有追逐低劳动力成本的倾向。其次，在产品内分工环节，富士康负责生产微电子产品，尤其是智能手机的组装，这样的产品具有高附加值、高技术含量的特点。这使得航空运输成为富士康的第二个主要需求。再次，富士康产品主要出口全球市场，对地方政府给予的出口政策优惠也有一定的需求。最后，产品内的分工决定了富士康不再采取全产业链的生产模式，而是以产品的组装和若干关键零部件的生产为主，因此需要周边有大量为其配套的零部件企业。所以，富士康在落地过程中有以上四个方面的具体需求。对于郑州来说，需要进行要素的整合才能满足上述需求。为此，河南省成立了河南省政府指导下的郑州航空港区管理委员会。这样，管理委员会整合了所有的要素，成为与富士康互动的耦合对象。在劳动力成本上，本地拥有数量充足的低成本劳动力；在产品运输上，郑州新郑国际机场强大的货运枢纽功能为富士康产品的配送提供了坚实的保障；在政策优惠上，管理委员会将郑州新郑综合保税区和对外口岸等要素进行整合，大大便利了富士康的进出口贸易；在产业配套上，管理委员会围绕智能终端制造，为富士康配套了手机产业园、智能终端检查服务平台、智能终端供应链平台、智能终端及零部件出口基地四大支撑平台。因此，这样对等的供需关系为双方的战略耦合提供了坚实的基础。

（3）航空大都市为全球化和城市化的地方耦合，以及富士康和郑州航空港区管理委员会的战略耦合提供了空间耦合的载体。从富士康与郑州航空港区管理委员会战略耦合的结果来看，主要形成了三个空间特征。首先，富士康的生产布局在紧邻机场的郑州新郑综合保税区内，郑州新郑综合保税区和机场形成了空港核心区，而其他功能继续围绕核心区布局，在空间上形成了临空经济的整体格局；其次，富士康发挥龙头企业的引领作用，在郑州航空港区管理委员会打造的支撑平台的配合下，智能终端制造产业集群逐渐成形；最后，富士康对航空运输的需求推动了郑州机场货运的发展，促进了以航空物流为核心的现代服务业的发展。通过多式联运运输方式的拓展和货物进出口贸易方式的延伸，郑州综合性航空枢纽的功能正在显现中。

临空布局的空间性要素、产业集群的功能性要素和航空物流的通达性要素正是航空大都市构成的三个基本要素（Kasarda and Appold，2014）。因此，航空大都市是符合整个全球-地方耦合过程的空间组织模式，既是城市化进程中空间拓展的体现，也是全球化要素流动对通达性的需求。

第四节　本　章　小　结

城市网络中的"网"和"络"是相辅相成的关系，"网"由各种要素的流动所编织，"络"是要素被地方黏附后形成的节点。"网"的组织特点决定了"络"的功能和地位，但没有节点，要素流动无法实现在地化。在全球化时代，要素的流动发生在全球尺度之内，作为节点的地方必须参与到全球要素的流动网络，才有可能获得更大的发展机会。本章结合全球生产网络和航空网络的研究，分析了两者与地方发展的耦合机制。同时，以郑州航空港区为例，探讨了全球化和城市化背景下，地方和跨国公司的力量如何通过整合，形成发展战略联盟的过程。然而，政企之间的战略联盟只是郑州航空港区发展的第一步。郑州航空港区通过引入富士康，不仅形成了电子产品产业集群，推动了国际物流产业的发展，还规划了面积逾 400 平方公里、功能更全面的航空大都市。

虽然迄今郑州取得了令人瞩目的发展，但是政企合作构成的战略联盟是中国各地推进地方发展普遍采取的模式，其源头可以追溯到深圳经济特区的发展。这是因为对一个处于发展起步阶段的地方而言，政府通常只掌握有关土地资源和财政的优惠政策，而满足市场需求的产品及相关的资本、技术掌握在企业手中。资源的互补是战略联盟或城市政体形成的基础，通过战略联盟进而形成产业集群，产业在地方就会产生"黏附性"，从而提高地方的竞争性。然而，战略联盟并非是永久性的，当外部条件发生变化时，地方和企业都可能做出调整，即便已经形成产业集群，使地方的"黏附性"大大增强，仍有可能出现企业的整体外迁。从富士康 1988 年落户深圳到近几年开始从深圳迁离，都说明战略联盟具有时间性的特点。这里既有地方出于产业升级的考虑，也有企业寻求更低生产成本的需要。从长远来看，政企的战略联盟需要不断升级换代。对地方和企业来说，持久的核心竞争力是创新，而围绕区域创新的"三螺旋"理论表明，地方政府、企业仍然是其中的关键要素（另一关键要素是大学等研发机构）。因此，在低成本劳动力、土地等初级生产要素基础上发展起来的郑州航空港区需要整合新的要素，打造创新所需的新的联盟，由此地方才有可能获得持久的发展动力。

第八章
总结和展望

第一节 总 结

改革开放以来,全球化、城市化和市场化分别从外部和内部推动着中国经济社会的全面发展,也带来了中国城市体系空间格局的巨大转变。计划经济时代,在传统的等级化城市体系中,自上而下的城市行政管理层级决定了城市体系中要素的流动方向和作用结果。在社会主义市场经济背景下,中国城市体系的空间格局在全球化和城市化的内外推动下正朝着网络化的空间组织模式转变。这种网络化的空间组织模式并非是用平面化的城市网络代替层次化的城市等级,而是表现出两个新的特点:第一,在强化核心城市维持城市等级的同时,促进边缘城市的融入形成网络化的城市联系模式;第二,城市间基于经济互补协作的横向联系处于不断增强中。这一结果支撑了城市网络的研究范式,并提供了“流动空间”理论在中国的实践案例。在中国城市网络分析框架的理论推导中,本书逐渐厘清了城市网络分析的维度和尺度,即根据网络特性分为流动性维度和节点性维度,分别对应网络中的连线和节点;根据中国城市发展的宏观背景,网络分析的尺度分为中国城市网络、中国城市对外联系网络和世界城市网络三个尺度。围绕这两个维度和三个尺度,本书展开了具体的实证分析。本章将对实证分析进行总结,并提出未来研究的展望。

一、中国城市正在世界城市网络中逐步崛起

通过基于航班流的世界城市网络的研究,发现当前世界城市网络仍存在层次性。其中,第一层次为世界中心城市,具体可以分为两类:一类是在全球经济中占据主导地位的世界城市,如伦敦、巴黎和纽约;另一类是在航空网络中的重要枢纽城市,如法兰克福、阿姆斯特丹和迪拜。第二层次为区域中心城市,

第三层次为边缘城市。北京和上海作为中国最主要的对外联系窗口，正在世界城市网络中崛起，扮演着第二层次区域中心城市的角色。这一角色可以从参与全球分工和国际航空枢纽两个角度来理解。

（1）通过世界城市网络中心性的测度，发现北京和上海在网络中的中心度虽然不及第一层次的世界中心城市，但在东亚地区却拥有较高的等级地位。其中，北京和东京联系的世界城市范围最广，拥有最高的中心度，成为东亚地区最重要的区域中心城市。而上海虽然与世界城市的总体联系度弱于北京、东京和香港，但上海凭借其与世界中心城市之间较高的联系强度，拥有较高的权力指数。这是因为上海作为中国的经济中心，参与国际劳动分工的程度更高，是跨国公司进入中国的桥头堡，因此与跨国公司集聚的主要世界城市之间互动更多，更容易获取全球资本。

（2）北京和上海主要发挥了国内航空向国际航空中转的枢纽功能。随着中国的全面对外开放，中国城市与国际城市之间的联系越发频繁。但是中国地缘辽阔，大量国内城市不具备直接与主要世界城市发生联系的条件。因此，北京和上海与世界城市的联系一方面是出于自身的需求，另一方面是作为航空客运枢纽为国内城市与世界城市建立联系提供中转服务。但与阿姆斯特丹、迪拜等航空枢纽城市相比，北京和上海航空联系的广度还不足，国际联系以东亚、北美、欧洲重点区域的重要城市为主，与南亚、西亚、非洲、拉丁美洲的联系较少。伴随中国"一带一路"和"走出去"的实施，需要进一步加强北京、上海与其他地区世界城市之间的直达航班联系。

二、中国城市对外联系网络的发展体现出阶段性、集中性和差异性的特征

在世界城市网络中，中国逐渐崛起了北京和上海这样的国内中心城市。为了全面考察中国城市对外联系的特征，本书重点分析了中国城市对外航空联系网络。通过对网络结构的分析，可以归纳出中国城市对外联系发展的阶段性、集中性和差异性特征。

（1）阶段性特征体现为中国城市对外联系的发展在速度和空间顺序上存在分阶段的特点。其中，在发展速度上存在慢-快-慢的三阶段特征。1997～2002年为低速低水平发展阶段；2002～2007年为高速飞跃式发展阶段；2007～2012年为低速高水平发展阶段。发展的空间顺序上表现出先沿海后西部再中部的特

点。结合发展的速度和空间顺序，中国城市对外联系发展的剖面可以解析如下：初期以东部沿海主要城市为主体呈现低速增长的对外联系格局；中期经历了东部沿海城市爆发式的快速增长和西部城市的中速增长，构成了当前中国城市对外联系的基本架构；后期全国增长速度皆有所放缓，对外联系的格局保持稳定。

（2）集中性的特征呈现出二元化的特点，即中国城市对外联系依然主要集中在东部沿海大城市，对外联系对象集中在日韩城市。中国城市对外联系的发展历程先后经历了从北京-上海双中心向上海-北京-广州三中心空间格局的转变。中国城市对外联系的主要对象逐渐从东南亚向东亚转移，并呈现出以首尔为核心的网络结构。

（3）差异性的特征同样呈现出二元化的特点，即中国城市对外联系存在显著的东部、中部、西部区域差异，对外联系对象以区域内联系为主，洲际联系发展滞后。一方面，中国城市对外联系依然主要集中在东部沿海城市，但近年来西部城市上升势头迅猛，部分西部中心城市，如昆明和乌鲁木齐赶超东部沿海城市，成为仅次于北京、上海、广州三中心的第二梯队"领头羊"，而中部城市发展相对滞后。因此，东部、中部、西部三个区域的对外联系发展不平衡。另一方面，中国城市对外联系的对象依然以区域内部的日韩城市和东南亚城市为主，洲际联系在中国城市对外联系中的地位逐步下降，主要原因是洲际联系的发展速度远远跟不上区域内部联系的扩张速度。2002 年以来，中国大量新增的对外联系城市多为二线、三线城市，相对于与欧洲和北美洲的中心城市建立联系而言，与周边国家一般城市建立联系的难度更低，必要性也更强。因此，近年来中国城市对外联系网络的高速扩张主要体现在与周边区域的联系不断加强。

三、中国城市网络化联系显著加强，四中心钻石结构显现

中国城市网络是中国城市网络化联系的主体，从网络结构来看，验证了中国城市体系网络化组织模式的两个特点：核心城市的地位强化；边缘城市通过横向联系逐步融入整体网络。网络的演化过程主要从以下三个方面来理解。

（1）网络结构呈现从三中心三角结构向四中心钻石结构演化的特征。1997～2007 年，北京、上海和广州构成中国城市网络的三个中心，其中北京为政治中心，与省会保持强度较高的联系。上海作为经济中心，与沿海经济发达的非省会城市联系更为紧密。广州作为改革开放的前沿，是中国对外开放的重要门户。近年来，随着成都的快速崛起，2012 年成都在网络中的中心度超越

深圳，形成了四中心钻石结构。从三中心向四中心的转变体现了中国城市网络结构的进一步稳定。就航空联系的角度而言，成都更有可能凭借其在网络中连接度的优势，成为带动区域发展的第四极。

（2）城市间航空联系的强度呈现逐步增长的态势，城市间关系日趋复杂化，网络横向联系处于渐进式发育中。1997～2012年，城市间航空联系的数量级有了稳定的提升，城市相互间联系更为紧密。此外，早期联系主要集中在沿海主要中心城市之间和西部少数城市与沿海中心城市之间。后来联系的范围逐步开始扩散，沿海中心城市的地位进一步强化，而中西部城市也开始逐渐崛起。从1997～2012年城市网络的相关性演变可以看出，中国城市网络处于渐进式的发育过程中。在市场化条件下，城市间的联系除了高等级行政中心与低等级行政中心垂直联系之外，基于经济活动的城市间横向互补协作关系也在发展中。例如，沿海的经济中心城市上海与内陆城市的联系发展迅猛，呈现出越来越紧密的特点。

（3）东部领先、中西部崛起的中国区域格局基本形成。从网络演变的角度来看，各地带城市的发展呈现出梯度化的特点，网络重心也在不断偏移中。东部城市最先崛起。2002年以后，以成都、重庆、昆明和乌鲁木齐为代表的西部城市也开始崛起。以武汉和长沙为代表的中部城市早期在网络中相对拥有较高的联系度，2007年以后，郑州和太原成为中部地区新的区域中心城市。但东北城市在航空网络中的地位逐渐下降。

四、城市网络中的城市节点性体现为地方发展的三重耦合

中国城市网络是网络中城市节点性的体现。从郑州的案例研究来看，城市节点性体现为郑州在全球化和城市化的大背景下，通过地方政府与跨国公司的力量整合，形成发展战略联盟的三重耦合，具体如下。

（1）全球化和城市化的地方耦合。一方面，全球化的发展推动了新国际劳动分工，促进了全球生产网络的形成。但在全球生产网络流动性扩散的过程中，还需要地方的"黏附性"完成全球生产网络在地方的镶嵌。另一方面，在中国城市化的进程中，以郑州为代表的内陆城市发展水平相对滞后，需要依托开放型经济引进全球资本寻求经济增长，从而推动城市化进程。因此，在宏观层面，全球化和城市化在郑州需要有一个地方耦合的过程。

（2）跨国公司和地方政府的战略耦合。对郑州而言，以富士康为代表的跨国公司和以郑州航空港区为代表的地方政府是战略耦合双方主体。富士康根据

自身在全球生产网络中的定位和产品生产的特点，从劳动力成本、产品运输、政策优惠和产业配套等方面提出具体要求。郑州通过成立郑州航空港区管理委员会按照上述要求对区域资源进行有效整合。在劳动力成本上，本地拥有数量充足的低成本劳动力；在产品运输上，郑州新郑国际机场强大的货运枢纽功能为富士康产品的配送提供了坚实的保障；在政策优惠上，郑州航空港区管理委员会将郑州新郑综合保税区和对外口岸等要素进行整合，大大便利了富士康的进出口贸易；在产业配套上，郑州航空港区管理委员会围绕智能终端制造，为富士康配套了手机产业园、智能终端检查服务平台、智能终端供应链平台、智能终端及零部件出口基地四大支撑平台。因此，这样对等的供需关系为双方的战略耦合提供了坚实的基础。

（3）航空大都市提供了空间耦合的载体。从富士康与郑州战略耦合的结果来看，主要形成了三个空间特征。首先，富士康的生产布局在紧邻机场的郑州新郑综合保税区内，郑州新郑综合保税区和机场共同形成了空港核心区，而其他功能继续围绕核心区布局，在空间上形成了临空经济的整体格局；其次，富士康发挥龙头企业的引领作用，在郑州航空港区管理委员会打造的支撑平台的配合下，智能终端制造产业集群逐渐成形；最后，富士康对航空运输的需求推动了郑州机场货运的发展，促进了以航空物流为核心的现代服务业的发展。通过多式联运运输方式的拓展和货物进出口贸易方式的延伸，郑州综合性航空枢纽的功能正在显现中。而航空大都市的空间组织符合整个全球-地方耦合过程的空间组织模式，既是城市化进程中空间拓展的体现，也是全球化要素流动对通达性的需求，成为空间耦合的主体。

第二节　展　　望

本书在梳理最新国内外相关文献的基础上，将理论与实证相结合、网络流动性与节点性相结合、不同尺度的城市网络相结合，研究全球化、城市化、市场化背景下中国城市网络结构特征、演化规律与节点特性。展望未来，以下领域值得进一步开展研究。

（1）城市网络的类型具有多样化的特点，可研究的角度应包含企业网络、基础设施网络、人口流动网络、经济关联网络等多个方面，其中航空联系视角下的城市网络研究只是其中一个侧面。本书基于航空联系视角对中国城市网络的结构特征、演化规律和节点特性进行了分析，未来考察中国城市网络化的空间组织模式，可以从多种网络视角进行，对其结果进行互为验证，从而进一步深化中国城市网络的研究。

（2）受限于统计数据的可得性，本书在网络分析三个尺度的实证研究中未能使用同样类型的航空数据。其中，世界城市网络中的城市间联系主要通过国际航班联系来体现，中国城市对外联系网络中的城市间联系通过航线客运数据分解进行，与中国城市网络研究采用更为科学的起讫点航空客流量这一指标相比，前者准确度较差。在今后的研究中，应力求数据的统一性，对不同尺度的网络均按照起讫点的航空联系数据进行研究。

（3）本书在世界城市网络的分析中仅考虑了北京和上海两个中国城市。随着今后中国城市对外开放水平的提高，越来越多的中国城市将加入世界城市网络中，并发挥越来越重要的作用。因此，在今后的研究中应当持续关注世界城市网络中中国城市崛起的现象。

需要指出的是，航空网络研究擅长表达远距离城市间的联系，因而更适合国内大尺度，以及国内外城市间、国际城市间的关系研究，但这种研究方法不能反映区域内部，如一个城市群内部城市间的联系。伴随人口向城市群、大都市带等大尺度城市空间组织的集聚，今后可将城市群作为分析单元，探讨国内乃至国际城市群之间的联系。同时，将航空网络与铁路网络、高速公路网络等不同网络的研究整合起来，从而实现从区域尺度向全球尺度的城市网络研究。

参 考 文 献

波兰尼 K. 2013. 巨变: 当代政治与经济的起源[M]. 黄树民, 译. 北京: 社会科学文献出版社.

波特. 2002. 国家竞争优势[M]. 李明轩, 邱如美, 译. 北京: 华夏出版社.

蔡纪良, 王永江. 1983. 试论建立和发展以中心城市为依托的经济网络[J]. 经济与管理研究, (3): 7-9.

蔡孝箴. 1983. 略论沿海中心城市与内地的经济协作[J]. 南开学报: 哲学社会科学版, (1): 28-33.

曹跃群, 刘培森. 2011. 成渝都市群城市体系规模分布的实证研究[J]. 西北人口, 32(1): 95-98.

曹允春. 2011. 中枢机场在区域经济发展中的作用[J]. 经济地理, 21(2): 240-243.

曹允春, 谷芸芸. 2007. 基于差异化分工的珠三角机场 "双枢纽" 发展模式研究[J]. 中国民用航空, (3): 38-41.

陈工孟. 1998. 国有企业改革与现代企业市场化问题[J]. 经济科学, (3): 15-21.

陈明星, 陆大道, 刘慧. 2011. 中国城市化与经济发展水平关系的省际格局[J]. 地理学报, 65(12): 1443-1453.

陈萍. 2013. 内陆开放型航空港——基于要素流动的空间效应[J]. 区域经济评论, (3): 149-151.

陈彦光, 周一星. 2002. 城市等级体系的多重 Zipf 维数及其地理空间意义[J]. 北京大学学报 (自然科学版), 38(6): 823-830.

程前昌. 2015. 成渝城市群的生长发育与空间演化[D]. 上海: 华东师范大学博士学位论文.

崔功豪, 马润潮. 1999. 中国自下而上城市化的发展及其机制[J]. 地理学报, 54(2): 106-115.

党亚茹, 宋素珍. 2013. 基于中心度的中国航空客流网络抗毁性分析[J]. 复杂系统与复杂性科学, (1): 75-82.

党亚茹, 周莹莹, 王莉亚, 等. 2009. 基于复杂网络的国际航空客运网络结构分析[J]. 中国民航大学学报, 27(6): 41-44.

丁睿, 顾朝林, 庞海峰, 等. 2006. 2020 年中国城市等级规模结构预测[J]. 经济地理, (s1): 215-218.

高柏. 2006. 新发展主义与古典发展主义——中国模式与日本模式的比较分析[J]. 社会学研究, (1): 114-139.

耿明斋, 张大卫. 2015. 航空经济概论[M]. 北京: 人民出版社.

顾朝林. 1999. 新时期中国城市化与城市发展政策的思考[J]. 城市发展研究, (5): 6-13.

顾朝林, 庞海峰. 2008. 基于重力模型的中国城市体系空间联系与层域划分[J]. 地理研究, 27(1): 1-12.

顾朝林, 陈璐, 丁睿, 等. 2005. 全球化与重建国家城市体系设想[J]. 地理科学, 25(6):

641-654.

管驰明. 2008. 从"城市的机场"到"机场的城市"——一种新城市空间的形成[J]. 城市问题, (4): 25-29.

郭文炯, 白明英. 1999. 中国城市航空运输职能等级及航空联系特征的实证研究[J]. 人文地理, 14(1): 31-35.

过杰. 1983. 浅议以城市为中心组织合理的经济网络[J]. 经济体制改革, (3): 23-26.

何丹. 2003. 城市政体模型及其对中国城市发展研究的启示[J]. 城市规划, 27(11): 13-18.

河南省社会科学院课题组. 2016. 航空经济引领地区发展研究——以郑州航空港为例[J]. 区域经济评论, (1): 52-65.

贺灿飞, 梁进社. 2004. 中国区域经济差异的时空变化: 市场化, 全球化与城市化[J]. 管理世界, (8): 8-17.

胡序威. 2007. 经济全球化与中国城市化[J]. 城市规划学刊, (4): 53-55.

蒋大亮, 孙烨, 任航, 等. 2015. 基于百度指数的长江中游城市群城市网络特征研究[J]. 长江流域资源与环境, 24(10): 1654-1664.

卡萨达 J D, 林赛. 2013. 航空大都市: 我们未来的生活方式[J]. 曹允春, 沈丹阳, 译. 郑州: 河南科学技术出版社.

冷炳荣, 杨永春. 2012. 网络生长: 从网络研究到城市网络[M]. 兰州: 兰州大学出版社.

李健. 2008. 全球生产网络和大都市区生产空间组织[D]. 上海: 华东师范大学博士学位论文.

李健. 2011. 全球生产网络与大都市区生产空间组织[M]. 北京: 科学出版社.

李健. 2012. 全球城市-区域的生产组织及其运行机制[J]. 地域研究与开发, 31(6): 1-6.

李少星. 2009. 改革开放以来中国城市等级体系演变的基本特征[J]. 地理与地理信息科学, 25(3): 54-57.

李少星, 顾朝林. 2011. 全球化与国家城市区域空间重构[M]. 南京: 东南大学出版社.

李少星, 颜培霞, 蒋波. 2010. 全球化背景下地域分工演进对城市化空间格局的影响机理[J]. 地理科学进展, 29(8): 943-951.

李曙光. 2008. 中国民航体制改革发展与研究[D]. 济南: 山东大学硕士学位论文.

李仙德. 2012. 基于企业网络的城市网络研究[D]. 上海: 华东师范大学博士学位论文.

李仙德. 2014. 基于上市公司网络的长三角城市网络空间结构研究[J]. 地理科学进展, 33(12): 1587-1600.

李仙德. 2015. 城市网络结构与演变[M]. 北京: 科学出版社.

李小建. 2002. 公司地理论[M]. 北京: 科学出版社.

李晓江. 2012. "钻石结构"——试论国家空间战略演进[J]. 城市规划学刊, (2): 9-16.

刘军. 2004. 社会网络分析导论[M]. 北京: 社会科学文献出版社.

刘军. 2009. 整体网分析讲义: UCINET 软件实用指南[M]. 上海: 格致出版社.

刘军. 2014. 整体网分析: UCINET 软件实用指南(第二版)[M]. 上海: 格致出版社.

刘君德. 2006. 中国转型期"行政区经济"现象透视——兼论中国特色人文-经济地理学的发展[J]. 经济地理, 26(6): 897-901.

刘君德, 舒庆. 1996. 中国区域经济的新视角——行政区经济[J]. 改革与战略, (5): 1-4.

刘涛, 仝德, 李贵才. 2015. 基于城市功能网络视角的城市联系研究——以珠江三角洲为例[J]. 地理科学, 35(3): 306-313.

刘伟. 2007. 内部市场化: 企业组织结构演进的新方向[J]. 统计与决策, (18): 169-170.

陆铭, 陈钊. 2006. 中国区域经济发展中的市场整合与工业集聚[M]. 上海: 上海人民出版社.

陆铭, 向宽虎. 2012. 地理与服务业——内需是否会使城市体系分散化?[J]. 经济学, 11(3): 1079-1096.

陆铭, 向宽虎, 陈钊. 2011. 中国的城市化和城市体系调整: 基于文献的评论[J]. 世界经济, (6): 3-25.

路旭, 马学广, 李贵才. 2012. 基于国际高级生产者服务业布局的珠三角城市网络空间格局研究[J]. 经济地理, 32(4): 50-54.

罗伯森 R. 2000. 全球化: 社会理论和全球文化[M]. 梁光严, 译. 上海: 上海人民出版社.

罗家德. 2005. 社会网分析讲义[M]. 北京: 社会科学文献出版社.

罗奎, 方创琳, 马海涛. 2014. 中国城市化与非农就业增长的空间格局及关系类型[J]. 地理科学进展, 33(4): 457-466.

马述忠, 任婉婉, 吴国杰. 2016. 一国农产品贸易网络特征及其对全球价值链分工的影响——基于社会网络分析视角[J]. 管理世界, (3): 60-72.

宁越敏. 1991. 新的国际劳动分工 世界城市和我国中心城市的发展[J]. 城市问题, (3): 2-7.

宁越敏. 1993. 市场经济条件下城镇网络优化的若干问题[J]. 城市问题, (4): 2-6.

宁越敏. 1994. 世界城市的崛起和上海的发展[J]. 城市问题, (6): 16-21.

宁越敏. 1998. 新城市化进程——90 年代中国城市化动力机制和特点探讨[J]. 地理学报, 53(5): 470-477.

宁越敏. 2004. 外商直接投资对上海经济发展影响的分析[J]. 经济地理, 24(3): 313-317.

宁越敏. 2012. 中国城市化特点、问题及治理[J]. 南京社会科学, (10): 19-27.

宁越敏, 石崧. 2011. 从劳动空间分工到大都市区空间组织[M]. 北京: 科学出版社.

宁越敏, 武前波. 2011. 企业空间组织与城市-区域发展[M]. 北京: 科学出版社.

宁越敏, 张凡. 2012. 关于城市群研究的几个问题[J]. 城市规划学刊, (1): 48-53.

潘坤友. 2007. 我国航空货运网络结构研究[J]. 经济地理. 27(4): 653-657.

钱德勒. 1987. 看得见的手——美国企业的管理革命[M]. 重武, 译. 北京: 商务印书馆.

乔继明. 1995. 资本主义社会城市内部新的劳动空间分工[J]. 城市问题, (4): 12-15.

沈丽珍. 2010. 流动空间[M]. 南京: 东南大学出版社.

施坚雅. 2000. 中华帝国晚期的城市[M]. 叶光庭, 等译. 北京: 中华书局.

石崧. 2005. 从劳动空间分工到大都市区空间组织[D]. 上海: 华东师范大学博士学位论文.

宋家泰, 顾朝林. 1988. 城镇体系规划的理论与方法初探[J]. 地理学报, (2): 97-107.

宋启林. 1983. 关于经济网络开放性与政权体系集中性的矛盾[J]. 经济与管理研究, (6): 7-10.

宋伟, 杨卡. 2006. 民用航空机场对城市和区域经济发展的影响[J]. 地理科学, 26(6): 649-657.

孙明洁. 2000. 世纪之交的中国城市等级规模体系[J]. 城市规划汇刊, (1): 39-42.

谭一洺, 杨永春, 冷炳荣, 等. 2011. 基于高级生产者服务业视角的成渝地区城市网络体系[J]. 地理科学进展, 30(6): 724-732.

唐颖昭. 2008. 国际航空货运公司的中国货运枢纽战略及影响分析[J]. 交通与运输, (12): 128-131.

唐子来, 赵渺希. 2010. 经济全球化视角下长三角区域的城市体系演化: 关联网络和价值区段的分析方法[J]. 城市规划学刊, (1): 29-34.

屠启宇, 杨亚琴. 2003. 经济全球化与塑造世界城市[J]. 世界经济研究, (7): 4-10.

汪明峰. 2004. 浮现中的网络城市的网络——互联网对全球城市体系的影响[J]. 城市规划, 28(8): 26-32.

汪明峰, 高丰. 2007. 网络的空间逻辑: 解释信息时代的世界城市体系变动[J]. 国际城市规划, (2): 36-41.

汪明峰, 卢姗. 2011. 网上零售企业的空间组织研究——以 "当当网" 为例[J]. 地理研究, 30(6): 965-976.

汪明峰, 宁越敏. 2006. 城市的网络优势——中国互联网骨干网络结构与节点可达性分析[J]. 地理研究, 25(2): 193-203.

王成, 王茂军, 柴箐. 2015. 城市网络地位与网络权力的关系——以中国汽车零部件交易链接网络为例[J]. 地理学报, 70(12): 1953-1972.

王成金, 金凤君. 2005. 从航空国际网络看我国对外联系的空间演变[J]. 经济地理, 25(5): 667-672.

王聪, 曹有挥, 陈国伟. 2014. 基于生产性服务业的长江三角洲城市网络[J]. 地理研究, 33(2): 323-335.

王海江, 苗长虹. 2015. 中国航空联系的网络结构与区域差异[J]. 地理科学, 35(10): 1220-1229.

王姣娥, 胡浩. 2013. 中国高铁与民航的空间服务市场竞合分析与模拟[J]. 地理学报, 68(2): 175-185.

王姣娥, 莫辉辉, 金凤君. 2009. 中国航空网络空间结构的复杂性[J]. 地理学报, 64(8): 899-910.

王娟, 李丽, 赵金金, 等. 2015. 基于国际酒店集团布局的中国城市网络连接度研究[J]. 人文地理, 30(1): 148-153.

吴晋峰, 任瑞萍, 韩立宁, 等. 2012. 中国航空国际网络结构特征及其对入境旅游的影响[J]. 经济地理, 32(5): 147-152.

吴仰耘. 2009. 中国枢纽机场临空经济的发展研究[D]. 南京: 南京航空航天大学硕士学位论文.

武前波. 2009. 企业空间组织和城市与区域空间重塑[D]. 上海: 华东师范大学博士学位论文.

武前波, 宁越敏. 2010. 基于网络体系优势的国际城市功能升级——以上海为例[J]. 南京社会科学, (8): 7-13.

武前波, 宁越敏. 2012. 中国城市空间网络分析——基于电子信息企业生产网络视角[J]. 地理研究, 31(2): 207-219.

席广亮, 甄峰, 张敏, 等. 2015. 网络消费时空演变及区域联系特征研究——以京东商城为例[J]. 地理科学, 35(11): 1372-1380.

熊丽芳, 甄峰, 王波, 等. 2013. 基于百度指数的长三角核心区城市网络特征研究[J]. 经济地理, 33(7): 67-73.

修春亮, 程林, 宋伟. 2010. 重新发现哈尔滨地理位置的价值: 基于洲际航空物流[J]. 地理研究, 29(5): 811-819.

修春亮, 魏冶. 2015. "流空间" 视角的城市与区域结构[M]. 北京: 科学出版社.

许学强, 叶嘉安, 张蓉. 1995. 我国经济的全球化及其对城镇体系的影响[J]. 地理研究, 14(3): 1-13.

许学强. 1982. 我国城镇规模体系的演变和预测[J]. 中山大学学报: 社会科学版, (3): 40-49.

许学强, 周一星, 宁越敏. 2009. 城市地理学(第二版)[M]. 北京: 高等教育出版社.

薛凤旋, 杨春. 1997. 外资: 发展中国家城市化的新动力: 珠江三角洲个案研究[J]. 地理学报, 52(3): 193-206.

薛俊菲. 2008. 基于航空网络的中国城市体系等级结构与分布格局[J]. 地理研究, 7(1): 23-32.

薛俊菲, 陈雯, 曹有挥. 2012. 2000 年以来中国城市化的发展格局及其与经济发展的相关性——基于城市单元的分析[J]. 长江流域资源与环境, 21(1): 1-7.

严重敏, 宁越敏. 1981. 我国城镇人口发展变化特征初探[C]. 上海: 华东师范大学出版社. 人口研究论文集, 37.

阎小培, 许学强. 1999. 广州城市基本-非基本经济活动的变化分析——兼释城市发展的经济基础理论[J]. 地理学报, 54(4): 299-308.

杨传开, 宁越敏. 2015. 中国省际人口迁移格局演变及其对城镇化发展的影响[J]. 地理研究, 34(8): 1492-1506.

叶倩, 吴殿廷, 戴特奇, 等. 2013. 中美航空客运网络层次结构和地域系统对比分析[J]. 地理研究, 32(6): 1084-1094.

尹俊, 甄峰, 王春慧. 2011. 基于金融企业布局的中国城市网络格局研究[J]. 经济地理, 31(5): 754-759.

于洪俊, 宁越敏. 1983. 城市地理概论[M]. 合肥: 安徽科学技术出版社.

于涛方, 顾朝林, 李志刚. 2008. 1995 年以来中国城市体系格局与演变——基于航空流视角[J]. 地理研究, 27(6): 1407-1418.

张闯. 2010. 中国城市间流通网络结构及其演化: 理论与实证[M]. 北京: 经济科学出版社.

张凡. 2012. 航空联系视角下的世界城市网络结构特征: 空间重塑、关系崛起与角色判断[D]. 上海: 华东师范大学硕士学位论文.

张凡, 宁越敏. 2015. 基于全球航班流数据的世界城市网络连接性分析[J]. 南京社会科学, (1): 54-62.

张凡, 杨传开, 宁越敏, 等. 2016. 基于航空客流的中国城市对外联系网络结构与演化[J]. 世界地理研究, 25(3): 1-11.

张京祥, 殷洁, 罗震东. 2007. 地域大事件营销效应的城市增长机器分析——以南京奥体新城为例[J]. 经济地理, 27(3): 452-457.

张永莉, 张晓全. 2007. 我国城市间航空客运量影响因素的实证分析[J]. 经济地理, 27(4): 658-660.

张占仓, 蔡建霞. 2013. 郑州航空港经济综合实验区建设与发展研究[J]. 郑州大学学报: 哲学社会科学版, (4): 61-64.

张占仓, 孟繁华, 杨迅周, 等. 2014. 郑州航空港经济综合实验区建设及其带动全局的作用——河南发展高层论坛第 60 次会议综述[J]. 河南工业大学学报: 社会科学版, 10(3): 65-69.

赵渺希. 2011. 长三角区域的网络交互作用与空间结构演化[J]. 地理研究, 30(2): 311-323.

赵渺希. 2012. 全球化进程中长三角区域城市功能的演进[J]. 经济地理, 32(3): 50-56.

赵渺希, 钟烨, 徐高峰. 2015. 中国三大城市群多中心网络的时空演化[J]. 经济地理, 35(3): 52-59.

赵新正. 2011. 经济全球化与城市-区域空间结构研究[D]. 上海: 华东师范大学博士学位论文.

甄峰, 刘晓霞, 刘慧. 2007. 信息技术影响下的区域城市网络: 城市研究的新方向[J]. 人文地理, 22(2): 76-80.

甄峰, 王波, 陈映雪. 2012. 基于网络社会空间的中国城市网络特征——以新浪微博为例[J]. 地理学报, 67(8): 1031-1043.

甄峰, 王波, 秦萧, 等. 2015. 基于大数据的城市研究与规划方法创新[M]. 北京: 中国建筑工业出版社.

周蜀秦. 2010. 基于特色竞争优势的城市国际化路径[J]. 南京社会科学, (11): 150-155.

周一星. 1982. 城市化与国民生产总值关系的规律性探讨[J]. 人口与经济, (1): 28-33.

周一星. 1995. 城市地理学[M]. 北京: 商务印书馆.

周一星, 胡智勇. 2002. 从航空运输看中国城市体系的空间网络结构[J]. 地理研究, 21(3): 276-286.

周一星, 于海波. 2004a. 中国城市人口规模结构的重构(一)[J]. 城市规划, 18(6): 49-55

周一星, 于海波. 2004b. 中国城市人口规模结构的重构(二)[J]. 城市规划, 28 (8): 33-42.

周振华. 2006. 全球化、全球城市网络与全球城市的逻辑关系[J]. 社会科学, (10): 17-26.

朱查松, 王德, 罗震东. 2014. 中心性与控制力: 长三角城市网络结构的组织特征及演化——企业联系的视角[J]. 城市规划学刊, (4): 24-30.

朱传耿, 孙姗姗, 李志江. 2008. 中国人口城市化的影响要素与空间格局[J]. 地理研究, 27(1): 13-22.

朱英明. 2003. 中国城市密集区航空运输联系研究[J]. 人文地理, 18(5): 22-25.

Alderson A S, Beckfield J. 2004. Power and position in the world city system[J]. American Journal of Sociology, 109(4): 811-851.

Alderson A S, Beckfield J, Sprague-Jones J. 2010. Intercity relations and globalisation: the evolution of the global urban hierarchy, 1981—2007[J]. Urban Studies, 47(9): 1899-1923.

Amin A, Robins K. 1990. Industrial districts and regional development: limits and possibilities[G]//Pyke F, Becattini G, Sengenberger W. Industrial Districts and Inter-Firm Cooperation in Italy. Geneva: International Institute for Labour Studies: 185-219.

Amin A, Thrift N, 1992. Neo-marshallian nodes in global networks[J]. International Journal of Urban and Regional Research, (16): 571-687.

Amin A, Thrift N, 1994. Living in the global, in Globalization[G]//Amin A, Thrift N. Situations, and Regional Development in Europe. Oxford: Oxford University Press: 1-22.

Aykin T. 1995. The hub location and routing problem[J]. European Journal of Operational Research, 83(1): 200-219.

Barla P, Constantatos C. 2000. Airline network structure under demand uncertainty[J]. Transportation Research Part E: Logistics and Transportation Review, 36(3): 173-180.

Batten D. 1995. Network cities: creative urban agglomerations for 21st century[J]. Urban Studies 32(2): 313-327.

Beaverstock J V, Smith R, Taylor P J. 2000. Globalization and world cities: some measurement methodologies[J]. Applied Geography, 20(1): 43-63.

Bell M E, Feitelson E. 1991. US economic restructuring and demand for transportation services[J]. Transportation Quarterly, (10): 517-538.

Benguigui L, Blumenfeld-Lieberthal E. 2007. Beyond the power law — a new approach to analyze city size distributions[J]. Computers, Environment and Urban Systems, 31(6): 648-666.

Berry B. 1964. Cities as systems within systems of cities[J]. Papers in Regional Science, 13(1): 146-163.

Bowen J T. 2012. A spatial analysis of FedEx and UPS: hubs, spokes, and network structure[J]. Journal of Transport Geography, 24(3): 419-431.

Boyd J P, Mahutga M, Smith D. 2013. Measuring centrality and power recursively in the world city network: a reply to neal[J]. Urban Studies, 50(8): 1641-1647.

Breiger R L. 1974. The duality of persons and groups[J]. Social Forces, 53(2): 181-190.

Brown K. 2010. China 2020: The Next Decade for the People's Republic of China[M]. Sawston: Woodhead Publishing.

Burger M. 2011. Structure and Cooptition in Urban Networks[M]. Rotterdam: ERIM and Haveka Publishers.

Burt R. 1992. Structural Holes: The Social Structure of Competition[M]. Harvard: Harvard University Press.

Campbell J. 1994. Integer programming formulations of discrete hub location problems[J]. European Journal of Operational Research, 72(2): 387-405.

Carrington P J, Scott J, Wasserman S. 2005. Models and Methods in Social Network Analysis[M]. New York: Cambridge University Press.

Castells M. 1996. The Rise of the Network Society[M]. Oxford: Blackwell.

Castells M. 2002. Local and global cities in the network society[J]. Tijdschrift Voor Economische En Sociale Geografie, 93(5): 548-558.

Castells M. 2010. Globalisation, networking, urbanisation: reflections on the spatial dynamics of the information age[J]. Urban Studies, 47(13): 2737-2745.

Castells M, Henderson J. 1987. Techno-economic restructuring, socio-political processes and spatial transformation: a global perspective[G]//Henderson J, Castells M. Global Restructuring and Territorial Development. London and Newbury Park: Sage.

Cattan N. 1995. Attractivity and internationalization of major European cities-the example of air-traffic[J]. Urban Studies, 32(2): 303-312.

Choi J H, Barnett G A, Chon B. 2006. Comparing world city networks: a network analysis of Internet backbone and air transport intercity linkages[J]. Global Networks, 6(1): 81-99.

Christaller W. 1933. Die Zentralen Orte in Süddeutschland[M]. Jena: Gustav Fischer.

Coe N M, Hess M. 2011. Local and regional development: a global production network approach[G]//Pike A, Rodriguez A, Tomaney J. Handbook of Local and regional Development. Abingdon: Routledge: 128-138.

Coe N, Hess M, Yeung H, et al. 2004. Globalizing regional development: A global production networks perspective[J]. Transactions of the Institute of British Geographers, 29 (4): 468-484.

Cohen R B. 1981. The new international division of labour, multinational corporations and urban hierarchy[G]//Dear M, Scott A J. Urbanization and Urban Planning in Capitalist Society. New York: Methuen: 287-315.

Combes P, Mayer T, Thisse J F. 2008. Economic Geography: The Integration of Regions and Nations[M]. Princeton: Princeton University Press.

Dawley S. 2007. Fluctuating rounds of inward investment in peripheral regions: semiconductors in the North East of England[J]. Economic Geography, 83 (1): 51-73.

Debbage K G. 1999. Air transportation and urban-economic restructuring: competitive advantage in the US Carolinas[J]. Journal of Air Transport Management, 5 (4): 211-221.

Dematteis G. 1997. Globalization and regional integration: the case of the italian urban system[J]. GeoJournal, 43 (4): 331-338.

Derudder B. 2006. On conceptual confusion in empirical analyses of a transnational urban network[J]. Urban Studies, 43 (11): 2027-2046.

Derudder B, Devriendt L, Witlox F. 2007. Flying where you don't want to go: an empirical analysis of hubs in the global airline network[J]. Tijdschrift voor Economische en Sociale Geografie, 98 (3): 307-324.

Derudder B, Taylor P. 2005. The cliquishness of world cities[J]. Global Networks, 5 (1): 71-91.

Derudder B, Witlox F. 2005. An appraisal of the use of airline data in assessing the world city network: a research note on data[J]. Urban Studies, 42 (13): 2371-2388.

Derudder B, Witlox F. 2008. Mapping world city networks through airline flows: context, relevance, and problems[J]. Journal of Transport Geography, 16 (5): 305-312.

Devriendt L, Derudder B, Witlox F. 2006. Introducing a new and exciting global airline database: 'MIDT' [J]. Aerlines Magazine, (32): 1-3.

Dicken P. 2003. Global Shift: Reshaping the Global Economic Map in the 21st Century (4th Edition) [M]. London: Sage Pub.

Dicken P, Peck J, Tickell A. 1997. Unpacking the global[G]//Lee R, Wills J. Geographies of Economies. London: Arnold: 158-166.

Dowding K. 2011. Explaining urban regimes[J]. International Journal of Urban and Regional Research, 25 (1): 7-19.

Duncan O D, Scott W R, Lieberson S. 1960. Metropolis and Region[M]. Baltimore: John Hopkins University Press.

Dunn E S. 1970. A flow network image of urban structures[J]. Urban Studies, 7 (3): 239-258.

Dunn K. 1985. The System of World Cities, A. D. 800-1975[G]// Timberlake M. Urbanization in the World-Economy. Orlando: Academic Press: 269-292.

Eberstein I W, Frisbie W P. 1982. Metropolitan function and interdependence in the US urban system[J]. Social Forces, 60 (3): 676-700.

Ensign L. 2014. Airports and regions: the economic connection[J]. Economic Development Journal, 13 (2): 23-29.

Faust K. 1997. Centrality in affiliation networks[J]. Social networks, 19(2): 157-191.

Firn J. 1975. External control and regional policy[J]. Environmental and Planning A, (7): 393-414.

Friedmann J. 1986. The world city hypothesis[J]. Development and change, 17(1): 69-83.

Friedmann J, Wolff G. 1982. World city formation: an agenda for research and action[J]. International Journal of Urban and Regional Research, 6(3): 309-344.

Fröbel F, Heinrichs J, Kreye O. 1980. The New International Division of Labour: Structural Unemployment in Industrialised Countries and Industrialisation in Developing Countries[M]. Cambridge: Cambridge University Press.

Gereffi G, Korzeniewicz M. 1994. Commodity Chains and Global Development[M]. New York: Praeger.

Glaeser E L, Kohlhase J E. 2004. Cities, regions and the decline of transport costs[J]. Papers in regional Science, 83(1): 197-228.

Godfrey B, Zhou Y. 1999. Ranking world cities: multinational corporations and the global urban hierarchy[J]. Urban Geography, 20(3): 268-281.

Gottmann J. 1970. Urban centrality and the interweaving of quaternary activities[J]. Ekistics, (29): 322-331.

Gottmann J. 1991. The dynamics of city networks in an expanding world[J]. Ekistics, 58: 277-281.

Hanneman A, Riddle M. 2005. Introduction to Social Network Methods[M]. Riverside: University of California.

Harding A. 1994. Urban regimes and growth machines: toward a cross-national research agenda[J]. Urban Affairs Quarterly, 29(3): 356-382.

Hartshorn A T. 1992. Interpreting the City: An Urban Geography (2nd Ed.)[M]. New York: Wiley.

Harvey D. 1982. The Limits to Capitals[M]. Oxford: Blackwell.

Harvey D. 1989. From managerialism to entrepreneurialism: the transformation in urban governance in late capitalism[J]. Geografiska Annaler: Series B, Human Geography, 71(1): 3-17.

He C, Chen T, Mao X, et al. 2016. Economic transition, urbanization and population redistribution in China[J]. Habitat International, (51): 39-47.

Henderson J, Dicken P, Hess M, et al. 2002. Global production networks and the analysis of economic development[J]. Review of international political economy, 9(3): 436-464.

Hess M, Yeung H W. 2006. Whither global production networks in economic geography? Past, present and future[J]. Environment and Planning A, 38(6): 1193-1204.

Hood N, Young S. 1979. The Economics of Multinational Enterprise[M]. London: Longman.

Hopkins T K, Wallerstein I. 1986. Commodity chains in the world-economy prior to 1800[J]. Review (Fernand Braudel Center), 10(1): 157-170.

Horner M W, O'Kelly M E. 2001. Embedding economics of scale concepts for hub network design[J]. Journal of Transport Geography, 9(4): 255-265.

Hymer S, 1972. The Multinational Corporation and the Law of Uneven Development[G]//Jagdish
　　N. Bhagwati Economics and World Order: From the 1970s to the 1990s. London: Macmillan:
　　113-140.

Irwin M, Hughes H L. 1992. Centrality and the structure of urban interaction: measures, concepts,
　　and applications[J]. Social Forces, 71 (1): 17-51.

Irwin M, Kasarda J. 1991. Air passenger linkages and employment growth in U. S. metropolitan
　　areas[J]. American Sociological Review, 56: 524-537.

Jaillet P, Song G, Yu G. 1996. Airline network design and hub location problems[J]. Location
　　Seience, 4 (3): 195-212.

Jiang Y, Waley P, Gonzalez S. 2015. Shifting land-based coalitions in Shanghai's second hub[J].
　　Cities, 52: 30-38.

Jin F, Wang F, Liu Y. 2008. Geography patterns of air passenger transport in China 1980-1998:
　　imprints of economic growth, regional inequality, and network development[J]. The
　　Professional Geographer, 56 (4): 471-487.

Joshi R M. 2009. International Business[M]. Oxford: Oxford University Press.

Kasarda J D. 1998. The Global TransPark[J]. Urban Land, (57): 107-110.

Kasarda J D, Appold S T. 2014. Planning a competitive aerotropolis: the economics of
　　international airline transport[J]. Advances in Airline Economics, 4: 281-308.

Kasarda J D, Green J D. 2005. Air cargo as an economic development engine: a note on
　　opportunities and constraints[J]. Journal of Air Transport Management, 11 (6): 459-462.

Kasarda J D, Lindsay G. 2011. Aerotropolis: The Way We'll Live Next[M]. New York: Farrar,
　　Straus and Giroux.

Keeling D J. 1995. Transportation and the world city paradigm[G]//Knox P L, Taylor P J. World
　　Cities in a World-System. Cambridge: Cambridge University Press.

Kuby M J, Gray R G. 1993. The hub network design problem with stopovers and feeders: the case
　　of federal express[J]. Transportation Research Part A: Policy and Practice, 27 (1): 1-12.

Lai K. 2012. Differentiated markets: Shanghai, Beijing and Hong Kong in China's financial
　　centre network[J]. Urban Studies, 49 (6): 1275-1296.

Lee H S. 2009. The networkability of cities in the international air passenger flows 1992-2004[J].
　　Journal of Transport Geography, 17 (3): 166-175.

Lever W F. 1997. Economic globalization and urban dynamics [A]//Moulaevt F, Scott A J. Cities,
　　Enterprises and Society on the Eve of 21st Century. London: Jessica Kingsley: 109-144.

Lincoln J R. 1978. The urban distribution of headquarters and branch plants in manufacturing:
　　mechanisms of metropolitan dominance[J]. Demography, 15 (2): 213-222.

Logan J, Molotch H. 1987. Urban Fortunes: The Political Economy of Place[M]. Berkeley:
　　University of California.

Ma X, Timberlake M. 2008. Identifying China's leading world city: a network approach[J].
　　GeoJournal, 71: 19-35.

MacKinnon D. 2012. Beyond strategic coupling: reassessing the firm-region nexus in global
　　production networks[J]. Journal of Economic Geography, 12 (1): 227-245.

MacKinnon D. 2013. Strategic coupling and regional development in resource economies: the case of the Pilbara[J]. Australian Geographer, 44(3): 305-321.

Mahutga M C, Ma X, Smith D A, et al. 2010. Economic globalisation and the structure of the world city system: the case of airline passenger data[J]. Urban Studies, 47(9): 1925-1947.

Mans U. 2014. Understanding the position of end nodes in the world city network: using peer city analysis to differentiate between non-hub cities[J]. Global Networks, 14(2): 188-209.

Mansury Y, Gulyás L. 2007. The emergence of zipf's law in a system of cities: an agent-based simulation approach[J]. Journal of Economic Dynamics & Control, 31(7): 2438-2460.

Marazzo M, Scherre R, Fernandes E . 2010. Air transport demand and economic growth in Brazil: a time series analysis[J]. Transportation Research Part E: Logistics & Transportation Review, 46(2): 261-269.

Markusen A. 1996. Sticky places in slippery space: a typology of industrial districts[J]. Economic geography, 72(3): 293-313.

Massey D. 1984. Spatial Division of Labour: Social Structures and the Geography of Production[M]. New York: Methuen.

Matsumoto H. 2007. International air network structures and air traffic density of world cities[J]. Transportation Research Part E: Logistics and Transportation Review, 43(3): 269-282.

McKenzie R. 1927. The concept of dominance and world-organization[J]. American Journal of Sociology, 33(1): 28-42.

Meyer D. 1991. Change in the world system of metropolises: the role of business intermediaries[J]. Urban Geography, 12: 393-416.

Molotch H. 1976. The city as a growth machine: toward a political economy of place[J]. American Journal of Sociology, 82(2): 309-332.

Morgan K. 1997. The learning region: institutions, innovation and regional renewal[J]. Regional Studies, 41(S1): 491-503.

Morgan K, Sayer R A. 1983. The International Electronics Industry and Regional Development in Britain[Z]. Urban and Regional Studies, Falmer: University of Sussex.

Moss M L, Townsend A M. 2000. The internet backbone and the American metropolis[J]. Information Society, 16(1): 35-47.

Neal Z. 2010. Refining the air traffic approach to city networks[J]. Urban Studies, 47(10): 2195-2215.

Neal Z. 2011. From central places to network bases: a transition in the U. S. urban hierarchy, 1900-2000[J]. City & Community, 10(1): 49-75.

Neal Z. 2012. Structural determinism in the interlocking world city network[J]. Geographical Analysis, 44(2): 162-170.

Neal Z. 2013. The Connected City: How Networks are Shaping the Modern Metropolis[M]. New York: Routledge.

Neal Z. 2014. Validity in world city network measurements[J]. Tijdschrift Voor Economische En Sociale Geografie, 105(4): 427-443.

Nero G, Black J A. 1999. A critical examination of an airport noise mitigation scheme and an aircraft noise charge: the case of capacity expansion and externalities at Sydney(Kingsford Smith) airport[J]. Transportation Research Part D, 5(6): 433-461.

Nooteboom B. 1999. The dynamic efficiency of networks[G]//Grandori A. Interfirm networks: Organization and Industrial Competitiveness. London: Routledge: 91-119.

O'Kelly M E. 1987. A quadratic integer program for the location of interacting hub facilities[J]. European Journal of Operational Research, 32(3): 393-404.

Pflieger G, Rozenblat C. 2010. Introduction. urban networks and network theory: the city as the connector of multiple networks[J]. Urban Studies, 47(13): 2723-2735.

Phelps N A, Mackinnon D, Stone I, et al. 2003. Embedding the multinationals? Institutions and the development of overseas manufacturing affiliates in Wales and North East England[J]. Regional Studies, 37(1): 27-40.

Porter M E. 1985. Competitive Advantage[M]. New York: Free Press.

Pred A. 1973. Urban Growth and the Circulation of Information: the United States System of Cities, 1790-1840[M]. Harvard: Harvard University Press.

Rimmer P J. 1988. Rikisha to Rapid Transit: Urban Public Transport Systems and Policy in Southeast Asia[M]. Oxford: Pergamon Press.

Robinson J. 2002. Global and world cities: a view from off the map[J]. International Journal of Urban and Regional Research, 26(3): 531-554.

Rozenblat C. 2010. Opening the black box of agglomeration economies for measuring cities' competitiveness through international firm networks[J]. Urban Studies, 47(13): 2841-2865.

Rozenblat C, Pumain D. 2005. Firm linkages, innovation and the evolution of urban systems[C]. Ghent: Paper presented at the Francqui Colloquium on Inter-city Relations within Contemporary Globalization.

Sassen S. 1991. The Global City: New York, London, Tokyo[M]. Princeton: Princeton University Press.

Sassen S. 2005. The city: localizations of the global[J]. Perspecta, (36): 73-77.

Schettler C. 1943. Relation of city-size to economic services[J]. American Sociological Review, 8(1): 60-62.

Scott J. 2012. Social Network Analysis[M]. Thousand Oaks: Sage Publishing.

Shen J, Wu F. 2012. Restless urban landscapes in China: a case study of three projects in Shanghai[J]. Journal of Urban Affairs, 34(3): 255-277.

Shin K H, Timberlake M F. 2000. World cities in Asia: cliques, centrality and connectedness[J]. Urban Studies, 37(12): 2257-2285.

Short J R. 1996. The dirty little secret of world cities research: data problems in comparative analysis[J]. International Journal of Urban and Regional Research, 20(4): 697-717.

Smith D, Timberlake M. 1993. World cities: a political economy/global network approach[J]. Research in Urban Sociology, 3: 179-205.

Smith D, Timberlake M. 1995. Conceptualising and mapping the structure of the world system's city system[J]. Urban Studies, 32(2): 287-304.

Smith D, Timberlake M. 2001. World city networks and hierarchies, 1977-1997[J]. American

Behavioral Scientist, 44(10): 1656-1678.

Smith D, White D. 1992. Structure and dynamics of the global economy: network analysis of international trade 1965-1980[J]. Social forces, 70(4): 857-894.

Stone C. 1993. Urban regimes and the capacity to govern: a political economy approach[J]. Journal of urban affairs, 15(1): 1-28.

Storper M. 1997. The Regional World: Territorial Development in a Global Economy[M]. New York: Guilford Press.

Sturgeon T, Florida R. 2000. Globalization and Jobs in the Automotive Industry[R]. Final report to the Alfred P. Sloan Foundation. International Motor Vehicle Program, Center for Technology, Policy, and Industrial Development, Massachusetts Institute of Technology.

Swyngedouw E. 1997. Neither global nor local: 'glocalization'and the politics of scale[G]//Cox K. Spaces of Globalization: Reasserting the Power of the Local. New York: Guilford.

Taaffe E, Gauthier H, O'kelly M. 1996. Geography of Transportation[M]. Upper Saddle River: Prentice Hall.

Taylor P J. 2004. World City Network: A Global Urban Analysis[M]. London: Routledge.

Taylor P J. 2005. New political geographies: global civil society and global governance through world city networks[J]. Political Geography, 24(6): 703-730.

Taylor P J. 2012. Comment on looking back to look forward: Where are China's cities?[J]. Eurasian Geography & Economics, 53(3): 327-330.

Taylor P J, Catalano G, Walker D R. 2002. Exploratory analysis of the world city network[J]. Urban Studies, 39(13): 2377-2394.

Taylor P J, Derudder B, Faulconbridge J, et al. 2014a. Advanced producer service firms as strategic networks global cities as strategic places[J]. Economic Geography, 90(3): 267-291.

Taylor P J, Derudder B, Hoyler M, et al. 2014b. City-dyad analyses of china's integration into the world city network[J]. Urban Studies, 51(5): 868-882.

Timberlake M, Sanderson M R, Ma X, et al. 2012. Testing a global city hypothesis: an assessment of polarization across US cities[J]. City & Community, 11(1): 74-93.

Timberlake M, Wei Y D, Ma X, et al. 2014. Global cities with Chinese characteristics[J]. Cities, 41: 162-170.

Townsend A M. 2001. Network cities and the global structure of the Internet[J]. American Behavioral Scientist, 44(44): 1697-1716.

UNCTAD. 2013. World Investment Report 2013: Global Value Chains: Investment and Trade for Development[J]. Laboratory Animal Science, 35(3): 272-279.

United Nations. 2009. World Urbanization Prospects: The 2009 Revision[R].

Vance J. 1970. The Merchant's World: The Geography of Wholesaling[M]. Englewood Cliffs: Prentice-Hall.

Wall R. 2009. The relative importance of randstad cities within comparative worldwide corporate networks[J]. Tijdschrift Voor Economische En Sociale Geografie, 100(2): 250-259.

Wallerstein I. 1974. The Modern World System: Capitalist Agriculture and the Origins of the European World Economy in the Sixteenth Century[M]. New York: Academic Press.

Wasserman S, Faust K. 1994. Social Network Analysis: Methods and Applications[M]. Cambridge: Cambridge University Press.

Watts H. 1981. The Branch Plant Economy: A Study of External Control[M]. London: Longman.

Wei Y H D. 2001. Decentralization, marketization, and globalization: the triple processes underlying regional development in China[J]. Asian Geographer, 20(1-2): 7-23.

Wei Y H D. 2012. Restructuring for growth in urban China: transitional institutions, urban development, and spatial transformation[J]. Habitat International, 36(3): 396-405.

Wei Y H D, Li J, Ning Y. 2010. Corporate networks, value chains, and spatial organization: a study of the computer industry in China[J]. Urban Geography, 31(8): 1118-1140.

Wheeler J, Mitchelson R. 1989. Information flows among major metropolitan areas in the United States[J]. Annals of the Association of American Geographers, 79(4): 523-543.

Winsborough H. 1959. Variations in industrial composition with city size[J]. Papers in Regional Science, 5(1): 121-131.

Wojahn O W. 2001. Airline network structure and the gravity model[J]. Transportation Research Part E: Logistics and Transportation Review, 37(4): 267-279.

Wood A. 2005. Comparative urban politics and the question of scale[J]. Space and Polity, 9(3): 201-215.

Yang Y R, Chang C H. 2007. An urban regeneration regime in China: a case study of urban redevelopment in Shanghai's Taipingqiao area[J]. Urban Studies, 44(9): 1809-1826.

Yeung H. 2009. Transnational corporations, global production networks, and urban and regional development: a geographer's perspective on multinational enterprises and the global economy[J]. Growth and Change, 40(2): 197-226.

Yeung H, Coe N. 2015. Toward a dynamic theory of global production networks[J]. Economic Geography, 91(1): 29-58.

Zhou S, Dai J, Bu J. 2013. City size distributions in China 1949 to 2010 and the impacts of government policies[J]. Cities, 32: S51-S57.

Zhu J. 1999. Local growth coalition: the context and implications of China's gradualist urban land reforms[J]. International Journal of Urban and Regional Research, 23(3): 534-548.

Zipf G. 1949. Human Behavior and the Principle of Least Effort[M]. Cambridge: Addison-Wesley Press.